1936 年，沈从文在苏州九如巷与岳父张冀牖合影。（张以迪/供图）

沈龙朱、沈从文与家人在北京留影。（张寰和/供图）

20世纪70年代，沈从文在苏州留影。（张寰和/供图）

1959 年，沈从文与张兆和在北京家中合影。（张寰和 / 供图）

1964年夏，沈从文完成了《中国古代服饰研究》初稿，被誉为中国社科界百年来最杰出的三大经典学术成果之一，当时胡乔木曾祝贺沈从文："以一人之力，历时十余载，几经艰难。数易其稿，幸获此鸿篇巨著，这为我国学术界一重大贡献，极为可贺。" 此为当时沈从文捧着书稿留影。（张以迪/供图）

1973 年 6 月，沈从文登上黄山始信峰留影。（张寰和／供图）

沈从文、张兆和、卞之琳在北京沈从文家中合影。（张寰和/供图）

20世纪40年代，沈从文与友人合影。（张以岷/供图）

1946 年，沈从文先生与张宗和先生合影。据沈从文之子龙朱先生介绍，
"宗和大舅与沈从文的照片是 1946 年夏天在上海（或苏州）所拍摄。
沈从文只有那年一直穿着白大褂。那时的亲友，男士中只有他穿大褂，
对他来说，那件夏装已经是非常时髦的了！" （张以𫎪/供图）

傅汉思与沈从文的合影，大约摄于 20 世纪 80 年代。（张以䟆/供图）

20世纪60年代，张兆和、张以端、沈从文、凌宏在北京。（张以端/供图）

张兆和、沈从文夫妇与儿子沈虎雏。（张以端/供图）

张充和第一次回国时，在北京的亲友前往机场迎接，图中二排可见
周晓平、张充和、张兆和、沈从文、沈红等。

沈从文写给张宗和的信件。（张以靘/供图）

沈从文晚年写给
张以端的书法。
（张以端/供图）

沈从文于 20 世纪 70 年代末写给杨明义的书信，内容是一首古诗，此为损坏后拼接在一起的信件。
（杨明义/供图）

沈从文曾经用过的美国进口名牌"永锋"钢笔，后来赠给了张宗和。（张以珉/供图）

沈从文赠给徐城北和叶稚珊
的新婚礼物，清代乾隆年间
的"五福捧寿"瓷器。

（王道／供图）

友 朋 从 文

王 道————著　　沈龙朱————插画

ZHEJIANG UNIVERSITY PRESS
浙江大学出版社

图书在版编目（CIP）数据

友朋从文 / 王道著；— 杭州 ：浙江大学出版社，
2019.9
　ISBN 978-7-308-19125-8

　Ⅰ．①友…　Ⅱ．①王…　Ⅲ．①沈从文（1902—1988）
—生平事迹　Ⅳ．①K825.6

　中国版本图书馆CIP数据核字（2019）第083175号

友朋从文

王　道　著　　沈龙朱　插画

责任编辑	罗人智　闻晓红	
责任校对	陈　翩	
封面设计	尚书堂	
出版发行	浙江大学出版社	
	（杭州市天目山路148号　　邮政编码　310007）	
	（网址：http://www.zjupress.com）	
排　　版	杭州林智广告有限公司	
印　　刷	浙江海虹彩色印务有限公司	
开　　本	880mm×1230mm　1/32	
印　　张	8.875	
字　　数	225千	
彩　　插	8	
版 印 次	2019年9月第1版　2019年9月第1次印刷	
书　　号	ISBN 978-7-308-19125-8	
定　　价	52.00元	

版权所有　翻印必究　　印装差错　负责调换
浙江大学出版社市场运营中心联系方式：0571-88925591；http://zjdxcbs.tmall.com

目录

第一章 林宰平：高山仰止，景行行止

初到北京的沈从文（沈龙朱/绘）

一代学人林宰平（名志钧，宰平乃其字）精于诗词、哲学和法学等，对中国书画也有着很深的研究，留下一部《帖考》传世。在后人整理出版的《帖考》及纪念集（《林宰平先生帖考及书画集》）中，众人对林宰平为人的评价值得注意。有人说他人品第一，其为人之影响甚至遮过了他的学问之影响。这种评价，并不过誉。

《纪念林宰平先生》一书开篇就是沈从文的跋：

> 宰平先生逝世已三周年，他的温和亲切的声音笑貌，在熟人友好印象中，总不消失……他做学问极谨严、认真、踏实、虚心，涵容广大而能由博返约。处世为人则正直、明朗、谦和、俭朴、淳厚、热情。[1]

应该说沈从文对林宰平的评价是充满着尊敬和感激的。在沈从文最穷困潦倒的时期，正是这位谦和热情的学人向他伸出了援手，正是他使沈从文得以在温饱状态下开展创作。追溯两人的最初交集可以发现，林宰平与沈从文早期并不相识，只是因为一篇文章引起的"误会"，两人才成了忘年交。这篇文章便是沈从文身处苦难之中创作的散文《遥夜》，林宰平读到该文时误以为他是一名在校大学生……

绝望《遥夜》里的一盏烛火

1925年，二十三岁的沈从文还是一个迷茫的"北漂"。之前因军队上司陈渠珍的鼓励和资助，沈从文从家乡湘西贸然来到北京求学，但陈渠珍给他的一点资助很快就消耗完了。此后陈渠珍

---

[1] 沈从文：《北云文集跋》，载《纪念林宰平先生》（《林宰平先生帖考及书画集》之一），上海：上海教育出版社，1999年，第1页。

因为在湘西地位的变化，当初承诺的资助也成了空。没有学历，没有工作，没有固定收入，没有亲人的相伴……甚至连基本的食宿都成了问题，虽然侥幸发表了几篇文章，却连买报纸的三分钱都拿不出来。但生性倔强的沈从文仍旧继续着他的写作。《遥夜》的发表，既是阐述一种年轻人的绝望，更是宣示对绝望的不屈服。

沈从文的《遥夜》（一至五）于1925年1月至3月在北京《晨报副刊》发表，前三篇署名"芸"，后两篇署名"芸芸"。此间，沈从文还有一系列小说在《晨报副刊》发表，署名"休芸芸"。

林宰平作为一位博学的学者，既通晓旧学诗文、书画和佛学，又于中西方的哲学有独特的理解。梁启超、梁漱溟对他钦佩不已，梁启超在去世前曾将遗著托付其整理出版。此时的林宰平受邀在北京大学兼职任教，他对当时的政治乱象及庸俗世风，有着自己的见解。他读到沈从文的《遥夜》后，不由心生感慨。他结合当时的大学教育现实，写了一篇文论《大学与学生》，署名"唯刚"，发表在1925年5月3日的北京《晨报副刊》的"五四运动纪念号"上。林宰平在文中称作者为"休芸芸君"[1]，可知他是读过沈从文其他小说的，并且连续关注了沈从文的这篇连载散文。但是林宰平对沈从文的身世还是很陌生的。

林宰平在文中引用了沈从文《遥夜》的一段：

　　日来的风也太猖狂了，我为了扫除我星期日的寂寞，不得不跑到东城一友人校中去消蚀这一段生命。诅咒着风的无聊，也许人人都一样。但是，我同你在车上并排的坐着时，我却对这风私下致过许多谢忱了。风若知同情于不幸的人们，稍稍的——只要稍稍的因顾忌到一切的摧残而休息一阵，我又哪能有这样幸福？你那女王般骄傲，使我内心生出难堪的自惭与毫不相恕的自谴。我

---

[1] 1925年1月19日《晨报副刊》第13号目录将《遥夜》作者印成了"休芸芸"，可能因此林宰平称作者为"休芸芸君"。——编者注

自觉得一身渺小，正如一只猫儿初置身于一陌生锦绣辉煌的室中，几欲惶惧大号。……这呆子！这怪物，这可厌的东西！……当我惯于自伤的眼泪刚要跑出眶外时，我以为同坐另外几个人，正这样不客气的把冷酷的视线投到我身上，露出卑鄙的神气。

到这世上，我把被爱的一切外缘，早已挫折消失殆尽了，我哪能再振勇气多看你一眼？

你大概也见到东单时颓然下车的我，但这对你值不得在印象中久占，至多在当时感到一种座位宽松后的舒适罢了！你又哪能知道车座上的一忽儿，一个同座不能给人以愉快的平常而且褴褛的少年，心中会有许多不相干的眼泪待流？[1]

这是沈从文最后一部分连载于《晨报副刊》的《遥夜》内容。林宰平述评说："上面所抄的这一段文章，我是作不出来的，是我不认识的一个天才青年休芸芸君《遥夜》中的一节。芸芸君听说是个学生，这一种学生生活，他是很曲折的深刻的传写出来——《遥夜》全文俱佳——实在能够动人。"

《遥夜》情感充沛，简直就是作者的自传，动人之处自不必说。而林宰平受此文的感染是因为该文触及了当时社会风气的败坏和大学精神的沦陷。林宰平在文中痛陈当时的校园乱象，认为不少学校争着挂名牌的名头，大吹大擂，"头插野鸡毛的大王，爬上金交椅"，"今日虚伪病毒弥漫于我们社会，其上等有知识的人们，教育就筑在这个可怕的地盘上，大家试想这是一种多么危险的事情！"在这种情况下，学生们当然是无所适从，生活压力加大，成千上万的大学生被困在这个"鬼门关"里。

很显然，林宰平开始以为此文是一位大学生的苦闷倾诉。他

[1] 沈从文：《遥夜》（五），载《沈从文全集》第11卷，太原：北岳文艺出版社，2009年，第14—15页。

从中读到了别样的意味——"然而凄清，颓废，无聊，失望，烦恼，这是人类什么生活呢？"这不应该是学生们的正常生活状态。与其说是扭曲的现实使得林宰平感到失望和愤恨，倒不如说是沈从文的细节描述和逼真感受深深感染了他，从而引起了他的强烈共鸣。

据《林宰平年谱》记载，1925年2月，段祺瑞政府之善后会议（此或可比之为非常国会也）召开，林宰平"充法制专门委员，此诚非其所愿，乃不得已而任之者也"。[1]

林宰平早年与梁启超为好友，与梁来往甚密，之前他曾劝阻梁启超任职于段祺瑞政府的宪法起草会，自己更不愿周旋于军阀政客之间。这一时期林宰平有诗作曰：

> 严陵爱此水，下视汉公卿。
> 冯邓今且无，群黠方斗狞。
> 江山如许清，世乱何为情。
> 直立千尺台，但见草树荣。
> 空烟远幽幽，水流不闻声。
> 寂莫天壤间，岂独身后名。[2]

这首题画诗是林宰平那一年改定的唯一一首诗，"岂偶然哉！乃以高蹈自洁之严子陵自况也"。政局时势、社会风气、大学风波等等都可能影响到林宰平的心绪，他慨然作一篇时论以纪念"五四"，阐述自己的见解。《晨报副刊》同期刊发的还有梁启超的文章《学生的政治运动》。

林宰平在文中倡言："我们以为现在学生们，尤其是大学生，应该有个共同的目标，即是立志要在天地间做一个人，不要随随便便混过了有用的光阴。……虚伪与堕落，是我们的公敌，大家

---

[1] 林在勇：《林宰平先生事略心征》，载《纪念林宰平先生》，第44页。
[2] 林宰平：《桐江钓台图题师曾遗墨》，1925年。

非拿革命的精神硬把他打破不可！"

林宰平性情温和，秉性正直，他对年轻人是寄予了厚望的。他是一位爱才的师长，后来以"民国学界伯乐"著称，得到受助人梁漱溟、熊十力、张中行、吴小如等先生的一致称赞。他无法容忍现实中的种种龌龊，常怀有一种"恨铁不成钢"的愤恨，但对于后生的教育却又怀着极大的热情和责任感。他希望教育界能够风清气正，更希望莘莘学子能以学业为重，把为人和为学结合起来，成为未来国家和社会真正的中流砥柱。

林宰平初读沈从文的这篇文章就觉得"作者是一位天才青年"，只是他显然不可能了解到沈从文的真实生活状态：没有经济收入，稿件无从发表，之前多次投稿，稿子还曾被人揉捏后扔进了字纸篓里。后来沈从文终于鼓起勇气向任教于北京大学的作家郁达夫求助，郁达夫仗义出手，不但给予物质帮助，还在《晨报副刊》上发表一篇《给一个文学青年的公开状》，总算暂时解决了沈从文的作品发表问题。林宰平这才有机会看到沈从文这篇充满着悲伤意蕴的《遥夜》。

作为一位不知名的作者，沈从文在得知自己的文章被别人关注且有文章回应之后，显然是百感交集的。只是他并不是什么"天之骄子"，更不会习染奢靡之风，他看到的这张三分钱的报纸还是一位朋友带来给他的——以他当时的艰难，哪里有闲钱买报纸看。林宰平的文章发表五天后，沈从文才读到此文，他不认识署名的"唯刚"先生，更不知道作者就是鼎鼎大名的林宰平。沈从文读完文章，觉得有话要说，就以一封信的形式做了回应，请《晨报副刊》的记者代为转交给这位"唯刚"先生。

1925年5月8日，沈从文作《致唯刚先生》；5月12日，《晨报副刊》把它发表了出来，署名为"休芸芸"。在文中，沈从文开头就表明了自己的生活窘状和非学生的身份：

　　　　本来我没有看每日新闻的资格，因这三分钱的来源也无。到今天，一个朋友因见到五四纪念号先生一篇大作，有关于我的话，所以拿来给我瞧，真是拜读之余，觉得自己无聊，简直不是一个人，惶恐惶恐。

　　可惜我并不是个大（中也不）学生。但先生所听说的总有所本。我虽不是学生，但当先生说"听说是个学生"时，却很自慰。想我虽不曾踹过中学大门，分不清洋鬼子字母究竟是有几多（只敢说大概多少个吧），如今居然便有人以为我是大学生……[1]

　　沈从文的话自卑之中夹杂着荣幸，谦虚之中又有着不屈。在生活陷入绝望之时，沈从文曾萌生过回家乡湘西或是到北方军阀部队当兵的念头，这样至少能保证自己活下去。可是此时的沈从文自觉已经回不去了，因为他"已经读一点书，于是就有理想"，他身上的理想正在扎根、生长。他渴望留下来，他甚至打算，留在北京先做个学徒工谋生。于迷茫和孤独之中，忽然读到了一篇别人关注自己的文章，沈从文自然将之引为"知己"。沈从文的回应可谓坦白之至：

　　写文章不是读书人专利，大概先生乐于首肯。或者是因文章中略有一点学生的作文气息，而先生就随手举出来，那也罢了——然我不曾读过书却是事实。

　　我是到军中混大（这自然是命好的人以为奇怪）的。十三岁到如今，八年多了。我做过许多年补充兵，做过短期正兵，做过几年司书；以及当流氓。人到军队中混大，究竟也有点厌烦了（但不是觉悟），才跑来这里，诚如先生所说，扛张文凭转去改业。不过，我是没有什么后方接济，所以虽想扛文凭，也只想"一面做工一面读

[1] 沈从文：《致唯刚先生》，载《沈从文全集》第11卷，第39页。

点书"不花钱的来干。到这一看，才晓得"此路不通"而觉得从前野心太大了。——因为读书不只是你心里想读就能读；还要个"命"，命不好的也不能妄想。转身扛枪去吧！可惜这时要转也转不去；就到这里重理旧业吧！奉直战争虽死了许多弟兄们，有缺可补，而我又无保人。至于到图书馆去请做一个听差而被拒绝，这还不算出奇，还有……

不消说，流浪了！无聊与闲暇，才学到写文章。想从最低的行市（文章有市价，先生大概是知道的）换两顿饭吃。萎萎琐琐活下去再看。想做人，因自己懦弱，不能去抢夺，竟不能活下去。但自己又实在想生，才老老实实来写自传。写成的东西自己如何知道好丑？但我既然能写得出不成东西的东西，也可冒充一下什么文学家口吻，说一句自己忠实于艺术！

先生说"这一段文章我是写不出来的"，这话我不疑心先生说的是自谦与幽默：先生的"命"，怕实在比我好一点！

若先生有命到过学堂——还有别的命好有机会读书的人，当然要"立志做人"，立志"做好学生"，揣着什么"毕业成败关头"。我呢？堕落了！当真堕落了！然当真认到我的几个人，却不曾说过我"虚伪"。

至此，沈从文已将自己的身世做了全部的坦白，并间接陈述了自己想求一个图书馆的"听差"都不能实现的遭遇，其生活之困顿可想而知。

命运是不公的，但沈从文却自认为没有变得"虚伪"。相反的是，他认为"唯刚先生"对他文章的引例可能会失之偏颇，因他不是大学生，连高小都没有毕业，自己之所以低着头去老老实实写这篇文章就是为了能有一顿午饭填饱肚子。沈从文在文中可谓推心置腹，坦白至极。

与此同时，沈从文对林宰平引述自己的文章来论述大学精神，也有着不同的见解：

　　"凄清，颓丧，无聊，失望，烦恼"，当然不是那些立志改良社会，有作有为，尊严伟大，最高学府未来学者的应有事情。人生的苦闷，究竟是应当与否？我想把这大问题提出请学者们去解释。至于我这种求生不得，在生活磨石齿轮下挣扎着的人呢？除了狂歌痛哭之余，做一点梦，说几句呓语来安置自己空虚渺茫的心外，实在也找不出人类夸大幸福美满的梦来了！无一样东西能让我浪费，自然只有浪费这生命。

　　从浪费中找出一点较好的事业来干吧！可惜想找的又都悬着"此路不通"的牌子。能够随便混过日子，在我倒是一桩好事！

　　先生本来是对学生发言的，我本不值先生来同我扯谈。但不幸先生随手拈出的例子，竟独独拈到一个高小没有毕业的浪人作品。人家大学生有作有为时时在以改良社会为己任的多着呢。并且开会，谈政治，讨论妇女解放，谁个不认真努力？（就是有些同我所写的差不多，但身居最高学府，也是无伤大体，不值得先生那么大声疾呼！）我想请先生另举一个例，免得别人或法警之类又说我以浪人冒充大学生。

　　"……天才青年……曲折的深刻的传写出来……实在能够感动人。"（这些使我苦笑的话）当我低下头去写《遥夜》，思量换那天一顿午饭时，万没想到会引起先生注意，指出来作为一个学生代表作品的例子，且加上这些够使我自省伤心的话！

　　"替社会成什么事业"，这些是有用人做的。我却只想把自己生命所走过的痕迹写到纸上。

尽管沈从文对林宰平引述自己的文章来阐述的观点并不认同，但他在文中多少还是流露出一些欣慰和激动。他自称"浪人作品"是一种谦虚，但同时也毫不客气地表现出了对社会不公的情绪。他渴望得到理解，更渴望有人能够理解这种"理解"，他在内心里是希望能抓住这次交往机会的，他需要朋友的帮助。他在绝望的"遥夜"里，期待一盏并不需要太明亮的烛火。

香山慈幼院的推荐人

林宰平完全没有想到，他的一篇评论当时教育风气的文章竟引出了一位陷于绝境的作家的自白。林宰平一贯热心助人，自然无法对沈的情况视而不见，马上对沈从文提供了必要的帮助。"大约在沈从文发表这封回信后不久，林宰平约他相见，对他亲切勉励，并多方面给予帮助，这让沈从文感念终生。"[1]

这次见面，沈从文在非常时期曾撰文回忆：

> 因写作通信，我认识了林宰平先生。他约我谈过一回话后，增加了我学习努力的勇气和信心。还影响到后来极久。他说："一个人活下来并不是为吃、穿，平时能够不至于饿倒冻坏就得了。顶重要还是如何努力多学些有用知识，多做点对社会国家有益事情。要写作，也得终生作去。"话虽然也平常，却作成了我的支柱，帮助我在一种不易设想的困难挫折情形下，依然把"学习"维持下来了。[2]

[1] 吴世勇编：《沈从文年谱（1902—1988）》，天津：天津人民出版社，2006年，第24页。
[2] 沈从文：《沈从文自传》，载《沈从文全集》第27卷，第145页。

　　林宰平的建议或许只是他一时的劝勉之词，但对于沈从文来说，这却是一股友情的力量。在一个人孤独绝望到极点时，外来的一点安慰和鼓励都会让人终身难忘。因此，一直到20世纪80年代，沈从文在有关他的研究资料汇编的旁注中还提及了自己与林宰平的这次见面：

　　　　这人（林宰平）是梁启超先生的好友，《饮冰室全集》即为一手整理。在清华、北大教哲学，影响我一生极大，良师中最亲近的一人。

　　　　原不相识，他文中提及感伤气氛不好，我曾去见他，一谈四小时，此后即日益亲近，直到于死。在为人素朴上，正直上，是一生影响最大良师。[1]

　　两人一见如故，一谈就是四小时，沈从文后来将林宰平引为良师中最亲近的人，可见沈对林之敬重。此时的沈从文迫切需要倾诉，而林宰平的博学和谦和也使孤身在京的沈从文倍感亲切。林宰平在谈话时鼓励沈从文继续学习，如去北大旁听。就在两人见面之后的1925年5、6月，"沈从文由庆华公寓搬到北河沿附近的汉园公寓，这里靠近沙滩红楼，去北大文学院旁听更方便，也更容易吸收北大所散发的新文化气息"[2]。这很可能是林宰平给予了沈从文相关指引，或者林宰平的文章给予了沈从文莫大的鼓励，使本就有心读书的他积极向北大靠近。
　　沈从文当时在北京虽然已经认识了一些文友，但真正能够为他提供帮助的却几乎没有，有些朋友则是心有余而力不足。如文友胡也频，当时只是一名编辑，只能在精神上给予沈从文以鼓励。另外，沈从文刚刚认识的同乡丁玲，曾致信鲁迅以寻求帮助，却

---

[1] 沈从文：《〈沈从文研究资料汇编〉草目旁注》，载《沈从文全集》第14卷，第496页。
[2] 吴世勇编：《沈从文年谱（1902—1988）》，第25页。

被鲁迅误以为是沈从文化名所为。当时的沈从文租住在那间由储煤间改造成的"窄而霉小斋"里艰难度日，对于生活的绝望可想而知。

交谈之后，一贯古道热肠的林宰平决定先解决沈从文的工作问题。得知沈从文有心去熊希龄创办的香山慈幼院图书馆做事，林宰平便托好友梁启超帮忙。因为梁启超与熊希龄颇有交情，于公于私都可以说上话。

此时的熊希龄早已经告别政坛，投入了大量财力和精力在北京香山开展慈善事业、办学校，其中香山慈幼院就是他创办的重要慈善机构之一。沈从文想去香山慈幼院工作也是有原因的，因为熊希龄和沈从文是湘西老乡，而且熊希龄的弟弟还是沈从文的嫡亲姨夫，按说也是一种较为亲近的亲戚关系。可是作为一个漂泊在北京的外乡人，沈从文哪有机会接触到熊希龄。因此，林宰平的着意推荐尤为重要。

但是此事最初进展得却并不顺利。在林、沈二人因文章结缘后的一个半月，梁启超写信给林宰平："沈君事竟久忘却，愧甚，顷已致书秉三，并属直接向公处打听沈君住所矣。"

替沈从文谋事，对梁启超来说显然不是什么大事，而且梁启超平时太忙，疏忽忘记，也很正常。但他记起后还是及时致信给熊希龄，并请他直接向林宰平打听沈从文的住处，希望能够促成此事。而林宰平对沈从文穷困的生活一直放心不下，他先介绍沈从文在京兆尹薛笃弼的秘书室担任书记。"京兆尹"相当于首都市长，而做书记正好是沈从文的一个长项，只是沈从文很快失去这份工作，因为薛笃弼被调往甘肃担任省长去了。

因为林宰平的一再帮助，失去工作的沈从文很快如愿进入了香山慈幼院。1925年8月，"由林宰平向梁启超提及，经梁启超向熊希龄推荐，沈从文到熊希龄创办的香山慈幼院任图书管理员。上香山后，沈从文仍在继续写作，并经常进城参加文学活动"。

熊希龄从政坛隐退之后，把所有精力都投入于创办学校的慈善事业中，因此香山慈幼院拥有优质的硬件设施和教育资源，还建有一座颇有规模的图书馆。沈从文进入图书馆工作，可谓得心应手，同时这份工作也有助于他的文学创作。这一时期沈从文的创作才能得到了有效施展，他创作并发表了大量作品。"这一年，是沈从文开始显露创作才华的一年，在报刊上发表了作品六十余篇，有时在同一天里刊出两篇，而且这些作品，包括有小说、散文、诗歌和戏剧等多种文学样式。"[1]

辞职与回归

在香山工作期间，沈从文被安排住在香山寺前由天王殿改建的宿舍，与熊希龄的双清别墅相邻。熊希龄对沈从文也颇为赏识，曾多次找沈从文谈心，并拟长期聘用他。后来熊希龄还把沈从文送到北京大学图书馆在职进修数月，让他学习图书馆编目等知识。

生活有了基本保障，又身处风景宜人、环境安谧的西山之中，沈从文在美丽的前朝行宫御苑旧址静宜园默默地创作着他的一部部作品，并开始使用真名"沈从文"。这也显示出他已经逐渐建立起自信。这些作品当然也包括后来引起慈幼院管理者激烈反应的《第二个狒狒》《用A字记下的事》《棉鞋》等。在这所以慈善著称的学校里，沈从文也在悄然感受到微妙的人情世故和复杂世相。他渴望在现实中获得一定的生活资助，但同时又希望保持一个精神工作者的绝对尊严和自由灵魂。沈从文在作品中对慈幼院相关人物的涉及引起当事人的激烈回应，对方当面训斥沈从文，并以侮辱性口气嘲笑他穿的破鞋子。此事对沈从文的伤害可想而知，据说这也是他后来从慈幼院辞职的直接原因。

但是这件事发生之后，沈从文并没有马上辞职，而是不辞而

---

[1] 吴世勇编：《沈从文年谱（1902—1988）》，第33页。

别，骑着毛驴下山，在北大附近的公寓住了一段时间。在此期间他或许已经想过辞职，但终究没有就此离去。后来沈从文重新上西山，继续在慈幼院工作了近十个月。在此事发生之前，与沈从文有过交往的新任甘肃省省长薛笃弼的秘书长曾有意聘请沈从文担任省府秘书，还提前把路费寄到了熊希龄处。但沈从文谢绝了该邀请，并请熊希龄代为退还路费。

在香山慈幼院工作的两个年头，是沈从文创作和人生交往的重要时期。1925年9月，经林宰平的介绍，沈从文到徐志摩家中拜访，自此两人相识，徐志摩开始向沈从文约稿。1925年10月2日，居住在香山的沈从文与丁玲、胡也频首次见面，从此与两人成为挚友。1926年"三一八"惨案发生后，沈从文多次加入清华大学、北京大学学生的游行队伍，参与散发传单，开始涉足学生运动。此后，沈从文又与丁玲、胡也频在闻一多家商量筹办刊物《晨报副刊·诗镌》。文学始终是沈从文安身立命的一种崇高而又现实的理想，当别人劝他不要再做"书呆子""白日梦"时，他却固执地坚持说："我并不是为吃饭和做事来北京的！"当一些作家在革命之后摇身一变"成为手提皮包"的"小要人"，沈从文依旧坚守着自己的信仰和希望。只是他的生活更加窘迫了，"因为革命一来，把三毛到一元千字的投稿家身分也剥夺了，只好到香山慈幼院去作个小职员"[1]。

其实，从沈从文的自述中可知，他去香山慈幼院工作并非长远之计，而是当时走投无路的权宜之计。因此他后来辞职出走也是必然的。

1926年3月28日，沈从文被香山慈幼院正式聘为图书馆编辑。由此可见，沈从文先前发表作品虽然涉及慈幼院管理层，但并未影响到他在此正常工作。但沈从文似乎已经做好了随时离开此地的打算。随着他的作品的不断发表，陈源、杨振声、徐志摩、郑

---

[1] 沈从文：《从文自传》，北京：北京十月文艺出版社，2013年，第107页。

振铎、叶圣陶这些著名刊物的编辑都渐渐与他建立起了友谊，人脉的拓展和交往的增加有意无意地鼓励着沈从文继续大胆向前走。与沈从文在此一时期相识的作家蹇先艾后来回忆："远在20年代中期，我就认识了从文，他比我大四岁。那时他从湖南凤凰县（当时好像叫镇筸）来到北京，住在北京北河沿附近的一家公寓（最初的'窄而霉斋'似乎不在那里），不久他就用'休芸芸'这个笔名在《晨报副刊》上以《遥夜》为题连续发表一些散文。普遍都知道从文生活困难时，曾写信向在北京大学教统计学的前辈郁达夫求援，郁达夫去看望了他，请他饱餐了一顿，还送了他几块钱，并在《晨报副刊》写了一篇《给一个文学青年的公开状》，而不知道著名哲学家林宰平先生（老诗人林庚同志的父亲）也很喜爱从文的才华，曾一再向徐志摩和陈西滢推荐。我就亲耳听见过林先生向我的叔父蹇季常谈到从文的作品。"[1]

1926年8月底，沈从文正式从香山慈幼院辞职离去。辞职一个月后，沈从文就在张采真、杨振声的鼓励下参加了燕京大学二年制国文班的入学考试，可惜最后得了零分，未能通过考试，连两块钱报名费都被退回来了。从此，沈从文开始参与创办刊物和文学社团，并开始真正实现他所说的中国"第一个职业作家，最先的职业作家"的生活方式。

但是事情的微妙在于，成名之后的沈从文还是回到了香山慈幼院来讲课，并对熊希龄有了新的认知。在熊希龄逝世10周年纪念日时，沈从文还专门撰写了《芷江县的熊公馆》《新党中一个湖南乡下人和一个湖南人的朋友》，将熊希龄对社会的慈善贡献和对自己的慷慨相助都予以真诚的叙述和记录。当然，沈从文更不会忘记一再给他帮助的热诚长者林宰平。

[1] 蹇先艾：《回忆老友沈从文》，载巴金等：《长河不尽流——怀念沈从文先生》，长沙：湖南文艺出版社，1989年，第42页。

时过境迁，友情依旧

把沈从文推荐进了香山慈幼院之后，林宰平并没有就此对沈从文不管不问。沈从文在此期间交往的几位关键人物，也都得益于林宰平的引见。因此，后来沈从文的学生吴小如的叙述是非常恰当的：

> 二十年代，沈从文先生初入北京，年仅二十，一面试写文章向各报投稿，一面过着饥一顿饱一顿的漂泊羁旅生涯。而宰老独具慧眼，爱才若渴，一见其文，即想方设法打听到从文先生的住处，并亲自去访问这位年轻人。宰老不但在友好间对从文师揄扬奖誉，而且在经济上更不时援手。我初识从文师，就是1946年在北京宰老寓所的座上相遇的。后来我到北大读书，从文师每与我谈及宰老同他昔年相识的情景，由于从文师极重感情，往往热泪盈眶。我曾扪心自问，从文师之所以对我奖掖垂青，恐怕也因宰老时有过誉之言的缘故。[1]

林宰平曾多次上门看望沈从文，并与沈促膝长谈，希望他能够面对现实，先解决生计问题。有人认为，正是林宰平的热情相助促使沈从文的性格有所改变。后来沈从文居住上海后曾作《善钟里的生活》，其开头就提到了林宰平对他的影响：

> 穿夹衣，天冷。
>
> 决计不发牢骚了。预备稳定，落实，刻苦作人。
>
> 到近来，人是真也进步不少了，得着宰平先生的感化，仿佛一切磨难全能泰然坦然。[2]

---

[1] 吴小如：《一代孤高百世师——忆林宰平先生》，载《纪念林宰平先生》，第19页。
[2] 沈从文：《善钟里的生活》，载《沈从文全集》第3卷，第439页。

1947年年初，沈从文在给一位年轻朋友的信中还提及林宰平：

> 廿三年前我认识了宰平先生、志摩先生……从他们所得，正和我读书一样，和他人所得稍稍不同。有些人从读书得章句知识，文学史知识，从人方面得的也类乎这些东西。我不知为什么，认识这些人，却得到一种作人虔敬的力量。……最得用处即忘去得失成败，永远充满生气来接近工作。不仅如此，还希望年小一点的朋友，来继续下去，这是个接力运动，也许永无终点，可是进步却由此而发生。……宰平先生介绍贤昆季和我相识，因为他明白，这一点我对你们发展有意义。这个人生态度值得传染给小朋友，无害于你们的。[1]

林宰平相助沈从文，显然是不图回报的，他甚至也不计较沈从文铭记与否。但沈从文对这份恩情，却是一生铭记着的。当沈从文一步步实现自己的文学理想时，作为朋友，林宰平自然是欣慰的。他希望沈从文继续保持着这种积极奋进的劲头。或许这位年轻人的理想主义，多多少少是暗合他对年轻人的期望的。因此，林宰平始终与沈从文保持着朋友般的联系。

新时代来临后，沈从文面临着严峻的身心考验，甚至有了两次轻生的举动。但他最终还是经受住了考验，逐渐变得乐观和积极起来。

在1951年9月2日给一名青年记者的信中，沈从文说："在革大时，有一阵子体力精神均极劣，听李维汉讲话说，国家有了面子，在世界上有了面子，就好了，个人算什么？说的很好。我就那么在学习为人民服务意义下，学习为国家有面子体会下，一天又一天的沉默活下来了。个人渺小的很，算不了什么的！"

---

[1] 沈从文：《沈从文全集》第18卷，第458—459页。

在信中沈从文还提到，"凡事从理解和爱出发，比对人只主观的从打击出发，会不同得多"。之后，沈从文毅然选择加入正在轰轰烈烈开展的土改运动中，说要"跟人民学习几个月"。当时，沈从文还专程拜访了昔日的好友丁玲，向她请教关于是否参加土改工作的意见。丁玲说了一句话："凡对党有利的事就做，不利的就不做。"于是，沈从文决计离开北京，去四川参加土改工作。

1951年10月25日，沈从文从北京出发赶赴四川。夫人张兆和因为住在学校，无法送行。沈从文致信张兆和谈及临行感受："像是三十年前第一次出门，和十四年前离京上云南一样，心相当弱。"在信中，沈从文还说道：

> 望你好好保重，不要为我担心。我一定要从乡村生活中使健康回复过来的。刚得宰平先生电话，声音中如同二十多年和我说话一样。我一定要为国家，为人民，为你们而健康起来，把事情好好作下去的！回来时，希望你和我一样，都健康得多！[1]

在信中提及的通话中，林宰平考虑到沈从文身体欠佳，建议他"去不了不去"，希望他先把身体养好。这是一个好朋友最真诚的建议，但沈从文还是坚持去了四川。

此时的林宰平担任"国务院参事"之职，身处政治界"闲差"的位置。早在1949年秋，林宰平受北方的邀请，离开文友雅聚的上海北上，到北京成为第一届全国政协特邀代表。"兹行值秋暮，离绪苦沉抑。"从林宰平当时的诗句，可以窥见其心境之一斑。已过古稀之年的林宰平早有归隐之心，福州一览楼曾是他诗词中反复吟咏的心归之处。"蹉跎入衰朽，俯仰异今昔。身隐事已非，愿违叹何益。"年事已高的林宰平虽然不愿从政了，但恭逢新政，他

---

[1] 1951年10月25日沈从文致张兆和的信，载《沈从文全集》第19卷，第122页。

还是接受了"国务院参事"的职位——"此尊老优容之地，而无职事驱役之劳"。因此，这个闲职给了林宰平先生晚年寄情于丹青的机会。当然，他到北京之后并没有忘记"老友"沈从文。

对于沈从文在此间的种种遭遇，林宰平一如既往地给予理解。在四川乡下土改洪流之中的沈从文依旧感受到林宰平"忠恕待人"的风格。二十多年前，林宰平对一个待业的文学青年的亲切勉励，给了沈从文以追求理想的勇气。在四川参加土改工作一段时间后，沈从文在内江致信妻子张兆和：

> 国家好得很，我要从工作中多为人做点事情的。王正仪住在重庆何处地方？如体力支不住，也许要调回，得在他那里住住。医生人熟方便处多。
>
> 宰平先生在我临行那天，曾电告我去了不去。望便中去看看他，也告一告情形。我不曾另外写信。我很念他。从他的鼓励中，我也同样鼓励过了无数年青人，工作和思想上都站得住，能为人民做事。我很念他。谢谢他。[1]

以沈从文的性格和习惯，他一再表达对林宰平的念念不忘，却不能写一封信去问候，可知他心情之复杂及对恩人的感激，他甚至不知道该如何去表达这种崇高的敬谢，只能默默记在心里，念念不忘。他甚至开始检讨自己，"一出来，我就感到我的无知和无能。只希望转回岗位上拼命作事，再从学习中提高自己。用工作和学习来补补过去工作学习和人民脱节的种种"。

沈从文希望以个人的行动来实现一次艰难的超越，他不想辜负了家人和像林宰平这样的挚友对他的殷切寄望。从后来沈从文很快转岗到文物部门工作，并且一干就是整个后半生，可以看出，

---

[1] 1951年11月13日沈从文致张兆和的信，载《沈从文全集》第19卷，第160页。

他对于生活始终是充满着信心的，对于未来也保持着希望。可以说无论是对自己还是对亲友，都是一种忠诚的报答。

20世纪50年代初，沈从文的次子虎雏结婚，却遇到无房可住的困难。在这种窘境之下，沈从文又想到了老友林宰平，林宰平后来就借出了一间房子。由此可知，两人的友谊依旧，两人也一直没有中断联系。

要在天地间做一个人

1960年3月21日，林宰平在北京去世，享年82岁。从湖北丹江回京参加葬礼的沈从文，于1960年3月22日致信大哥沈云麓提及此事："林宰平先生昨日已故去，年八十二。卅六七年前我初到京时，即得到他教育鼓励甚多。因胆癌故去。熟人中又去一位矣。"[1]这一年沈从文已经58岁，面对着世事剧变，生死离别，他显然是感慨万分的，但他正全力投入于对中国工艺美术的研究之中，相关论文不断写成和发表，同时还在筹备以张兆和堂兄即烈士张璋的事迹为原型，创作一部长篇小说。应该说，对于自己的文物研究和文学事业，沈从文还是十分积极、充满希望的。

三年后，因为林宰平的《北云文集》筹备着要出版，沈从文非常认真地为这部文集作跋，文中对林宰平先生依旧是充满着敬重和感激：

> 宰平先生逝世已三周年，他的温和亲切的声音笑貌，在熟人友好印象中，总不消失，还和生前一样，大家谈起时，感觉几几乎完全相同。宰平先生并不死！他做学问极谨严、认真、踏实、虚心，涵容广大而能由博返约。

---

[1] 1960年3月22日沈从文致沈云麓的信，载《沈从文全集》第20卷，第396页。

处世为人则正直、明朗、谦和、俭朴、淳厚、热情。在解放后，高龄已过八十，精神思想犹显得健康敏锐，闪耀着青春的光辉。对于新的国家政治外交局势发展的关心，对于新的文学艺术成就的关心，和对于年青一代，在新的社会教育、学校教育下，如何迅速发展生长成熟的关心，这一切，不仅仅使得他的朋友、学生怀着深刻的敬爱，而且也给予许多同事熟人以难忘的印象，对于有较多机会接近先生的晚辈，更形成一种长远鼓舞向前向上的力量。

宰平先生辛亥前曾留学日本，习法政，却喜爱文学、艺术和中西哲学。回国后曾讲学于清华、北大。解放后任职于国务院参事室。积学聚德，至老不衰。生平爱艺术，好朋友，精书法，能诗文，交游虽广，却能取予谨严有分寸。精于章草，除间作书画题跋，从不当成酬世之具。有关书法研究，计有《帖考》等在付印中。诗文作品量并不多，有手编诗稿《北云集》行世，集中即知交往还投赠，及山川游赏写照，亦多情理兼至，寄托遥深。史学家孟森先生为作序，以为"深入既无浅语，学力足以达之"，可谓能得本意。留下遗文仅数十篇，除《伟大的斯大林永垂不朽》及《答徐一帆论宋四家书法》二文，为解放后新著，其余均旧作，兹依写作年代辑印。

五四以后，国内新文化思想运动兴起，由范源濂先生支持，国内知识分子组织了个尚志学会，工作重点专以翻译介绍欧美新的学术著作见称，对于世界文化思想输入，在国内起过一定作用。宰平先生曾主持这个学会丛书编辑工作多年。梁任公先生饮冰室遗文及黄远生先生遗著，均由先生负责整理编辑付印。这两部分工作，都曾付出持久而艰巨的劳动。

综合近半世纪先生工作，总的说来，主要贡献实在两个方面：对个人影响，多为从事学术研究和言行践履素朴笃实的态度，能给人以鼓舞启发，这一点，他的友好学生感受格外深刻。对一般影响，则重在新旧文化遗产研究介绍，传播推广，虽述而不作，作用亦大。生前又留心古今学人年谱的收集，多达三百余种，已全部捐献于科学图书馆，使国家图书馆这一部门收藏，能得到充实，真可谓对祖国文化史研究工作中的有心人！

有关宰平先生解放后思想变化，北云诗集中有《观感》一篇，总结过去，歌颂当前，瞻顾未来，言极深透。诗中结语有"今逢平旦趋前途，勿谓老人乏精力"，如与本集中《伟大的斯大林永垂不朽》一文同观，则宰平先生对于旧社会的痛恨决绝和对新社会的热爱深信，均表现得十分鲜明。宰平先生晚年所走的路，正是六亿中国人民充满信心，共同跟随伟大的党、伟大的毛主席在走的由社会主义到达共产主义的康庄大道！

文集篇幅不多，大音希声，实不易从集中接触宰平先生整个人格可敬可爱处。惟个人认为集内涉及近代并世学人生平的叙述，不仅对于故人情感深挚，浸透于字里行间，而分析衡量其所处时代环境、影响及思想限度、事功得失，也多有独到处。既具有史料价值，并且还是几篇艺术水平极高的纪念性散文，因此读来格外亲切动人。世有知音，宜具同感。[1]

沈从文与林宰平是因为文章之缘而相识，因此对于一些社会问题是有着共同理想和看法的。两人虽然受教育背景不同，且生活经历不同，但要说是志同道合的忘年交也并非勉强，因此对于林宰平昔日的慷慨陈词，沈从文是能够给予深刻理解的，并不由

---

[1] 沈从文：《北云文集跋》，载《纪念林宰平先生》，第3页。

自主地去身体力行。林宰平当年的《大学与学生》一文云："不管什么哲学科学，什么主义习惯道德信仰等等，可以下一个断语'凡虚伪的皆不是'，今日虚伪病毒弥漫于我们社会，其上等有知识的人们，教育就筑在这个可怕的地盘上，大家试想这是一种多么危险的事情！"

林宰平所寄望的大学生应该"是立志要在天地间做一个人，不要随随便便混过了有用的光阴"。而在实际生活之中，沈从文常常看不惯别人浪费时间，甚至对一些浑浑噩噩混日子的行为感到愤怒。因此在惜时和奋斗的理念上，他与林宰平是一致的，在此基础上，两人一见如故。当时林宰平发现自己误解了沈从文的身份，却意外地发现了一个真正的理想实践者，对于一位爱才心切的师长来说，自然无论如何都要出手相助。

沈从文在为林宰平作跋的结尾提及了友情的至尊至贵，这世间"知音"的重要和珍贵，或许也只有当事人是最为刻骨铭心的。

为林宰平纪念集作跋时，沈从文正在中国历史博物馆[1]从事文物研究工作。在作跋次月，沈从文到香山参加《中国工艺美术史稿》的书稿审稿会。沈从文在日记里记述：

> 到西山香山饭店住340号，房间暗暗的，白天似得用用灯才便于作事。不大通气。离前次住香山恰恰四十年，将近半个世纪。草木依旧，人事全非。……饭后到宫门口石块上坐谈闲天，谈一画家故事，如一好小说，生动活泼，俗得有意思。[2]

前月刚为林宰平文集作跋，今日又来到因林宰平介绍而曾短

---

[1] 1949年10月前名为国立历史博物馆。1949年10月更名为"国立北京历史博物馆"。1960年又更名为"中国历史博物馆"。2003年并入中国国家博物馆。书中提及的沈从文1949年8月之后的工作单位皆指该馆，不再一一注明。

[2] 沈从文：《沈从文日记》（1963年6月18日），载《沈从文全集》第21卷，第326页。

居过的香山旧地，沈从文当然会有感而发。时光荏苒，物是人非，老友林宰平先生已经倏忽去世三年，沈从文心里则始终铭记这一段难忘的恩情。因此沈从文一直与林家保持着联系，包括他与林宰平之子林庚的友情的建立。1969年，沈从文身处羁旅仍不忘去探望年迈的林家太太沈兆芝，他尊称其为"林师母"，并致信张兆和说林师母"精神甚好"。

这段友谊已经开始在下一代人身上延续，沈从文为林宰平文集作跋可能就是受林庚之邀，早在北大任教时期，沈从文就常与林庚聚会，张兆和大弟宗和曾在日记里说他第一次在清华大学见到沈从文就是林庚带来的。

而沈从文的后人和学生也记录了林宰平与沈从文的友谊。沈从文长子沈龙朱先生曾多次向人提及林宰平对父亲的帮助：沈从文一生尊重的人不少，但他以"老师"称呼的，只有两个人。一个是田个石，一个是林宰平。

沈龙朱说："父亲真正念叨叫'老师'的，就是这两个人。"

为什么只有这两个？沈龙朱不完全知道。田个石是沈从文在凤凰老家上小学时的老师，当然是正式的老师了。至于林宰平，沈龙朱说："父亲敬重林庚的父亲林宰平，认林宰平为师，可能是因为在20世纪20年代人家对他的文章有过一些指导或者推荐。这是我个人的感受。"[1]

吴小如是林宰平与沈从文共同的学生，吴小如在晚年撰文回忆林宰平与沈从文书法的相关性：

> （林宰平）每有写作，便亲自用毛笔作章草体，蝇头小字，密密稠稠书写满纸，不仅文有古趣，即字迹亦精彩绝伦（故先父呈赠宰老诗，有"细字飞毫精力满"之句，而沈从文先生之喜作章草小字，似亦受宰老的薰陶

---

[1] 刘红庆：《沈从文家事》，北京：新星出版社，2012年，第233页。

影响）。[1]

　　吴小如此说颇有意蕴，所谓字如其人、志同道合，沈从文的
章草一向为人称道，但却少有人知道这背后的细节。吴小如先生
还在文中追溯了两位老师的友情：

　　　沈从文先生于上个世纪二十年代只身从湘西浪迹
北京，住在一家小公寓里，靠写文章维持生活，手头十
分拮据。而他最早的一位知音，是梁启超的挚友林宰平
老先生。林老名志钧，字宰平，曾任教于清华大学。梁
氏病逝，遗著《饮冰室全集》就是经林宰老亲手编定
的。宰老读报，发现有一位署名"休芸芸"的作者文章
写得很好，很想与他结识，便通过报社，打听到这个作
者的住处，亲自去寻访。而这位作家就是当时尚未崭露
头角的沈从文先生。从此林宰老便同从文先生结为忘年
交。宰老不但在熟人中对从文先生大事揄扬，而且在经
济上也时予援助。当时诗坛领袖人物徐志摩，后来成为
从文先生的至好，最初即是通过林宰老介绍而彼此认识
的。……而从文先生对林宰老的提携奖掖恩情，也是终
身不忘的。[2]

　　吴小如述及，他曾多次得到沈从文的墨宝，有一次还是沈师
母亲自交给他的，可惜的是这些墨宝都在"文革"中毁于一旦了。
吴小如见别人提及沈从文老师的书法，便不禁想到了老师书法的
渊源，因为他觉得这个渊源除了林宰平先生哲嗣林庚，恐怕再无

---

[1] 吴小如：《影印〈林宰平先生帖考及书画集〉跋》，载《纪念林宰平先生》，上海：
　　上海教育出版社，1999年，第92页。
[2] 吴小如：《沈从文先生的章草》，载《红楼梦影——吴小如师友回忆录》，北京：北
　　京大学出版社，2012年，第298—299页。

他人知晓了。相信吴小如在念及沈从文老师书法和恩情之时，也念念不忘林宰平老师的古道热肠和谦恭温和。正可谓：高山仰止，景行行止。

第二章　徐志摩：诗意的友情

1929年在上海的沈从文（沈龙朱/绘）

1980年冬天，耄耋之年的沈从文历经波折后到达美国讲学。在哥伦比亚大学做演讲期间，他特地向当地一位教授打听老友王际真的情况，却得知这位老教授已经退休二十年，独居在家，而且性格孤僻，从不接受任何人的拜访。但是沈从文执意要寻找并拜访这位已经离国多年的老友，要知道，这位文学界的老友是徐志摩当年介绍给他认识的。

1928年王际真由美国回国，回山东探亲路过上海时，徐志摩为沈从文介绍认识了这位留美学者。从此两人就一直保持着书信联系，其间两人既寄过书，也寄过信。在回信时信封上要写英文地址，沈从文不善于此，于是王际真就把回信的信封写好寄来，可谓细心。

沈从文与王际真一别五十余年，沈从文特别渴望能见见这位交往多年的好友。只是对方的回复却很奇怪，说"目前彼此都老了，丑了，为保有过去年青时节印象，不见面还好些"。

但是沈从文一再坚持要见面，他甚至觉得"一般人所谓'怪'，或许倒正是目下认为活得'健康正常人'中业已消失无余的稀有难得的品质"。

当两人真正见面后，沈从文的判断果然得到了印证。这位在外人看起来很是"古怪"的老头，对于朋友之间的交情却是格外珍视，他用心珍藏着沈从文于20世纪20年代初期出版的作品集。这些作品连沈从文都自认为不够成熟，属于"习作"，国内也早已经消失不见了，却在异国他乡被一位老友保存完好，沈从文大为感动，甚至还觉得有点难以理解。更让沈从文感到意外惊喜的是，王际真还保留着他们早期的通信，其中就有一封是关于他们共同的朋友徐志摩去世的内容，这无疑又勾起了沈从文对于去世整整五十年的老友徐志摩的回忆。

"就同一个多年熟人一样"

> 际真：志摩十一月十九日十一点三十五分乘飞机撞死于济南附近"开山"。飞机随即焚烧，故二司机成焦炭。志摩衣已尽焚去，全身颜色尚如生人，头部一大洞，左臂折断，左腿折碎，照情形看来，当系飞机坠地前人即已毙命。二十一此间接到电后，二十二我赶到济南，见其破碎遗骸，停于一小庙中。时尚有梁思成等从北平赶来，张嘉铸从上海赶来，郭有守从南京赶来。二十二晚棺木运南京转上海，或者尚葬他家乡。我现在刚从济南回来，时（一九三一年十一月）二十三早晨。[1]

就是这样一封信，再次唤起沈从文对故友去世的深情追忆，虽然已经过去了半个世纪，但那时他慌乱奔走在青岛与济南之间的情景仍历历在目。某种程度上来说，因为与徐志摩的相识，使得沈从文对"友情"有了新的定位和认识，为此他曾专门撰文说人生与友情的必要。当鲜活的、真诚的徐志摩突然离去时，沈从文感到欲哭无泪。要知道，在文学的道路上，徐志摩给了他太多的帮助和鼓励，因此徐志摩的猝然离世，对沈从文的打击程度不亚于失去一位至亲。

1925年9月，经林宰平的介绍，沈从文从北京西山香山慈幼院出发，前往松树胡同7号慕名拜访徐志摩。那时沈从文还寂寂无名，徐志摩却已是名满天下的新派诗人，《现代评论》的创办人之一，《晨报副刊》的主编。沈从文当是怀着忐忑和希冀前去敲门的：

> 他（徐志摩）的住处似还在松树胡同七号一所小小

---

[1] 沈从文：《友情集》，重庆：重庆大学出版社，2011年，第276页。

洋式房子里，住处后有个小小院落，齐腰栏杆边放上几盆菊花和秋海棠。一面墙上挂满了绿叶泛黄的爬墙虎，应当是已到深秋还未大冷的时候。我这么一个打烂仗出身的人，照例见生人总充满一种羞涩心情，不大说话。记得一见他，只一开口就说："你那散文可真好！"他就明白，我是个不讲什么礼貌的乡下人，容易从不拘常套来解脱一切拘束，其时还刚起床不久，穿了件条子花纹的短睡衣，一面收拾床铺一面谈天，他的随便处，过不多久就把我在陌生人前的羞涩解除了。只问问我当前的生活和工作，且就从枕边取出他晚上写的两首诗，有腔有调天真烂漫自得其乐的念起来。[1]

两人第一次见面就很自然、融洽，徐志摩见了沈从文也是毫不"客气"，即兴为沈从文朗诵了他在夜里新写的两首诗。于是两人"就同一个多年熟人一样"相处了。沈从文此前也见过几位《现代评论》的教授，说即使是再熟悉一些，也依旧令人感到拘束。更使沈从文意外的是，徐志摩竟然把自己与异性交往的书信拿给沈从文，还让他读读看。"不到一点钟，就把一小卷似乎用日本纸写的长信递给我来欣赏，且一面说这信是刚从美国寄来的，你读读看，内中写得多真诚坦率又多情！原来是他的好友林徽因女士来的一个长信。他就为我补充这个朋友的明朗热情种种稀有的性格，并告我和写信人的友谊种种。那时他还未曾和陆小曼结婚。对人无机心到使人吃惊程度……"[2]

从这次见面看，徐志摩之前对沈从文是有所了解的，而且在一见之下即建立了朋友间的信任，使他可以无所忌讳地向沈从文告知自己所交往的朋友，包括与异性朋友的关系。他希望把自己的朋友也介绍给沈从文。当有一天，徐志摩要结婚时，他更是没

---

[1] 沈从文：《回忆徐志摩先生》，载《沈从文全集》第27卷，第436页。

[2] 沈从文：《回忆徐志摩先生》，载《沈从文全集》第27卷，第437页。

有忘记邀请这位朋友参加婚礼。只是沈从文记录的徐志摩婚礼颇为意外并略显沉闷。1926年10月，徐志摩和陆小曼的婚礼在当时新开放的北海静心斋举行，"当时的主婚人是梁任公先生，用装成异常严肃的带申斥的口吻说：'志摩，你可知道你是个罪人，结了婚又离婚，现在结婚要认真对待你自己，要负责任……送你一件翠玉珮表示坚贞……'"[1]

沈从文说那还是他第一次看见梁先生，他觉得梁先生的形象不该是婚礼上这样的"酸秀才"和"迂腐"，应该是个才气纵横、不拘小节的大人物。沈从文显然是在为徐志摩感到不平，他觉得照当时的习惯，大人物讨一两个姨太太不会有人提异议，但离婚又结婚却成了人人关注的社会新闻，这对于婚姻当事人来说实在有些不公平。好在这个婚礼中的小插曲很快便被一众好友演奏的乐曲冲淡了。从此，沈从文对于徐志摩的婚姻便有了与众不同的一种理解。而两人更多的交集还在于文学。徐志摩曾将沈从文的作品介绍给《晨报副刊》刘勉己发表。后来，徐志摩又在他新接编的《晨报副刊》上发表了《我为什么来办，我想怎么办》一文，文中将沈从文与胡适、闻一多、陈源、郁达夫等名家同列为约稿作者。

此后，沈从文在徐志摩主编的《晨报副刊》上发表了大量的小说和剧作。有一次徐志摩还转载了沈从文的一篇散文《市集》，这对于一个以发表原创作品为主的刊物来说，颇为不易。徐志摩特地在转载文后附注说明：

> 这是多美丽生动的一幅乡村画。
> 　　作者的笔真像是梦里的一只小艇，在波纹瘦鳞鳞的梦河里荡着，处处有着落，却又处处不留痕迹。这般作品不是写成的，是"想成"的。给这类的作者，批评是

---

[1] 沈从文：《回忆徐志摩先生》，载《沈从文全集》第27卷，第437页。

多余的，因为他自己的想象就是最不放松的不出声的批评者。奖励也是多余的，因为春草的发青，云雀的放歌，都是用不着人们的奖励的。[1]

但徐志摩没想到的是，沈从文因为这篇被转载的小文大为不安，因此文先是发表于《燕大周刊》，后又被刊载于《京报·民众文艺》和《晨报副刊》，而且署名不同，很容易使人误为一稿多投，这对一个新的作家来说，是很忌讳的。为此沈从文特地给徐志摩致信表示要发一个声明才好。"近来正有一般小捣鬼遇事寻罅缝，说不定因此又要生出一番新的风浪。……小东西出现到三次，不是丑事总也成了可笑的事！"[2]

沈从文一再说明是自己的过失，并详细解释了其中原委，说明当时受生活极度困难所迫，"生活悬挂在半空中，伙计对于欠账逼得不放松，故写了三四篇东西并录下这一篇短东西做一个册子，送与勉己先生"。也就是说，沈从文当时已在这组文章之后附言说《市集》一篇曾登载过，之所以加在一起交付《晨报副刊》，是希望能够由其印一个小册子，一起给个二十块钱，以早日应付公寓的租金开支，没想到此文辗转多日在以为已经遗失的情况下又被刊登了。

沈从文一直在刻意远离文坛是非，不想因此惹上不必要的闲言。但是徐志摩却是真诚而无畏的，他很快把这篇声明于1925年11月16日在《晨报副刊》上刊发，并在文后附上了自己的答辞：

> 从文，不碍事，算是我们副刊转载的，也就罢了。有一位署名"小兵"的劝我下回没有相当稿子时，就不妨拿空白纸给读者们做别的用途，省得挽上烂东西叫人家看了眼疼心烦。

[1] 沈从文：《志摩的欣赏》，载《沈从文全集》第11卷，第49页。
[2] 沈从文：《关于〈市集〉的声明》，载《沈从文全集》第11卷，第50页。

我想另一个办法就是复载值得读者们再读三读乃至四读五读的作品，我想这也应得比乱登的办法强些。下回再要没有好稿子，我想我要开始印《红楼梦》了！好在版权是不成问题的。[1]

徐志摩本身就是一位诗人作家，对于稿件的质量有一定的发言权，他主编刊物更看重作品本身，而非作者的名气或是与主编的亲疏关系。他对于沈从文的才气是极为赏识的，同时更对沈从文的生活境遇感到深深的同情，因此对沈从文稿件的刊发和转载，既是精神上的鼓励，更是物质上的支持，这样，沈从文多多少少会多一笔微薄的稿费度日。但为了沈从文的名誉，徐志摩更是不惜在版面上说明来龙去脉，这是一位主编的坦荡，也是一位挚友对于作者的深深理解。应该说沈从文是极其感动的，他在很多年后回忆徐志摩时还特别提到老友的坦荡和热忱：

> 他为人心怀坦荡，毫无机心。一团火一样热的心，且特具感染力，影响到不少当时年纪较轻的朋友熟人，我就是其中之一。他那平等待人的态度，他那勤奋忘我永不自满的精神，给我的影响尤深。所以我在一九三六年出版的《小说习作选集》代序中，就特别提到，我在创作上如果有点滴成就，那火种，是从这个不幸早逝的诗人手中接来的。[2]

[1] 徐志摩:《徐志摩的答辞》，载《沈从文全集》第11卷，第52页。
[2] 沈从文:《〈徐志摩全集〉序》，载《沈从文全集》第16卷，第404页。

是伯乐，更是良友

沈从文晚年时与凌宇（沈从文文学成就的研究学者）曾有过这样的对话：

> （问）您是如何与徐志摩结识的？
>
> （答）因投稿而相熟。我对他的散文和诗的成就，都感到极大的兴趣，且比较理解他对人的纯厚处，和某些人说的"花花公子"完全不同。所以我在一九三六年良友出的习作选题记中，提到他对我的好影响。到我作《大公报》文艺副刊编辑时，对陌生作者的态度，即充分反映出他对我的好影响。工作上要求自己较严，对别人要求却宽。[1]

因为诗人的率性生活以及颇能牵动人心的婚恋故事，使得徐志摩常被传是"花花公子"，但这其中不少是人云亦云的流言或讹传。

在沈从文的印象中，徐志摩身上绝无一些为人所批判的"公子哥儿"的习气，沈从文在很多年后还记起1925年徐志摩请他吃饭的场景："他为人平易家常，不仅不是什么公子哥儿，且无丝毫当时的洋学生习气。记得两次邀我到他福履坊吃饭，都是由后门进去，在灶披间同车夫厨娘一道坐下来吃饭的。他一面说笑，一面称赞雪里蕻烧豆腐比前不久招待泰戈尔那次的锅塌豆腐还透味好吃。志摩就是这样一个人。"[2]

对于真正与之长期相处的朋友，沈从文深知徐志摩为人的真诚，以及性格里的淳厚朴实。"他为人心怀坦荡，毫无机心。一团火一样热的心，且特具感染力，影响到不少当时年纪较轻的朋友熟人，我就是其中之一。"因此沈从文说自己成为刊物主编后，也

---

[1] 沈从文：《答凌宇问》，载《沈从文全集》第16卷，第521—522页。
[2] 沈从文：《〈徐志摩全集〉序》，载《沈从文全集》第16卷，第404页。

不自觉地向徐志摩看齐，学习他对陌生人的真诚和对工作的极度
负责。而对于自己文学上的一点成绩，沈从文更是觉得应该归于
徐志摩的一再帮助，甚至说如果没有徐志摩向他伸出援手，他的
作品恐怕早就不存于世了：

> 徐志摩先生，胡适之先生，林宰平先生，郁达夫先
> 生，陈通伯先生，杨今甫先生，这十年来没有他们对我
> 种种的帮助和鼓励，这集子里的作品不会产生不会存在。
> 尤其是徐志摩先生，没有他，我这时节也许照《自传》
> 上说的那两条路选了较方便的一条，不过北平市区里作
> 巡警，就卧在什么人家的屋檐下瘫了，僵了，而且早已
> 腐烂了。你们看完了这本书，如果能够从这些作品里得
> 到一点力量，或一点喜悦，把书掩上时，盼望对那不幸
> 早死的诗人表示敬意和感谢，从他的那儿我接了一个火，
> 你得到的温暖原是他的。[1]

晚年时，沈从文还经常和学生汪曾祺说起徐志摩的有趣逸事，
汪曾祺曾撰文说："徐志摩是最初发现沈从文的才能的人。沈先生
说过，如果没有徐志摩，他就不会成为作家，他也许会去当警察，
或者随便在哪条街上倒下去，糊里糊涂地死掉了。"[2]

沈从文在人生最艰难的时候遇到了徐志摩，使他的文学创作
之路出现了一个大转折，尤其是，在徐志摩的引领下，他得以跻
身主流文学作家之列。一直在文坛前跌跌撞撞的沈从文很清楚当
时的严峻形势，"沈从文相信，中国文坛真正数得上的流派，都是
根据籍贯或其他个人派系结成的，而不是出于政治或意识形态的
组合。其他条件全是不足道的。他认为，他自己写作初期稿子难

---

[1] 沈从文：《习作选集代序》，载《从文自传》，第258—259页。
[2] 汪曾祺：《我的老师沈从文》，郑州：大象出版社，2009年，第15页。

于刊出，原因正在于此"[1]。

沈从文曾在周氏兄弟创办的《语丝》上发表过一篇小说，据他说完全是靠好友胡也频把稿子亲自送给了周作人才得以发表。正是因为发表作品困难，沈从文和胡也频一直想自己创办文学刊物。

在此期间，胡也频的诗也是其通过沈从文认识了徐志摩才能够在《现代评论》上发表。"浪漫派诗人徐志摩，1924年实际上已是《晨报副刊》主编（正式出任主编在1925年），他对发表沈的早期作品起了巨大作用。通过他，并在他鼓励下，沈从文才第一次靠写稿维持生活。第一个发现沈从文文学才气的朋友是郁达夫，而沈得以进入文艺界则更多依靠徐志摩，他领沈去参加诗歌朗诵会，沈从文在1925—1926年一直参加这种聚会。"[2]

徐志摩为沈从文介绍认识了很多文艺界的朋友，尤其是一些被称为"英美派"的文学朋友。他们都是留学归来的学子，所以他们中不少人劝沈从文学习英文并出国留学，为此沈从文有一段时间曾有意出国去发展。直到20世纪80年代初期，沈从文还对前来访问的美国学者金介甫谈及徐志摩带他参加诗会的情形："沈说，他在开始写诗之前，多次参加闻一多家里举行的读诗会，当时北京诗人徐志摩、闻一多、朱湘、刘梦苇、孙大雨、饶孟促等人都在会上认真谈自己的诗。后来又在北平后门慈恩殿三号朱光潜家按时举行读诗会，参加人有梁宗岱、冯至、孙大雨、罗念生、周作人、叶公超、废名、卞之琳、何其芳、朱自清、王了一、李健吾、林庚、曹葆华、林徽因、周煦良等。沈认为这些人的新诗都比他高明得多。"[3]

可以说，徐志摩是在有意向文艺界推荐沈从文，他希望沈从文早日结束单打独斗的窘境，因此不时带沈从文参加文学聚会，

[1] 金介甫：《沈从文传》，符家钦译，北京：国际文化出版公司，2009年，第113页。
[2] 金介甫：《沈从文传》，第113页。
[3] 金介甫：《沈从文传》，第148页。

结识新的编辑朋友，这既有利于沈从文作品的发表，更有助于其开阔社会视野。

20世纪80年代初，金介甫问沈从文："沈先生，谁先鼓励你写作？我记得是郁达夫。"沈从文却直接回答："主要是徐志摩。"

"还念什么书，去教书吧！"

1928年12月4日，沈从文在上海面临着几重困难：由他参与创办的文学刊物《红与黑》面临停办、母亲病重、妹妹精神失常、经济极度窘迫……此时的沈从文常在徐志摩创办的《新月》刊物上发表文章，但无奈杯水车薪，他一度要放弃写作。陷入绝境的沈从文再次向徐志摩致信求助：

> 目下情形，实在窘中，北平方面亦非钱不行，且因上月欠人钱太多，实有非还不可之势，因子离说钱钱不得，新月方面不能为从文设点法，眼前真不成样子。因穷于对付生活，身体转坏，脾气亦坏，文章一字不能写。自己希望也不为过奢，但想得一笔钱应付各方，能安安定定休息一个月，只要有一个月不必在人事上打算，即是大幸福，此事你帮帮看看。……最低限度我总得将我家中人在挨饿情形中救济一下。实在没有办法，在最近，从文只好想方设法改业，文章赌咒不写了。左右写也写不好，因此一来恐怕也算是提高读者趣味向另一种文章注意的一个办法。请你在两天内告我这询问的结果。我不愿把你为难，但我愿意你明白我情形之一半的一半。脾气近来真不好，依我的意思，阿丽思二卷虽排了版，也真想还把这东西用最少的价钱卖给其他下等书铺，拿钱贴还新月方面的排版费，再得一点剩余来支配！

> 使我活下来的并不是名誉这样东西，这自觉，把我
> 天真及其余美德毁灭完了。[1]

以徐志摩对朋友的秉性，他一定会再次对沈从文伸出援手，但是他想为沈从文寻求一种更为彻底的解决方式。以沈从文当时的窘境，仅仅靠卖文是无力实现自保的，于是徐志摩决定为沈从文谋一个长期的差事，而且这个差事最好是在上海，因为沈从文有意在上海创业，当时徐志摩曾劝他去北京，"还是去北京吧，北京不会因为你而米贵的"。

此时在上海的胡适，正在创办中国公学，仍缺几名教师，徐志摩就向胡适推荐了沈从文。徐志摩的推荐完全是充满着诗人的理想主义。要知道，沈从文没有大学学历，也没有出国留学的经历，在当时要想进入大学教书，简直是不可想象。此前有段时间沈从文曾表示想入上海美术专科学校，跟着徐志摩的朋友刘海粟学绘画。但徐志摩却劝他说："还念什么书？还不如去教书呢！"沈从文可能以为是玩笑话，但徐志摩完全是认真的，他说到做到了。

沈从文自己反倒是心怀忐忑，他当时致信胡适："昨为从文谋教书事，思之数日，果于学校方面不至于弄笑话，从文可试一学期。从文其所以不敢作此事，亦只为空虚无物，恐学生失望，先生亦难为情耳。"[2]

当然，这对于沈从文的人生来说绝对是一次大的转折，或可说是一种荣誉。因此沈从文高兴地写信给在湖南老家的父亲提及教书之事，希望与家人一起分享这个喜讯。

而胡适破格录用沈从文入大学教书，也并非盲目之举，而是出于新创办的学校课程的考虑。1934年2月14日胡适在日记里旧事重提："北大国文系偏重考古，我在南方见侃如夫妇皆不看重学生试作文艺，始觉此风气之偏。从文在中公最受学生爱戴，久而不

---

[1] 1928年12月4日沈从文致徐志摩的信，载《沈从文全集》第18卷，第11—12页。
[2] 1929年6月沈从文致胡适的信，载《沈从文全集》第18卷，第16页。

衰。"以胡适的观点看,"大学之中国文学系当兼顾到三方面:历史的;欣赏与批评的;创作的"。

　　事实证明,这次尝试是较为成功的,沈从文作为一位博学的作家,对于文学、历史和文物学都颇有研究,尤其是对于写作,更因为有着长期的实践而具有独特的创见,使得学生们受益良多。当胡适不久后迫于压力从中国公学辞职时,他以为沈从文可能会因此受到波及,然而事实是沈从文又被聘用了一年多。一年后又因为徐志摩的推荐,沈从文去了武汉大学任教。再后来,徐志摩又把沈从文推荐去了青岛,到杨振声参与创办的青岛大学任教。此时的沈从文在致信胡适时仍是谦虚的,他说,不再担任中国公学的教职是因为自觉没有东西可教了,"恐怕泼汤",又说青岛大学初始开学,"我胡涂也容易混得去"。当然,沈从文还是觉得过意不去,就说:"我这意思志摩先生若能与先生谈及,当更好,因为他知道我无聊处与无可奈何处。"

　　其实说到底沈从文还是想要腾出更多的时间来进行文学创作,对于文学的抱负,沈从文与徐志摩可谓是无话不谈,其间徐志摩也常常将家事告知沈从文。这一时期,沈从文曾于1930年8月14日写信给在美国的王际真说:"陆小曼父亲死去,志摩又麻烦一阵才得安静。"为了不打扰徐志摩的繁杂生活,沈从文曾致信胡适自述情况,请胡适代为转告徐志摩他的为难处,他相信徐志摩自会理解。

　　在此期间,徐志摩曾嘱沈从文为自己的小说集《轮盘》作序,沈从文先是说不敢答应,但后来还是因着共同的文学趣味写出了这篇序言。他在序中提及:

　　　　作者在散文与诗方面,所成就的华丽局面,在国内还没有相似的另一人,在这集中却仍然保有了这独特的华丽,给我们的是另一风格的神往。但作者似乎缺少一种无赖天才,文字生动反而作成了罪过方便,在一切恶意攻击中从不作遮拦行为,又不善于穿凿,更多理由给人以"绅士"的称谓。[1]

　　以诗歌著称的徐志摩几乎很少写小说，但他却对小说充满着向往，这可能与当时的风尚或是他周围聚集着像杨振声、沈从文、林徽因等小说家朋友有关。从徐志摩唯一的自编小说集《轮盘》里可以看出，其中就有他个人复杂惆怅的影子，那种可以借着虚拟真实表现个人情感的方式使他觉得自由和畅快。因此他后来还曾拜托沈从文，有时间可以借他的事情写写小说。

　　对徐志摩热衷写小说，沈从文是非常支持的，但他也从小说家的角度给出了客观的评论，华丽依旧，天真尚在，隐喻不够，总觉得缺少一种无赖天才。其实沈从文说得很透了，不论是小说作者徐志摩还是诗人徐志摩，皆过于真实。过于真诚的性格，或许会削弱徐志摩小说的艺术价值，但这才是诗人可贵的本色。沈从文还借当时文坛的纷争骂战说明徐志摩"独善其身"的"绅士精神"。作为朋友，沈从文对于徐志摩的性格是了然于胸的，因为理解，所以宽容。作为朋友，再也没有一个人能像徐志摩这样对他坦诚和热心了。

　　1931年2月，徐志摩将他主编的"新文学丛书"改由沈从文负责，后又建议沈从文再回到北平寻求发展，沈当时是借住在燕京大学达园教师宿舍。徐志摩此举显然是希望能够提高沈从文的收入，同时更希望沈从文能在文学创作的道路上有所飞跃。对于沈从文的天才和执着，徐志摩也是深有理解的，在文坛上，像沈从文这样谦卑、单纯却充满力量的作家已是罕见。从某种程度上来说，徐志摩也是爱才惜才的，也正因为此，徐志摩总是不遗余力地把沈从文向前推进。他把沈从文介绍给了他最好的朋友们。1931年6月19日，徐志摩到北平达园看望了沈从文，也就在此间，徐志摩介绍沈从文认识了梁思成和林徽因。这次介绍对于沈从文

---

[1] 沈从文:《〈轮盘〉的序》,《沈从文全集》第16卷, 第178页。

未来的人生而言极富有意义，这对学者夫妇后来成为沈从文非常重要的朋友，并曾给予沈从文很大的帮助。

生死之交

纵观沈从文在1931年的生活轨迹，可以看出几乎都是受徐志摩的影响在往前行，上半年是在北平接手徐志摩的主编工作，下半年则又是受徐志摩推荐到青岛大学任教。在此期间，沈从文开始有了感情的困扰，在相思的困顿之中，他开始渐渐理解了徐志摩的感情经历。从沈从文写给徐志摩的信中可见，两人几乎是无话不谈，文学的、感情的、个人生活的等。

1931年7月，沈从文由达园致信在北平西山上的徐志摩，其中既充满诗意，也充满着知音之言。两人分享着各自的秘密，相互建立起信任，并渴望心里的困惑能够有所缓解：

> 我想跟你写一个信寄到山上来，赞美天气使你"做"了一首好诗。
>
> 今天真美，因为那么好天气，是我平生少见的，雨后的虹同雨后的雷还不出奇，最值得玩味的，还是一个人坐在洋车上颠颠簸簸，头上淋着雨，心中想着"诗"。你从前做的诗不行了，因为你今天的生活是一首超越一切的好诗。
>
> 自然你上山去不只做诗，也是去读"诗"的。我算到天上虹还剩一只脚时，你已爬上山顶了。若在路上不淋雨自然很好，若淋了雨也一定更好，因为目下湿湿的身体，只是目下的事，这事情在回忆里却能放光，非常眩目。回忆的温暖烘得干现在的透湿衣裳，所以我想你不会着凉的。

因为这天气，我这会写散文的人，也写了三千字散文。可是我这散文是写在黑夜做成的纸上的。因为坐在亭子前面，在黑暗里听蛙叫了四点钟。照规矩我是一点钟写八百字，所以算他一个三千的数目。我想到今天倒是顶快乐的日子，因为从没有能安安静静坐到玩四个钟头的。

现在蛙还在叫，可是我的灯已熄了，各处都有声音，一定有鬼，一定有鬼，我睡了是好的。睡到床上就不再怕鬼了，大约鬼是不上床的。

可是我当真应当睡了，蜡烛上不知烧死了多少小虫，看到这事真是怪凄惨。这时忽然有个丝翅膀蜻蜓一类小东西，扑到蜡汁上，翅膀振动得厉害，我望到那小东西的胡子，在嘴巴边上。（一定是胡子！）你说，长了胡子的还不懂利害，还不知道小心，年轻的怎么不应当烧死？

大约人也有这种就光的兴味，我单是想象到我那一枝烛，就很难受。（不吃酒的人听到人说"酒"字脸也得红。）让我提起个你已经忘掉的事，就是我去武昌前到你家里那次谈到哭脸的事，现在还是不行，到武昌，到上海，到北京，再到青岛，我没有办法把那一枝蜡烛的影子去掉的。我是不是应当烧枯，还是可以用什么观念保护到自己？这件事我要学习，一只小虫飞到火上去，你懂那情形很可怜的，虽说想象中的烛不能使翅膀烧焦，想象中的热情也不能把我绊倒。[1]

在徐志摩看来，沈从文是一位值得信赖的朋友。他尽可以把难以对别人所托付的事情告知沈从文，因此某种程度来说，沈从文为徐志摩保守着很多的隐私和秘密，但他绝不会泄密，甚至在关键时刻也有着自己的坚持和见解。

[1] 沈从文：《由达园给徐志摩》，载《沈从文全集》第11卷，第101—102页。

1931年8月，沈从文从北平出发去青岛大学执教。在离开前夕沈从文与徐志摩在胡适所居住的楼上做了一次长谈。这次长谈涉及徐志摩的个人故事和情感困惑，这些内容可能已经在社会上广为传播，但不过是歪曲了的事实或是以讹传讹而已。而由徐志摩这位当事人亲口讲述，并且很多事情又是沈从文所见证的，在沈从文这位挚友看来，是再客观不过了。

徐志摩之所以对他讲述，也是渴望能有一些良好建议给他。这次谈话中，徐志摩就涉及他最重要的个人物品的存储所在"百宝箱"事宜，说"最适宜于保管他的案件的人，是不甚说话的叔华"。沈从文与凌叔华也是很好的朋友，两人的友谊堪称是终身的，相信沈从文对于徐志摩的这一建议也是支持的。按照常理，徐志摩应该把自己最重要的私人物品交给妻子，交给最心爱的人保管。但他却没有那样做，反倒是托付给一位在海外的异性好友。这其中不难看出徐志摩是有苦衷的，而沈从文更是对这苦衷给予了理解，他默默地聆听着老友的倾诉，同时还一起畅想着未来真正到了老年时再回顾这段青春的过往。

在谈话中，徐志摩还颇为顽皮地请沈从文以后有机会写写他的经历和故事，"他（徐志摩）一定有他的苦心。因为当时还同我说到，等他老后，等我们都老一点后，预备用我老后的精力，写他年青的故事，可以参考他百宝箱（又称'八宝箱'）的一切"。也就是说，徐志摩是打算把自己真正的隐私打开给沈从文看的，如他的日记、书信、未发表的作品以及陆小曼的日记等，在当时看来，因为牵涉几位名人，所以都是"绝对隐私"。徐志摩在1931年6月25日致信陆小曼时提及"叔华、从文又忙了我不少时间"。这里的"忙"是否即牵涉到"百宝箱"事宜？

当沈从文去了青岛之后，徐志摩还致信沈从文说他已经将"百宝箱"从上海带到了北平，等两人都在北平时可以看看。凌叔华也于1931年12月致信胡适说："今年夏天从文答应给他（徐志摩）写小说，所以他把他天堂地狱的'案件'带来与他看，我也听他提过，不意人未见也就永远不能见了。他的箱内藏着什么我本知道，这次他又告诉了我的。"

徐志摩曾向沈从文提及，他有意请不大说话的凌叔华依据"百宝箱"为他作传记，而以小说的方式写写他的故事的任务则交给了沈从文，当然也要依据"百宝箱"。

只是，沈从文和凌叔华都没有这样的机会了。1931年11月19日，徐志摩在济南因飞机失事不幸遇难，享年36岁。随着这次突然降临的事故，徐志摩的身后事开始出现了微妙的变化，他所念念不忘的"百宝箱"的下落也变得扑朔迷离起来，直至箱子里的一些重要内容出现了"永久的遗失"。

对于徐志摩身后的"百宝箱"的处理，沈从文曾建议胡适交给凌叔华保存，说这也是徐志摩生前的愿望。"其中我似乎听到说过有小曼日记，更不宜于给徽音看，使一个活人，从某一些死者文件上，发现一些不应当发现的东西，对于活人只多惆怅，所以我盼望我说这话时间还不过迟。若一切已全给了她，那羊已走去，补牢也不必了。"[1]

有关徐志摩的私人书信和日记，沈从文建议要以妥善的方式处理，不要因为逝者使得活着的人伤心和误解。他希望徐志摩的身后事能够清静些、平和些。因此他在致王际真的信中就提及，要把徐志摩的信件全部交给凌叔华保管，并认为凌叔华最适宜于做这件事，"等大家都死后再印"。沈从文希望徐志摩能够安安静静地离去，他要极力维护徐志摩生前的愿望，不希望在好友意外死亡之后还闹出任何不愉快的事情。

当得知徐志摩突然遇难之后，沈从文第一个想法就是去事故现场，去最后看一眼一直倾力帮助他的老朋友。

徐志摩是1931年11月19日中午遭遇空难的，沈从文在11月21日下午得知消息后，连夜赶路，于11月22日早晨到达飞机失事地

---

[1] 1931年12月12日沈从文致胡适的信，载《沈从文全集》第18卷，第157页。

点，与从北平赶到的梁思成一起开棺瞻仰了徐志摩的遗容。由此沈从文成为徐志摩遗体不多的见证人之一。后来沈从文撰写了《三年前的十一月二十二日》说明经过，又多次致信给徐志摩的友人，说明现场情况，这些文字，成为徐志摩后事重要的史料记录。

> 棺木里静静地躺着志摩，戴了一顶红顶球绸纱小帽，露出一个掩盖不尽的额角，额角上一个大洞，这显然是他的致命伤。眼睛是微张的，他不愿意死！鼻子略略发肿，想来是火灼炙的。门牙已脱尽，与额角上那个大洞，皆为向前一撞的结果。[1]

沈从文忠实地记录了现场的情形和细节，这记录又不同于新闻记者式的报道。他同时也忠实地记录了自己的心情感受："这一次同志摩见面，真算得是最后一次。我的悲伤或者比他其余的朋友少一点，就只因为我见到的死亡太多了。我以为志摩智慧方面美丽放光处，死去了是不能再得的，固然十分可惜。但如他那种潇洒与宽容，不拘迂，不俗气，不小气，不势利，以及对于普遍人生万汇百物的热情，人格方面美丽放光处，他既然有许多朋友爱他崇敬他，这些人一定会把那种美丽人格移植到本人行为上来。这些人理解志摩，哀悼志摩，且能学习志摩，一个志摩死去了，这世界不因此有更多的志摩了？"[2]

应该说，沈从文无论如何都不会想到徐志摩会这么快离开这个世界，他一下子蒙了，他的精神所遭受的打击恐怕外人很难感受和理解。他们曾经有过很多文学的计划，以及对于未来生活的憧憬，可是现在一切都幻灭了。没有任何人能够替代徐志摩成为

---

[1] 沈从文：《三年前的十一月二十二日》，载赵遐秋编：《新月诗魂——名人笔下的徐志摩　徐志摩笔下的名人》，上海：东方出版中心，1998年，第170页。

[2] 沈从文：《三年前的十一月二十二日》，载《新月诗魂——名人笔下的徐志摩　徐志摩笔下的名人》，第171页。

沈从文的挚友，说他从徐志摩身上看到了一种人格的理想化，或许也并不过分。总之，对于徐志摩的突然离世，沈从文的悲伤是只能由他独自承受的，他一再给徐志摩的朋友们写信，或许也是一种排解悲伤的方式。

面对各界共同的朋友们，沈从文主张："纪念志摩的唯一的方法，应当是扩大我们个人的人格，对世界多一分宽容，多一分爱。也就因为这点感觉，志摩死去了三年，我没有写过一句伤悼他的话。我希望的是志摩人虽死去了，精神还能活在他的朋友间。"

就在徐志摩出事当天，沈从文致信在美国的朋友王际真，说徐志摩还在北京，不作什么诗，教书罢了。沈从文似乎隐约中对徐志摩复杂的心情有所体味和理解。从事实情况看，家庭开支、感情的执拗、情感的困顿等都增添了徐志摩的烦愁。后来沈从文在给王际真的信中还专门提及此事："近两年来他（徐志摩）特别爱说死，比上几年完全不同，家庭方面成为无乐趣的累赘，也是活得无趣味的理由之一种。"

徐志摩遇难之后，沈从文久久不能走出悲郁的情绪，他致信王际真说："志摩所坐飞机，应当撞到泰山，不幸却撞到开山。……说我自己，也就特别无力气，精神方面正像融了一半，枯了一半。"

20世纪80年代，园林研究名家陈从周为徐志摩编写年谱时曾去访问沈从文，当时年逾八旬的沈从文谈及他与徐志摩的往事，不禁老泪纵横，弄得陈从周很不好意思，只好"顾左右而言他"。但是沈从文还是忍着悲痛，多次为陈从周补充史料并修改《徐志摩年谱》，让陈从周很是感动。要知道，晚年早已经淡泊于世的沈从文之所以如此热衷此事，完全是出于对老友身后事的负责，只要他活着，就要继续维护老朋友的名誉和个人历史的真实。作为朋友，这是沈从文在活着的时候自始至终都在做的。

人格魅力，文学遗产

就在徐志摩去世前几天，即1931年11月13日，沈从文还在给这位老友写信。

在这封信里沈从文主要提及了这样几件事：一是拜托徐志摩为新近离开青岛大学去北平的教授、女作家方令孺介绍一份工作；二是徐志摩此前建议陈梦家在《诗选》中选登沈从文的诗作，沈从文为此说"十分害羞"，因为他不想做诗人，也不能做诗人；三是阐述自己对朋友的建议，沈从文认为胡适不适合去南京做官，"他是应当来领导一个同国民党那种政策相反的主张，不能受人家骗局的"；四是沈从文说他保留了一些珍贵的史料，预备等到徐志摩五十岁时，好好为他出一本册子，作为他五十大寿的贺礼；五是沈从文准备写一个比《神巫之爱》还要好的作品，写苗公苗婆的悲欢离合。

在这封信中，沈从文除了与徐志摩商量有关共同的朋友的事情，就是阐述自己的文学意见。沈从文只想安心地做个小说家，并不想涉足诗歌界。面对徐志摩一再向外界推介他，沈从文是心怀感恩的，他把徐志摩引为文学知己。在此之际，《文艺新闻》上刊发了一篇未署名的文章《生活经验允许他吗？——好一个多产作家》，文中讽刺了徐志摩向史沫特莱（Agnes Smedley）介绍沈从文是中国"最多产的作家"的说法。对于自己"多产"这一问题，沈从文是自有其苦衷的，他早期靠卖文为生，必须要很勤奋地写作才能维持生计。戏剧评论家赵景深曾经说过："沈从文是多产作家，却不是滥产作家。他的小说写得又多又好，这是在朋友们口中时常听到的。"沈从文在意的倒不是外界的评论，而是徐志摩的友情，这友情使沈从文终身铭记。

1980年，沈从文在访问美国之际再次读到他昔日向王际真报告徐志摩遇难消息的旧信，应该是又触及了沈从文对徐志摩的感恩之情：

我是个从小遭受至亲好友突然死亡比许多人更多
的人，经受过多种多样城里人从来想象不到的噩梦般生
活考验，我照例从一种沉默中接受现实。当时年龄不到
三十岁，生命中像有种青春火焰在燃烧，工作时从不知
道什么疲倦。志摩先生突然死亡，深一层体验到生命的
脆弱倏忽，自然使我感到分外沉重。觉得相熟不过五六
年的志摩先生，对我工作的鼓励和赞赏所产生的深刻作
用，再无一个别的师友能够代替，因此当时显得格外沉
默，始终不说一句话。后来也从不写过什么带感情的悼
念文章。只希望把他对我的一切好意热忱，反映到今后
工作中，成为一个永久牢靠的支柱，在任何困难情况下，
都不灰心丧气。对人对事的态度，也能把志摩先生为人
的热忱坦白和平等待人的希有好处，加以转化扩大到各
方面去，形成长远持久的影响。[1]

　　徐志摩去世后，很多人会关注其身后遗产或是纪念活动，沈
从文关注的则是徐志摩身上的人格魅力，他对朋友的真诚和热心，
某种程度上来说，这也是徐志摩的身后遗产，甚至应该是足以与
其文学遗产相媲美的。在徐志摩去世五十年后，沈从文在撰文纪
念时仍念念不忘这份友情对他大半生的影响："我近五十年的工
作，从不断探索中所得的点滴进展，显然无例外都可说是这些朋
友纯厚真挚友情光辉的反映。人的生命会忽然泯灭，而纯挚无私
的友情却长远坚固永在，且无疑能持久延续，能发展扩大。"

　　沈从文与徐志摩因为文学而相识，除了对徐志摩人格魅力有
所认识外，他还曾多次系统地诠释过徐志摩的诗歌特点。1932年8
月，在徐志摩去世后不久，沈从文作了一篇长长的诗论《论徐志
摩的诗》，发表于《现代学生》第2卷第2期。沈从文在文中还把

---

[1] 沈从文：《友情集》，重庆：重庆大学出版社，2011年，第279页。

徐志摩的诗与郁达夫、闻一多、朱湘、郭沫若等人的诗做了系统的比较，沈从文指出，当新文学运动"告了一个结束"时，徐志摩的诗作开启了一种新的风气，"基于新的要求，徐志摩以他特殊风格的新诗与散文，发表于《小说月报》。同时，使散文与诗，由一个新的手段，作成一种结合，也是这个人。（使诗还元朴素，为胡适。从还元的诗抽除关于成立诗的韵节，成完全如散文的作品为周作人。）使散文具诗的精灵，融化美与丑劣句子，使想象徘徊于星光与泥污之间。同时，属于诗所专有，而又为当时新诗所缺乏的音乐韵律的流动，加入于散文内，徐志摩的试验，由新月印行之散文集《巴黎鳞爪》，以及北新印行之《落叶》，实有惊人的成就。到近来试检察作者唯一创作集《轮盘》，其文字风格，便具一切诗的气分。文字中糅合有诗的灵魂，华丽与流畅，在中国，作者散文所达到的高点，一般作者中，是还无一个人能与并肩的"[1]。

沈从文还以徐志摩的诗歌《灰色的人生》和《毒药》为例说明作者的创作心理，"一种奢侈的想象，挖掘出心的深处的苦闷，一种恣纵的，热情的，力的奔驰，作者的诗，最先与读者的友谊，是成立于这样篇章中的。这些诗并不完全说明到作者诗歌成就的高点，这类诗只显示作者的一面，是青年的血，如何为百事所燃烧。不安定的灵魂，在寻觅中，追究中，失望中，如何起着吓人的翻腾。爱情，道德，人生，各样名词以及属于这名词的虚伪与实质，为初入世的眼所见到，为初入世的灵魂所感触，如何使作者激动"[2]。

沈从文在写作有关徐志摩的诗论中，常常掺杂着个人经历的特殊情感去诠释和理解，因此他所论述的观点先是发自内心的感动，其次才是对读者的引导。与其说是在写诗论，倒不如说是在借徐志摩的诗抒发个人的情感。因为受徐志摩诗词的影响，沈从文在写作诗论时也会常常出现诗一样的句子，引人入胜：

[1] 沈从文：《论徐志摩的诗》，载《沈从文全集》第16卷，第96—97页。
[2] 沈从文：《论徐志摩的诗》，载《沈从文全集》第16卷，第99页。

"星海里的光彩，大千世界的音籁，真生命的洪
流"：作者文字的光芒，正如在《常州天宁寺闻礼忏声》
一诗中所说及。以洪流的生命，作无往不及的悬注，文
字游泳在星光里，永远流动不息，与一切音籁的综合，
乃成为自然的音乐。一切的动，一切的静，青天，白水，
一声佛号，一声钟，冲突与和谐，庄严与悲惨，作者是
无不以一颗青春的心，去鉴赏、感受而加以微带矜持的
注意去说明的。[1]

　　或许就是徐志摩的诗作勾起了沈从文对诗歌创作的向往和尝
试，使得他对徐志摩诗作的分析细致入微，见地独特。在这篇诗
论中，沈从文还忆起1926年徐志摩发起诗会的情景，当时个性诗
人众多，如闻一多、朱湘、饶子离、刘梦苇、于赓虞、蹇先艾等
等，然而时过境迁，这些诗人有的已经去世，有的作品风格大变，
有的则渐渐被人遗忘，但是回想起诗人们那一时期的重要作品，
形态各异，却都是翩然多姿，引人沉醉。而用心回顾那些作品，
"与《志摩的诗》完全相似，在当时并无一个人"。因此，沈从文
始终认为，徐志摩对于中国新诗是有着独特的敏锐触觉并独具开
拓性的。对于这一点，沈从文多次撰文推崇。

　　1935年12月8日，沈从文在天津《大公报·文艺副刊》第56期
之《徐志摩纪念特刊》上发表"附记"，文中再一次对徐志摩诗歌
作品的独特和开创性作了强调：

　　　　死者的诗歌与散文，兼有秀倩与华丽，文字惊人眩
目，在现代中国文学上可以称为一朵珍异无比的奇花，
死者值得人记忆，还不止他的诗歌与散文。死者对于中
国的新诗运动的贡献尤大。

────────────

[1] 沈从文：《论徐志摩的诗》，载《沈从文全集》第16卷，第101页。

死者那种心胸廓然，不置意于琐琐人事得失，而极忠实于工作与人生的态度，以及那种对人对事的高贵热情，仿佛一把火，接触处就光辉煜然，照耀及便显出一分生气的热情，死者的死，因此令人觉得不止是三五熟人失去一个好友，却实在是全个中国失去一个少有的诗人！就目前整个中国言，就刚刚发轫初基的中国文学言，死者的死，是中国极大的一种损失。[1]

在这篇附记里，沈从文还急切呼吁，说欧美同学会曾为徐志摩办过纪念会并提出设立一个文学奖金，但后来却没有了下文，他希望通过各方努力能够早日落实方案，并作资金的筹集等。在沈从文心中，新一代的诗人应该对徐志摩敢于开疆辟土的精神有所继承，这才是纪念徐志摩最有意义的方式。

1940年8月16日，沈从文在《国文月刊》发表的"习作举例"篇目中还特地从写作的角度阐述了徐志摩的"抒情主义"。他以徐志摩的《我所知道的康桥》为例说明写景色的技巧和变化："说到康桥天然的景色，说到康河，实在妩媚美丽得很。他要你凝神的看，要你听，要你感觉到这特殊风光。"[2]

徐志摩笔下的巴黎在沈从文看来更是一种绝妙的写作案例："对自然的感印下笔还容易，文字清而新，能凝眸动静光色，写下来即令人得到一种柔美印象。难的是对都市光景的捕捉，用极经济篇章，写一个繁华动荡、建筑物高耸、人群交流的都市。文字也俨然具建筑美，具流动性。"

沈从文以徐志摩的作品阐述说明写作培养的本质问题，既是对徐志摩写作灵感的模拟，更是讲述自己的创作体会，因此显得尤为形象："一切优秀作品的制作，离不了手与心。更重要的，也许还是培养手与心那个'境'，一个比较清虚寥廓，具有反照反省

---

[1] 沈从文：《〈徐志摩纪念特刊〉附记》，载《沈从文全集》第16卷，第439页。
[2] 沈从文：《从徐志摩作品学习"抒情"》，载《沈从文全集》第16卷，第251页。

能够消化现象与意象的境。单独把自己从课堂或寝室、朋友或同学拉开，静静的与自然对面，即可慢慢得到。"

后来沈从文还曾在论及他人作品时多次提到徐志摩诗歌的特点，如他在以周作人、鲁迅作品为例谈及"抒情"主题的文中，一开头就拿徐志摩的作品举例来引申观点："徐志摩作品给我们感觉是'动'，文字的动，情感的动，活泼而轻盈，如一盘圆莹珠子在阳光下转个不停，色彩交错，变幻眩目。他的散文集《巴黎的鳞爪》代表他作品最高的成就。写景，写人，写心，无一不见出作者对于现世光色的敏感，与对于文字性能的敏感。若从反一方面看，同样，是这个人生，反映到另一作者观感上表现出来却完全不相同。我们可以将周氏兄弟的作品，提出来说说。"[1]他甚至认为，周氏兄弟各有特点，但都与徐志摩有所不同，"从作品上看徐志摩，人可年青多了"。

此后在《由冰心到废名》一文中，沈从文又把徐志摩和鲁迅的作品特点做了比较。在徐志摩的作品中，沈从文隐约能够看到其婚恋的不协和个人的孤独：

> 其一（徐志摩）给读者的印象，正如作者被人间万汇百物的动静感到眩目惊心，无物不美，无事不神，文字上因此反照出光彩陆离，如绮如锦，具有浓郁的色香，与不可抗的热（《巴黎的鳞爪》可以作例）。其一（鲁迅）却好像凡事早已看透看准，文字因之清而冷，具剑戟气。不特对社会丑恶表示抗议时寒光闪闪，有投枪意味，中必透心。即属于抽抒个人情绪，徘徊个人生活上，亦如寒花秋叶，颜色萧疏（《野草》《朝花夕拾》可以作例）。然而不同之中倒有一点相同，即情感黏附于人生现象上（对人间万事的现象），总像有"莫可奈何"之感，"求孤

[1] 沈从文：《从周作人鲁迅作品学习抒情》，载《沈从文全集》第16卷，第259页。

独"俨若即可得到对现象执缚的解放。徐志摩在《我所知道的康桥》《天宁寺闻钟》《北戴河海滨的幻想》《瞑想》《想飞》《自剖》各文中,无不表现他这种"求孤独"的意愿。正如对"现世"有所退避,极力挣扎,虽然现世在他眼中依然如此美丽与神奇。这或者与他的实际生活有关,与他的恋爱及离婚又结婚有关。[1]

诗性的友谊

在徐志摩去世后,沈从文写作的一系列纪念文章或文学论述,似乎总是离不开诗歌,这与徐志摩活着时沈从文羞于作诗和谈诗形成一种鲜明的对比。以诗歌的形式来怀念徐志摩、纪念徐志摩或许是沈从文认为最好的方式。

1982年冬天,商务印书馆香港分馆李祖泽约请沈从文为该馆即将出版的《徐志摩全集》作序,此时年逾八旬的沈从文欣然答应,"我觉得这是件十分有意义的工作,也是志摩国内外至今还活着的亲友和对志摩作品始终充满好感的读者一种共同的心愿"。徐志摩已经去世了半个世纪,但沈从文认为他当初的新诗还是那么富有青春和活力:"志摩先生这个全集的出版,我深信在国内外都能得到重新肯定和认可,对于新一代散文诗歌爱好者,必将给以启发、得到借鉴。因为这个不幸早死的诗人,他对新诗的发展过程中的卓越贡献,他的处理文字表达情感不同一般的风格,还具有十分鲜明的青春活力,并不因时间而退色走样。作品持久存在,实理所当然。"[2]

值得注意的是,沈从文为《徐志摩全集》写的序言不止一篇,上述一段是被使用的,还有一篇洋洋数千字的大文"因故而放弃"。

---

[1] 沈从文:《由冰心到废名》,载《沈从文全集》第16卷,第272—273页。

[2] 沈从文:《〈徐志摩全集〉序》,载《沈从文全集》第16卷,第404—405页。

这篇长文后来被收在了《沈从文全集》中，从文中可见八十多岁的沈从文对于老友在去世半个世纪后仍受到不公平待遇的愤慨，以及希望徐志摩的作品能够再次刊印传播的渴望：

计算一下日子，志摩先生不幸逝世已整整经过半个世纪。这半个世纪的中国社会，变化之大，可以说是中国历史所未有，也难于用文字形容万一……

……死去的，就死去了，能幸而免居然还活下来的，如何继续活下去，活得像样合理一些，也是对社会有意义一些，我以为不仅仅是国家负责人的事，同时也是值得我们深深思索的一件事！

我今年已活过了八十岁，同时代的熟人，只剩下很少很少几位了。从名分上说，我已很像个知识分子，就事实上看，可还算不得一个正统派"知识分子"。但进入到这个大城市，前后既已整整六十年，这六十年的社会变化，影响到知识分子的苦难，我也就总有机会摊派到个人头上一份，可说是个经过种种难于设想的痛苦挣扎过来人。照我的性格而言，应付任何困难，一贯是沉默接受，因此奇迹一般，还是依然活下来了。体质上虽然相当脆弱，性格上却板质僵固，对人从不设防，无机心，做事却还认真。一生既无什么雄心大志，更少意外侥幸奇遇幻想，就某一方面说来，可以说是个完全彻底唯物主义者，一切就当前生活所许可的情形活下去，学下去。……我从人的好处学习了许多，而且应用到处世待人和工作上的持久热情……

……

听熟人相告，两年前，在西北某地，曾参加过一个有关文学人物评价问题的商讨会，会上曾提及几个卅年代作家的情形，内中对于徐志摩先生的作品成就得失，就有较大的分歧。"正统派"以为这个人只是个"花花公子"，轻浮是他的本质和特征，成就实在说不上。还写文章骂过共产党和左翼作家。"非正统派"则以为诗歌散文有光辉特征和鲜明成就，且影响相当大。为人则热情爱国，且在旧社会从不曾做过什么文化官。说浮华轻佻，多是当时小报上文坛消息所乐于反复刊载的，和他真正相熟的人印象恰恰相反。这种商讨会有点"百家争鸣"的意味，见仁见智，各不相同，也可说有意思的一次商讨。但当时预会的人，绝大多数肯定都很少和徐相识，或认真读过他的三五部作品。因为他死去已整整半个世纪，作品传世已很少很少了，即在全国各大专院校图书馆中，经过近四十年的社会变动，能保存的也不会多了。

……

这次徐先生的全集得以付印，真使人不免感慨系之。但是我依旧觉得十分高兴。因为这件事，显明和国家领导文学艺术的思想政策密切相关。为研究卅年代中国现代文学的成就得失，能提供一些可作探讨分析的具体材料，不至于"人云亦云"，尽少数私心自用的专家权威，继续胡说八道，还能有相当市场。我认为这种文学上的市场独占的倾向，也应当结束了。徐先生全集的出版，可说是一个新的"百花齐放"春天的信息。他的故去虽已经整整半个世纪，他的作品散文和诗歌，所具有的永不消失的青春热力和特殊才华，不仅在过去五十年前（间）鼓舞了我对生存的顽强信心和意志，使我近六十年在任何困难挫折中从不丧气灰心，直到八十岁的今天，还保持了对国家和对人充满了一种童心的热爱，且深信这些作品，在今后还能够鼓舞到更多由于"文化大革命"的各种挫折，失去生存方向的万千新一代青年，恢复他们对于国家的信心，和做人的勇气，以及克服困难的坚强意志，随同社会发展，在工作中取得比我超过百十倍的成就，这都是完全可能的。[1]

就在此前的1982年7月22日，沈从文在回复友人昭淳的信中，还提及徐志摩身后的文学研究问题："有关徐先生作品，近年来已有不少人在研究它，且前后已发表了些文章。我觉得若真作研究，一般作者已提及身世等等，似可以不必照抄，反不如从欣赏出发，来就他在诗歌上和散文内容成就特征着手，写写你本人的心得，可望给人一种新印象，新启发。因为事实上他的贡献，在一个历史阶段中，是显得十分突出，大大不同于并世作家，贡献大而持久的。至关于个人私事，我即或知道得再多，也无从奉告，因为对你'研究'，可毫无用处。真值得研究，应当是作品！"[2]

沈从文不希望人们把视线停留在徐志摩的私人感情层面，而要更多地关注他的作品和为人。即使是个人私事的披露也应该多看看他本人的记述文集。在上海良友图书公司出版的限量一百部的《爱眉小札》封面上，粘贴的书名正是沈从文的手书，沈从文两次在该书中作题记：

> 卅年四月十四夜，烧去文章约一万四千字。只觉人生可悯。桌上有小小蓝花一撮，象征此生命在表面上的静和内部的燃烧。一切都将成为过去，生命亦复相同。即以志摩言，死去即已十年了。

> 孤城中清理此稿，忽得此书。约计时日，死者已成尘成土十八年。历史正在用火与血重写，生者不遑为死者哀，转为得休息羡。人生可悯。[3]

---

[1] 沈从文：《喜闻新印〈徐志摩全集〉》，载《沈从文全集》第27卷，第395—402页。
[2] 1982年7月22日沈从文致昭淳的信，载《沈从文全集》第26卷，第422页。
[3] 沈从文：《题〈爱眉小札〉》，载《沈从文全集》第14卷，第475页。

　　两篇短短的题记，一则写于抗战时期，沈从文以略带忧郁的诗意文字无意中流露着对老友、对旧时光的怀念和感慨；另一则写于1949年的北平时期，更多的是对时局和个人命运的不确定的惶惶心情。历史正在动荡和变迁之中，人的一生显得更为渺小和微不足道，"人生可悯"后来成为沈从文喟叹世事的一个常用词。不觉挚友已离开人间十八年，再谈哀痛似乎不合时宜，反倒觉得离去也是一种令人羡慕的休息。这样心情的转变，显然是因为时间改变了很多。无论死者还是生者，实际上都在共同经历着历史。

　　后来沈从文听说徐志摩墓地因"金头"传闻而惨遭盗掘，心情无比悲愤和难过。想起那些早逝的朋友们，再看看人世间不堪的恶事："一切痛苦的记忆综合到我的心上，起了中和作用。我总觉得他们并不当真死去。多力的，强健的，有生气的，守在一个理想勇猛精进的，全给早早的死去了。却留下多少早就应当死去了的阉鸡，懦夫，与狡猾狐鬼，愚人妄人，在白日下吃，喝，听戏，说谎，开会，著书，批评攻击与打闹！想起生者，方真正使人悲哀！"[1]

　　在沈从文写作有关徐志摩的文章中，有两首诗最值得关注。这两首诗创作于徐志摩去世后不久，而且从未发表过，就连诗歌的标题都没有，可见只是为了纯粹的私人纪念。从第一首诗看，诗作并未真正完成，似乎还有很多话要说，或是因为情绪，或是因为时间，或是仅仅不想继续写下去了。沈从文曾经说过，在他的所有师友之中，"年纪最轻，帮助最多，理解最深，应数志摩先生"。应该说，沈从文有很多话要说给好友徐志摩听，只不过他选择了留在心里。

---

[1] 沈从文：《三年前的十一月二十二日》，载《新月诗魂——名人笔下的徐志摩　徐志摩笔下的名人》，第168页。

死了一个坦白的人[1]

好聪明的家伙，我问你，
你说，你说，
你怎么会来到我们这个世界？
上帝无双的慷慨，
派你来到这个
 　　占满了苍白色脸子的人间，
带来一个怎样希奇的春天！

多少人从你有活气的生活里，
贫血的脸儿皆不免泛上一点微红。
多少老年人为你重新而年轻，
忘了他头上的白发与心上的灰尘。
活下来你是一堆火，
到什么地方就在什么地方焚烧。
一个危险的火炬，
触着无生命的皆成为生命。
友谊的魔术者，
长眉小嘴女人们最适当的仆人，
一首讽刺时代古怪体裁的长诗。

一声霹雳，一堆红火，
学一颗向无极长陨的流星，
用同样迅速，同样风度，
你匆匆忙忙押上了
 　　一个这样结实沉重的韵。

---

[1] 沈从文遗稿原文，题目为《沈从文全集》编者所拟。载《沈从文全集》第15卷，
第199—201页。

你的行为，就只在
　　使人此后每次抬起头来，
眺望太空，追寻流星的踪迹，
皆不能忘记你
　　这种华丽的结束。

一个夸张的死，
一个夸张的结论！
让那些原来贫血的脸儿，
恢复他固有的颜色。
让那些生成小气自私的人，
到时也不能再悭吝他的眼泪。
让远近无数沉重的叹息，
遮盖你这破碎残缺的肢体。

把你用生命写成的诗给一切朋友，
用文字写成的诗，
给此后凡是认识中国文字的年青人。
在那些一切有血流动的心胸，
留下你一个印象——
　　光明如日头，温柔如棉絮，
美丽眩目
　　如挂在天上雨后新霁的彩虹。

死了一个坦白的人，
留下多少衣冠绅士[1]

---

[1] 这一段似未写完。

廿年十一月十九日后，

重新来活到一切年青人的心上。[1]

他[2]

他是一个无仇敌而有朋友的人。

他是一个能从各样人中取得友谊，

　　　培养到自己的生命的人。

他能发现人的一切长处，

　　　有时这长处在那本人还没有知道以前，

　　　却由于他认识这长处才发展的。

他不知道什么是嫉妒。

他从不使人难堪。从不使人讨厌。

他永远总是过分的年青、热心、富于感情。

他永远十分信任凡是他认为朋友的熟人。

他在人面前，由于他的亲切，洒脱，

　　　使一个生人也没有拘束。

……

---

[1] 这两句写在手稿的背面。

[2] 沈从文遗稿原文，题目为《沈从文全集》编者所拟。载《沈从文全集》第15卷，

　　第202页。

第三章 杨振声：亦师亦长，亦师亦友

20世纪30年代初在青岛的沈从文（沈龙朱/绘）

校长与教师

1981年年初，汪曾祺撰文回忆老师沈从文的往事，其中提及对沈从文影响较大的一位人物就是杨振声。这一年，沈从文已经年近八旬，而杨振声则已去世二十五年。

汪曾祺回忆："沈先生对曾经帮助过他的前辈是念念不忘的，如林宰平先生、杨今甫（振声）先生、徐志摩。林老先生我未见过，只在沈先生处见过他所写的字。杨先生也是我的老师，这是个非常爱才的人。沈先生在几个大学教书，大概都是出于杨先生的安排。他是中篇小说《玉君》的作者。我在昆明时曾在我们系主任罗莘田先生的案上见过他写的一篇游戏文章《释鳛》，是写联大的光棍教授的生活的。杨先生多年过着孤身生活。他当过好几个大学的文学院长，衬衫都是自己洗烫，然而衣履精整，窗明几净，左图右史，自得其乐，生活得很潇洒。"[1]

杨振声创作于抗战时的《释鳛》使人很容易联想到沈从文此前在青岛创作的小说《八骏图》。沈从文作品中所反映的也是高校教授的生活，只不过他所描写的是一群沉迷于享乐的知识分子，文中不乏对这些人耽于"浪漫"的讽刺。当然也可能会有沈从文自身一贯的自卑和反省。这篇小说曾一度引起各界争议，因为据说它映射了当时在青岛大学执教的八位教授，即闻一多、梁实秋、赵太侔、陈季超、刘康甫、邓仲存、方令孺，以及时任青岛大学校长的杨振声。

八位教授有着"酒中八仙"之称，常常聚会畅饮。梁实秋曾回忆说他们"三日一小饮，五日一大宴，豁拳行令，三十斤花雕一坛，一夕而罄"。这些教授各有擅长的学科，似乎可与沈从文作

---

[1] 汪曾祺:《我的老师沈从文》，郑州：大象出版社，2009年，第14—15页。

品中人物相对照，但若硬说是原型又不免牵强，因为它毕竟不是写实的散文，而是一篇货真价实的虚构小说，其中蕴含的是对社会的热切关注和对人心的热衷探索。沈从文本人也并不认同如此附会解读。或许正因为此，本身也是小说家的杨振声并没有因为此文与沈从文发生不愉快。相反，两人的关系倒是越走越近了。

杨振声出身于山东蓬莱一个渔民之家，自小接受旧学，长大后又学习新学，并前往美国哥伦比亚大学和哈佛大学攻读教育学和教育心理学。回国后在积极投入教育事业的同时，杨振声还喜欢从事小说创作，他的《玉君》曾被定义为新文学运动时期的代表作之一，受到胡适、陈西滢、梁实秋等人的称赞。后来沈从文也曾提及这部作品的价值所在。

从两人交往的历程来看，杨振声早期肯定是对沈从文的作品抱着欣赏态度的，要知道杨振声也曾热衷于文学创作，并且致力于文学教育专业的开创。杨振声希望沈从文能够进入大学接受系统教育，然后获得一个正统的文凭，从而有望进入教育系统工作。1926年9月20日，沈从文在杨振声和张采真的帮助下，去参加燕京大学特别安排的二年制国文班入学考试。当时学校以口试方式考核历史、哲学和文学。在参加口试时，沈从文"一问三不知，得个零分，连两元报名费也退还"。对于未被录取这一结果，杨振声还为之抱不平，意思是这么好的学生你们都不要。此事过去很多年后，沈从文在去美国讲学时还主动提及其中细节。

杨振声并未就此停止对沈从文的帮助。他在1927年受邀去广州任教于中山大学一年后，又回到北平在清华大学任职。关于杨振声去广州任教原因，沈从文还有记录："在这种全国连年混战中，广东广西因中山先生'联俄容共'政策的实施，国共合作结果最重要是表现在黄埔军校的开办，吸收了全国大量充满爱国热情青年学生，都投奔广东。北方大学，如北大，虽仍在全国有最高学术地位，但学校则因教育经费无一定来源，经常是欠薪中，教师之穷困，似为历史所少见。"[1]

杨振声再回北平后，先在燕京大学中文系任教，后又受邀担任清华大学中文系主任，并成为中央研究院评议员。

1928年12月7日，杨振声在清华中国文学会成立仪式上作了精彩的演讲。在演讲中，他提出了一个观点：研究文学的宗旨，"是创造我们这个时代的新文学"，"我们是中国人，我们必须研究中国文学，我们要创造的，也是我们中国的新文学，不过是我们这个时代的中国新文学罢了"。

中国文学会发起人中有朱自清、朱希祖、刘文典。杨振声显然是有心在大学建立中国自己的新文学，也可见他虽然身担教职，但心里依旧怀着远大的文学梦想。同时期，杨振声在学校里发起了一系列与文学相关的活动。如与朱自清在清华校刊中创办《文学》增刊，在校刊上举行小说作品征文，力邀新诗派代表人物徐志摩进校演讲，同时还接受叶公超的推荐，把爱新觉罗·溥侗聘进清华任教昆曲和国画，以培养文学人才的文化意趣。对这一系列活动，沈从文后来也有记录："一九二八年大革命北上统一后，由罗家伦任清华大学校长，杨任文学院长，清华改制后，由留美预备班改为正规文理工普通大学，将洋人势力加以排除，文学院影响特别显著，俞平伯、朱自清及唱昆曲知名的红豆馆主均由杨聘入校教书，影响到清华大学三十年代新文学发展极大。"[2]

杨振声有志于中国新文学的发展，应该说与他的本业写小说有关，也与当时中国内外交困的局面有关。

1929年，杨振声在燕京大学担任客座教授时就着重讲解了中国新文学的现状，并选取了中外有代表性的作家，如上半年选讲的为五四以来的中国作家，如鲁迅、茅盾、蒋光慈、郁达夫、沈从文等，外国的则有托尔斯泰、屠格涅夫、陀思妥耶夫斯基、哈

[1] 季培刚：《杨振声年谱》，北京：学苑出版社，2015年，第80页。

[2] 沈从文：《我所知道的杨振声先生》，载季培刚编著：《杨振声编年事辑初稿》，济南：黄河出版社，2007年，第378页。

代等。他曾多次向学生们推荐阅读沈从文的小说作品。

1929年7月，当杨振声成为青岛大学筹备委员会常务委员后，经过多次会议确定了聘任教师的名单，其中国文讲师名单第一个就是沈从文。当时青岛大学的讲师薪金分为五级，从一百二十元到二百四十元不等，应该说待遇是比较优厚的。杨振声显然是想把沈从文引进他所任职的高校任教，从而解决他的生活问题。要知道，在当时留学生"受宠"情况下，没有大学文凭、没有留学经历的沈从文能够进入青岛大学做讲师，应该说与杨振声的极力推荐是密不可分的。当时鲁迅就曾致函章廷谦："青岛大学已开。文科主任杨振声，此君近来似已联络周启明之流矣。此后各派分合，当颇改观。语丝派当消灭也。陈源亦已往青岛大学，还有赵景深、沈从文、易家钺之流云。"[1]

当然，除了把沈从文引进新创办的青岛大学任教，杨振声还四处网罗人才，如闻一多、梁实秋、方令孺等。梁实秋在回忆中常提及杨振声的热情和豪爽，说"今甫待人接物的风度有令人无可抗拒的力量"。

杨振声把这些人才邀请到青岛实地了解教学环境，青岛海滨风景旖旎迷人，学校创办人热情有加，给很多教师留下了深刻的印象，有的主动前来执教。当这些教师陆续到位后，杨振声更是热情依旧，梁实秋就曾多次回忆杨振声常常招饮聚餐的情形，并引申出"酒中八仙"的美谈。豪饮之下，众人对于杨振声的风雅气质又多了些许生动的了解。酒酣之余，杨振声带着他们一起在海边散步、到崂山观光，或是去海滨公园观赏海棠、樱花，应该说这一时期也是杨振声最为惬意的时期。

"酒中八仙"聚会中，常常少了为生活困顿和情感问题所烦扰的沈从文的身影。在这些教师中，有不少也是沈从文的至交好友，有时茶聚或外出郊游时，沈从文也会相从前往。

---

[1] 鲁迅:《鲁迅全集》第11卷，北京：人民文学出版社，1981年，第678页。

有段时间，"八仙"之一方令孺在青岛与人闹了一点不愉快要回北平时，沈从文还致信徐志摩，希望他能伸出援手给方令孺找一份工作。在有关沈从文受聘到青岛大学任教的记录中，曾多次提到了推荐人徐志摩，"8月（1931年）经徐志摩推荐，沈从文到杨振声任校长的青岛大学去任教"。在《杨振声年谱》里则记着："接受胡适、徐志摩推荐，聘任沈从文任讲师。沈随后到国立青岛大学，主讲'小说史'和'散文写作'。"梁实秋的回忆文章里也提到此事："沈从文一向受知于徐志摩。从北平《晨报副刊》投稿起，后来在上海《新月》杂志长期撰稿，以至最后被介绍到青岛大学教国文，都是志摩帮助推毂。"[1]

　　因此在有关沈从文被引进到青岛大学执教一事上，应该说是杨振声和徐志摩皆有此意。

　　杨振声与徐志摩私交颇深，他曾有心把徐志摩邀请到青岛大学执教或做客座教授。他也知道沈从文与徐志摩的友情颇深，当徐志摩遭遇空难的消息传到青岛时，杨振声第一时间就委派沈从文前往济南出事地处理后事。沈从文在济南为此事奔走多日，其间多次致信杨振声通报情况。

　　作为一位从山东本土走出去的学者，再回到山东来创办大学，应该说青岛大学的创立是杨振声人生履历上颇为珍视的一个阶段，他在这一事业上是有着远大规划的。可是在实际任职当中，他所遭遇的困难却也是未曾预料到的。杨振声在青岛大学担任校长期间，遇到的两大考验就是两次学潮：一是因为假文凭事件引发的学潮；一是因为"九一八"事件引发的学潮。后一次学潮导致大批学生离校去南京请愿，校方在学潮发生之初也是积极处理。当时的在校学生徐植琬在晚年回忆说："记得一次是1931年开学不久的一次全体师生大会上，杨校长走上台，表情严肃，满怀悲愤地告诉我们：昨天，日军侵占了我国的沈阳……杨校长沉重的话语

[1] 梁实秋：《谈徐志摩》，载《梁实秋散文》，北京：中国广播电视出版社，1990年，第158页。

敲击着我们每一个与会者的心，大家群情激愤，师生们议论纷纷，一起商量我们应当怎么做。最后决定：成立抗日救国会，领导小组由杨校长、沈从文老师、两位男同学和我组成；成立学生军，进行操练；组织请愿代表赴南京……"[1]由此可知，沈从文曾协助杨振声处理学潮这一棘手事务。遗憾的是，这一事件最终无法收拾，杨振声最后的结局就是辞职。在上一次因为假文凭事件引发学潮时，梁实秋曾说过："今甫是彬彬君子，不善勾心斗角，对于任何人皆无疾言厉色，事变之来如疾风暴雨，其衷心苦闷可以想见。"[2]

杨振声作为一位谦谦学者，实在不善于处理背后原因极其复杂的学潮事件。他没有铁腕治校的狠心，也没有高超的怀柔手段或富有特别手段的管理方式，一向以"兼容并包"的态度治校。因此在面对学校不断出现的乱象时，杨振声心里是充满着郁闷和无奈的。为了学校大局考虑，他的结局也只能是辞职。

1932年5月，杨振声就开始以学校经费原因请求辞职，但直到9月16日才被教育部正式批准。应该说教育部是不希望更换校长的。在此期间，学校、地方政府及教育部都是极力挽留，但杨振声去意已决。关于杨振声的去职曾有各种说法，其中梁实秋的说法颇为中肯："今甫表示辞职的主要原因是与省方不恰。其实教育厅何思源先生是他的北大同学好友，不该有什么芥蒂。今甫曾很微妙的称赞何思源，说他善于作官。作官就不能不坚持官的立场，私人间友谊所能发生的作用自然就有其限度了。今甫属于名士类型，与官场中人不可能沆瀣一气。不久，今甫果然去职，结束了他两年校长的生活，太侔继任。"[3]

兢兢业业为学校发展一再努力的杨振声的辞职，应该说对青

[1] 徐植琬：《一段七十年前的记忆——回忆杨振声校长》，载《杨振声年谱》，第285页。

[2] 梁实秋：《忆杨今甫》，载《雅舍梦忆》，南京：江苏文艺出版社，2012年，第223页。

[3] 梁实秋：《忆杨今甫》，载《雅舍梦忆》，第223—224页。

岛大学的发展影响很大，但这在当时也是多方无奈的举措。根据刘光鼎的回忆，继任校长接手后，并没有杨振声的那种威望和豪气，而且专业也不对口，所以由此造成了学校的人才流失。而杨振声去职之后，并没有离开教育界，而是进入了教育部"中小学教材编选委员会"。这一职务又让杨振声想到了沈从文。

主编与编辑

当青岛大学陷入纷纷扰扰的学潮事件之时，对于时局根本无法介入的沈从文则忙于他的小说创作。1932年，沈从文在各类报刊上发表作品四十余篇，他也自称是他创作精力最为旺盛的一年。在这一年，他还忙于个人恋爱问题，并特地南下一趟去了苏州张兆和家，基本确定了两人的恋爱关系。在此途中沈从文结交了文友巴金，后来巴金也到青岛与沈从文一起从事创作。

沈从文作为一介讲师，显然不能参与学校对于特殊事件的决策，而且他还要面对家人的生活问题，因此他只能埋头于个人创作和生活。但沈从文对于杨振声的处境却充满理解。

1932年冬，沈从文和杨振声在北平与政界、文教界的于右任、蔡元培、梁实秋、闻一多等人参加了一个小型聚会，即为纪念清末起义军烈士唐才常。唐才常的侄女唐郁南邀请各位学者题写册页，当时杨振声题写的诗是在青岛时所作的怀北平诗：

> 别后伤时节，登高望旧京。
> 山空秋色满，海阔暮云平。
> 霞照千家火，风吹黄叶声。
> 归途踏明月，楼影数枝横。

此时距离杨振声辞职不过一二月，从诗中隐约可见其复杂心情。

当时在场的沈从文显然也感受到了杨振声的复杂心情，在此后的北平聚会上，杨振声也常常在请客时不忘邀请沈从文到场。后来沈从文还回忆了杨振声辞职前后的情况："因此不到三年即辞去校长职务，转回北京，因感于九一八东北事变人民遭受屠杀惨状，充满爱国热情，和当时在清华作国文系主任的朱自清等一同编辑中小学国文教科书（爱国抗日），杨并亲自每星期去北师大实验小学试教。""一九三二年，因与当时主持山东省的军阀韩复榘和主持青岛市政之沈鸿烈不协，辞职，在北京编中小学教科书。由杨主持，由朱自清、沈××协助，杨且亲自在师大附小进行实验教学。内容偏重爱国主义抗敌御侮。"[1]

在与沈从文在青岛的交往中，杨振声从沈从文身上看到了有关传统文史的基础所在，以及新文学的潜力，因此他极力邀请沈从文去北平参与编写中小学教科书。应该说，这对沈从文来说，既是一个工作机会，也会有着不错的收入，同时也算是在教育部系统从事工作了。但沈从文因为被青岛大学挽留，并没有立即就位。为此杨振声还致信胡适帮忙催促："从文为青大留下，那次你寄来的《女声》，我已转寄给他了。但因他不来，我自己的工作就不免加忙，还是盼望他在一个时期能来，部份太多了——教科书、课外读物、实验与教授法——又想参考的广一点，一人是决计忙不下来。"[2]

因为沈从文迟迟不来，杨振声又是回青岛当面邀请，又是多次致函催促，从中可见杨振声的坦诚和热心。

其实沈从文之所以滞留在青岛，是因为此时张兆和已经来到青岛相伴。受生活现实所迫，他们不敢"轻举妄动"。即使是在这种情况下，沈从文还是慨然接待了来青岛的卞之琳，并拿出30元

[1] 沈从文：《我所知道的杨振声先生》（未刊稿），载季培刚编著：《杨振声编年事辑初稿》，济南：黄河出版社，2007年，第375、378—379页。

[2] 1933年4月18日杨振声致胡适的信，载《杨振声年谱》，第356—357页。

钱资助他出版了第一本诗集《三秋草》——当时卞之琳看见沈从文抽屉里放着几张当票。

沈从文当时没有立即赴京还因为一事，就是对"丁玲事件"的牵挂。当时据说丁玲在上海被捕并被杀害，沈从文在青岛多次撰文表达对当局的抗议，那一时期沈从文还以丁玲为原型创作了小说发表，应该是呼吁大家对此事件予以关注，同时沈从文还请胡适帮忙营救丁玲。直到1933年的暑假，沈从文才正式辞去青岛大学的教职，到北平参与杨振声主持的教科书编写工作。

到达北平后，沈从文没有住处，最早是借住在杨振声家里。当时随行的还有张兆和、张充和。张充和曾记录下这样一件事："一天，杨家大司务送沈二哥裤子去洗，发现口袋里一张当票，即刻交给杨先生。原来当的是三姐一个纪念性的戒指。杨先生于是预支了50元薪水给沈二哥。后来杨告诉我这件事，并说：'人家订婚都送给小姐戒指，哪有还没结婚，就当小姐的戒指之理！'"[1]杨振声为人热情而慷慨，对朋友常常会伸出援手，对于这一点相信沈从文也是记在心间的。

此时，沈从文已经与张兆和订婚，并准备于1933年9月9日举行婚礼。为了结婚，沈从文买下了北平西城府右街达子营28号作为婚房，当时还是安徽作家程朱溪为之代付了7元定金。

杨振声深知沈从文经济拮据，因此多方给予帮助，这使得沈从文能够安下心来投入教科书的编写。当然，杨振声之所以一再邀请沈从文前来，也正是看中了他的实力。要知道教科书的编写并非是简单的事，梁实秋后来就对他们的工作作过评论："中小学教科书的编辑很需要技巧，不是任何学者都可以率尔操觚的。因为编教科书，一方面需要学识，一方面也要通教育心理，在编排取舍之间才能合用。越是低级的教科书，越难编写。……国文由杨振声、沈从文二先生主编，历史由吴晗先生主编……国文历史

---

[1] 张充和：《三姐夫沈二哥》，载凌宇编：《湘西秀士——名人笔下的沈从文 沈从文笔下的名人》，上海：东方出版中心，1998年，第39页。

部分稿件，我曾与清悚先生共同看过，金以为非常高明……"[1]

一直到了20世纪70年代，梁实秋回忆沈从文时还提及编写教科书之事："编得很精彩，偏重于趣味，可惜不久抗战军兴，书甫编竣，已不合时代需要，故从未印行。"

当然，当时这批教科书的编写之优秀，实在与主持人杨振声是分不开的。杨振声少时在家乡读书，学问笃实，后又考入北京大学国文系。毕业后赴美国，先后在哥伦比亚大学和哈佛大学攻读教育学和教育心理学。回国后，先后在武昌大学、北京大学、燕京大学、中山大学、清华大学等高校任教。在教书的同时，杨振声还积极投身文学创作，其创作的小说和散文作品都很优秀。如他的代表作《玉君》即广受好评，并畅销一时，因此他对于文科类的教科书编写是有一定的发言权和从业实力的。

除了专业和经验，杨振声在主持编写教科书时还特别注重实践。"1933年受教育部委托由朱自清、沈从文两位先生协助主编《高小实验国语教科书》和《中学国文教科书》。工作室就在我家的餐厅，我父亲每天按时到餐厅带领沈先生和两位小楷写得很好的人一起工作，他非常认真地挑选文章，有时还要进行一些文字上的润色、修改，着重选编弘扬爱国主义精神和反映抗战御侮事迹的文章。为了编好教材，他不仅亲自跑到和平门外师范大学实验小学去执教，以检验教材效果，还请很多小学生到我们家里来，以增进对孩子们的了解。"[2]

或许是对新文学的热衷，除了主持编辑教科书，杨振声还揽来一项新的工作。接办原由吴宓主编的天津《大公报》副刊，改《文学副刊》为《文艺副刊》，并让沈从文接任主编。在刊物创办之初，杨振声本人积极供稿，并带着沈从文去拜访朱自清、周作人、郑振铎等人，当面向这些名家约稿，从而也为沈从文与这些名家的交往提供了机会。

---

[1] 梁实秋：《雅舍忆旧》，昆明：云南人民出版社，2012年，第88页。

[2] 杨起：《为传播五四精神而奋斗不息》，载《杨振声编年事辑初稿》，第402页。

为了确保《文艺副刊》的稿源和稿件质量，杨振声经常在京城的知名饭馆邀请撰稿人聚会吃饭，沈从文则负责在一旁催稿并提出对稿件的要求。朱自清曾在日记里记录当时的饭局情况："谈选稿事，似从文悬格太高也。"

虽然对稿件要求比较高，但沈从文在选稿时并不拒绝新人，萧乾的第一篇小说《蚕》就是在《文艺副刊》刊发的，这对文学师徒的交往也是从此开始的。萧乾在后来的回忆中曾着重提到了《文艺副刊》给他的帮助，说最早时期北平的文学界"老气横秋"，是周二先生（周作人）和吴宓教授"两位老头儿的天下"，到了1933年，郑振铎、巴金和靳以从南方而来，办起了《文学季刊》和《水星》，"他们跟老熟人杨振声和沈从文联合起来，给憋闷的北平开了天窗"。

从那一时期沈从文给萧乾的信中可知，杨振声也一起为《文艺副刊》编稿。对于不适合该版面的文章，杨振声和沈从文还负责将其转到其他相关栏目去，确保能够发表，以鼓励写作者的积极性。"大家生活有办法，如何来努力读书方好。总莫自弃，莫懒散，莫玩得太久，死死的扣着每个日子作下去，铁杵磨针不是难事情！"后来萧乾还被杨振声和沈从文拉进来一起编写教科书，为他解决失业之忧。

沈从文参与编写教科书工作时，恰逢一件喜事的来临——他与张兆和即将在北平举行婚礼。但自身生活比较窘迫，沈从文在致信大哥沈云麓时提及在婚礼前一段时间，两人还未曾添置一件新衣服，由此可知编书、编刊物获得的收入对他改善生活的重要性。"结婚以后兆和每日可过北大上课，我则每日当过杨家编书，这编书工作，报酬每月虽只一百五十元，较之此时去作任何事收入皆少，但所编之书，将来版权则为私有，将来收入，必有可观。并且每日工作，时间不多，欲作文章，尚有余暇，故较之在青岛尚好。"[1]

或许正是因为想增加收入，沈从文才接手主编《大公报·文艺副刊》。后来因为编刊物太耗时间，沈从文一度想过辞职，但到底还是坚持了下来。当一切转入正轨之后，沈从文似乎又对这份新职务有了更多的期望，他在致信大哥时提及："《大公报》弟编之副刊已印出，此刊物每星期两次，皆知名之士及大学教授执笔，故将来希望殊大，若能支持一年，此刊物或将大影响北方文学空气，亦意中事也。"[2]

当然，接手刊物成为主编人，对于沈从文也是另一种文学理想的实践。要知道，沈从文此前曾与丁玲、胡也频一起合办过《红黑》杂志，在遭遇失败后，沈从文始终希望能有一份属于自己编辑的刊物，这既是涉及生活的，也是关乎精神的。

杨振声与沈从文在北平立志以刊物为阵地希望对文化界有所贡献之时，正值东北局势急转直下，敌人的势力一再向平津逼近，有人以为，当中央势力完全退出时，文字可能会渐渐形成一种力量，"文字在华北将成为唯一抵抗强邻坚强自己的武器。三十岁以上一代，人格性情已成定型，或者无可奈何了，还有个在生长中的儿童与少壮，待注入一点民族情感和做人勇气。因之和几个师友接受了一个有关国防的机构委托，为华北学生编制基本读物。从小学起始，逐渐完成。把这些教材带到师大附小去作实验的，还是个国立大学校长，为理想的证实，特意辞去了那个庄严职务，接受这么一份平凡工作"[3]。这里所说的"大学校长"就是杨振声。而沈从文自述中则是依旧充满了"乡下人"的自卑："乡下人的名衔，则应当是某某小学国文教师的助理。（同样作助理的，还有个是国内极负盛名大学的国文系主任！）照政治即权力的活动家说来，这义利取舍多不聪明，多失计。但是，乡下人老实沉默走上

---

[1] 1933年8月24日沈从文写给沈云麓的信，载《沈从文全集》第18卷，第184页。

[2] 1933年9月24日沈从文写给沈云麓的信，载《沈从文全集》第18卷，第187页。

[3] 沈从文：《从文自传》，第110页。

第三段路，和几个良师益友在一处工作继续了四年，很单纯，也很愉快。"[1]

1937年前后，沈从文、杨振声、朱光潜等人在北平筹划创办文学刊物，初定名为《大都》，后确定为《文学杂志》。编委会成员有杨振声、沈从文、朱光潜、林徽因和周作人等。经过多次开会商议后，最终决定小说和散文类的稿件交给沈从文和杨振声审阅。在召开编委会时，沈从文的建议颇为热情和激烈，给主编朱光潜留下了深刻的印象，应该说这样的新的阵地给了沈从文充分发挥主编才能的机会。朱光潜说："他（沈从文）编《大公报·文艺》，我编商务印书馆的《文学杂志》，把北京的一些文人纠集起来，占据了两个文艺阵地，因此博得了所谓'京派文人'的称号。"[2]

从1933年回到北平到1937年"七七事变"，这一时期是沈从文工作和生活最为安稳和顺意的人生阶段。结婚，生子，生活安定；编写教科书，主编文学刊物，培养文学新人，参与文学活动，如他著名的《论"海派"》就是在《大公报·文艺副刊》刊发的，后来引起"京派""海派"的争论。这一时期，沈从文来往友朋众多，如他在《大公报·艺术周刊》上作序提及的郑振铎、梁思成、林徽因、郑颖孙、林宰平、凌叔华、贺昌群等人。与文化界人士的交往，也使得沈从文对各类文物又有了新的认识，可以说是他投入物质文化研究的最初开始。

这一时期，沈从文常常到杨振声家中办公，不少朋友后来回忆说去寻找沈从文都是在杨振声家中见到。有段时间，杨振声为求清静，在北平郊区租赁房屋居住，并常邀沈从文前往。"在北平在这一段期间，虽然时局险恶，今甫的生活却甚适意。他对我说，他过的是帝王生活，因为每逢夏季他便在郊外的颐和园赁屋而居。以三数百元即可赁居一季，院落虽然不大，但是画栋雕梁，花木

---

[1] 沈从文：《从文自传》，第110—111页。

[2] 杜素绢：《沈从文与〈大公报〉》，济南：山东画报出版社，2006年，第69页。

第三章　杨振声：亦师亦长　亦师亦友｜79

扶疏，而且昆明湖水朝夕景色不同，徜徉其间，心旷神怡。"[1]杨振声忙于教育部事宜，常往来于北平和南京之间，有时就在颐和园里与沈从文谈及编写教科书事宜。梁实秋说沈从文作为杨振声的助手，也常常进出于颐和园。

在这段时期，沈从文身心安逸，还邀请巴金到北平家中一同写作，他的代表作《边城》也是完成于这一时期。沈从文曾致信给大哥沈云麓说："北平气候甚好，尚不刮风，晴和朗畅，十分美丽。"

在北平的这段时间，应该是沈从文最为惬意的一段时光。

乱世友情

沈从文的长子沈龙朱先生在晚年曾回忆起杨振声，说："爸爸的朋友中，我对杨振声的印象非常深。父亲叫他杨先生，我和弟弟叫他杨公公。他比父亲大，等于是长我两辈。"

龙朱先生说起他对杨振声的印象，最初是从云南开始的。当时沈从文全家人住在云南呈贡的杨家大院里，虽说这个杨家并非杨振声的家，但与杨振声同住在这里多年，相处得非常友好和谐。当然，沈从文之所以能够到云南，也与杨振声有着很大的关系。

对于全面抗战初期离开北平的原因，沈从文在晚年时曾有回忆：

> 那时编教科书，有青岛大学校长杨振声，还有朱自清，我们三个人。实际在编抗日的教科书，人家都知道我们不是在专编抗日的。所以北京一打，坏了，我本来不是三个学校的，他们开了一个会，指定要我离开北京，怕出事情。或是被日本人利用，或者吃亏。所以头天晚

[1] 梁实秋 :《忆杨今甫》，载《雅舍梦忆》，第224页。

上开会，第二天早上就走了，同清华大学等三个大学的
教授一块走了。[1]

北平沦陷后，杨振声与沈从文的所有工作都陷入停滞，唯一
的出路就是逃离。在"七七事变"发生后，沈从文曾一再坚持说
"绝不与此大城离开"。但是因为自身兼着教育部职务，还是要遵
守教育部的统一计划。当时教育部方面就让他随北大、清华的教
师撤离北平。一路同行的则有杨振声。那是1937年的8月，沈从文
乔装成商人悄然离开北平。此时，他的长子龙朱不过三岁，幼子
虎雏刚出生不久，因此两个孩子先随母亲留守北平。

沈从文与杨振声一路上颠沛流离，终于在1937年9月到达了武
汉。当时他们住在武昌珞珈山附近，利用武汉大学图书馆的资料
继续进行教科书的编写工作。萧乾的到来和加入，使得这里顿时
热闹了许多。清华、北大和南开迁到长沙并成立了"国立长沙临
时大学"，杨振声受邀担任大学筹备委员会秘书主任，常常要去长
沙开会研究学校事宜。于是，沈从文就在武汉继续留守工作，这
一时期杨振声和沈从文常有书信来往，杨振声拟请萧乾前来协助
工作，还特地与沈从文商量说"报酬太薄……每月仅能报酬五十
元"。

乱世之际，不少人前来投靠和求助，当时沈从文的妻弟张寰
和、杨振声的长子杨起衡也都在此。杨振声和沈从文总是热情地
接待着各方来客。对于卞之琳要求前来，杨振声表示欢迎，只是
担心工作不好安排，但为人仗义的他最终还是答应了下来，尽量
想办法为他解决工作事宜。

国难当头，杨振声还不时致信鼓励沈从文："此处事大难，总
在许多人不能看得远些，态度太狭小。以三校人办一校，若各不
肯牺牲，则牺牲者必为学校矣。在此世界中抱负理想，真是苦事，

[1] 王亚蓉编：《沈从文晚年口述》，西安：陕西师范大学出版社，2003年，第153—
154页。

不得已将就之能开学便罢。……战况殊不易乐观，应各为刻苦持久之计……"

杨振声身兼多职，尤其是要协调几所大学的临时复校事宜，要解决种种的矛盾，可谓是心力交瘁，因此也只有向沈从文一诉烦恼了，但事情还得继续坚持下去，他说一旦那边开课了，他就赶回来与之会合。

留在武汉的沈从文除了努力工作，还得应付现实生活中的种种事务。如租房，杨振声让他租下看中的房子，但不知是否有付押金的旧俗，让他先找武汉的朋友们临时借借，当然将来是由杨振声负责还款。对于朋友的求助，沈从文也希望能够尽力满足。

鉴于沈从文担心留守在北平的妻子和孩子，杨振声从同样在京的女儿那里不时打听消息，及时向沈从文报平安，以使他安心，"此时只有咬紧牙关挣扎到底"。

一时间，在武汉珞珈山下一所民房里，聚集了杨振声、沈从文、萧乾等人，因门前有一竹牌坊，上有五个"福"字，就戏称为"五福堂"。杨振声是堂主，大家都叫他杨大哥。然后是沈（从文）二哥、萧（乾）三哥，杨振声的大儿子是四哥，沈从文的内弟张寰和是小五哥。这样，就完全打破了辈数，平等化了。

随着时局的告急，武汉的大学也即将停办，沈从文和杨振声只得想办法把"教科书编辑部"继续南迁，往长沙转移。

乱世之中，沈从文自身入不敷出，却又"乐善好施"，为此常常陷入负债状态。夫人张兆和曾致信提醒他："我不喜欢打肿了脸装胖子外面光辉，你有你的本色，不是绅士而冒充绅士总不免勉强……"

此时的张兆和带着两个孩子在北平生活也很艰难，因此劝说沈从文"厉行节约"也是无奈之语。

这一时期，杨振声受沈从文之托曾多次给在北平的张兆和寄钱，并说如不够可以再寄一些。应该说这种乱世之际的慷慨是令沈从文和张兆和极为感动的。当然，这样的举动也会"助长"沈从文一贯的大方，沈从文特地致信给大哥沈云麓，请他"购廿斤猪肉作暴腌肉，切成条熏，熏得越快越好"，做好后寄到长沙给杨振声和梁思成。

同时，沈从文还拜托大哥，要照顾好来往经过的好友学者，如给他们预备好肉食，当地的橘子、皮蛋、大头菜、柚子、卤鸡等等，确保招待好朋友们。这些热情之举给梁思成、林徽因、杨振声等人留下深刻的印象。后来沈从文和弟弟沈荃还在长沙宴请了杨振声、金岳霖、梅贻琦、闻一多、朱自清、陈岱孙、梁思成、叶企孙等人，共两桌，济济一堂，沈从文可谓是尽了地主之谊。

杨振声曾致信沈从文表示感谢，"沅陵的主人、山水、霉腊肉菜皆别有风格，使人向往不已，只别太把小孩子们惯坏了。将来到旁处找不到第二份"。

杨振声所说的"别太把小孩子们惯坏了"，应该是指1938年年初，杨振声的大女儿杨蔚、大儿子杨文衡的夫人居住在沈云麓的新居"芸庐"，当时还有萧乾、赵太侔的夫人俞姗，其间还有其他好友陆续南迁昆明经过此处，沈家人都给予了热情招待。

1938年，长沙临时大学一部分师生组成徒步旅行团路经沅陵时，正赶上暴风雨夹雪花的恶劣天气。沈从文就把队伍里的闻一多、浦江清、李继侗、黄子坚等师生请到芸庐休息，并设宴款待他们。闻一多吃了沈家的狗肉后直呼"好吃好吃"。虽然条件艰苦，但是大家热情不减，沈家也是热闹一时。

受一再逼近的战争局势影响，长沙临时大学决议迁往昆明，也就意味着沈从文要随队迁移。为此杨振声提前致信沈从文，请他与萧乾先期往昆明去托人找房子，"将来编书工作必将移昆明，得先定房子再搬好些。听说近来房子不易找。你若有熟人先托付一声也好"。

杨振声还邀请沈从文与萧乾一同加入大学旅行团，也就是说可以乘坐他们的公共汽车，以便运送行李。沈从文与萧乾先期赶往昆明，留守在长沙的杨振声还为他们提供通行证和"片子"，确保他们顺利到达，并托刘康甫带给沈从文两百元钱。

杨振声协调大学迁移事宜，是最后一批撤离的人员。在这种困难情况之下，杨振声和沈从文还继续支付萧乾的生活费用，萧乾后来回忆时说怀疑他们是从自己薪水里抠出来的。

到了昆明后不久，中华全国文艺界抗敌协会第一个省级分会昆明分会成立，杨振声、沈从文、朱自清成为分会的理事。当时西南联大总务长离校，就由杨振声暂为兼职，为此他的会议不断，同时还要兼顾编写国文教科书，日程忙碌。当时沈从文住在昆明青云街六号一处临街的小楼房里，这里也就成了杨振声的临时办公点。

在这里，杨振声致信给沈从文的妻妹张充和，因为之前在北平就已经相识，且不时有书信往来，他有意邀请避居四川的张充和前来参与教科书的编写工作："未来昆明时，本想脱离事务，现来昆明后，事务加倍于昔，人生偏偏是如此！犹不止于此，未来时设想昆明湖边，筑一茅舍。洁水门前，青山屋后，左辟菜圃，右开鸡林……萧乾在青云街二一七号找到□□院的三分一，于是从文阿丽都安置在那里。我呢？在办公室的角落里，放了八只火油箱子，睡在上面梦想钓鱼。这里有西山、汤山、黑龙潭、节竹庵诸名胜，一处都没得工夫去。……是亦隐士之居也，闻之得勿心动乎？我们也并未安于杂院之居，还在努力找房子，有了好消息再以报远人也。"[1]

杨振声显然是在寻找帮手，以便更好地完成教科书的编写工作。后来张充和果然受邀来到昆明，协同沈从文、杨振声编写教科书，当时张充和负责选取散曲和诗词。在很多年后她还对那段往事记忆犹新：

"七七事变"后，我们都集聚在昆明，北门街的一个

---

[1] 1938年5月27日杨振声致张充和的信，载《杨振声编年事辑初稿》，第218页。

临时大家庭是值得纪念的。杨振声同他的女儿杨蔚、老三杨起，沈家二哥、三姐、九小姐岳萌、小龙、小虎，刘康甫父女。我同九小姐住一间，中隔一大帷幕。杨先生俨然家长，吃饭时，团团一大桌子，他南面而坐，刘在其左，沈在其右，座位虽无人指定，却自然有个秩序。我坐在最下首，三姐在我左手边。汪和宗总管我们伙食饭账。在我窗前有一小路通山下，下边便是靛花巷，是中央研究院史语所所在地。时而有人由灌木丛中走上来，傅斯年、李济之、罗常培或来吃饭，或来聊天。院中养个大公鸡，是金岳霖寄养的，一到拉空袭警报时，别人都出城疏散，他却进城来抱他的大公鸡。

那时沈二哥除了教书、写作外，仍还继续兼编教科用书，地点在青云街六号。杨振声领首，但他不常来。朱自清约一周来一二次。沈二哥、汪和宗与我经常在那小楼上。沈二哥是总编辑，归他选小说，朱自清选散文，我选点散曲，兼做注解，汪和宗抄写。他们都兼别的，只有汪和宗和我是整工。后来日机频来，我们疏散在呈贡县的龙街。我同三姐一家又同在杨家大院住前后楼。周末沈二哥回龙街，上课编书仍在城中。[1]

关于在呈贡早期的住处，沈从文曾有多次表述，分别为青云街三号、六号、十一号、二一七号等。后来又有北门街附近住处，应该是不同时期的记录，可见当时搬家也是常事。但是不管如何，沈从文与杨振声是始终住在一起并工作在一起的。

施蛰存去拜访沈从文时就看到，沈从文一人住在简陋住房里，一桌一椅一床外加几个稻草墩。其回忆道："从此，我和从文见面的机会多了。我下午无课，常去找他聊天。渐渐地，这间矮楼房

[1] 张充和：《三姐夫沈二哥》，载《湘西秀士——名人笔下的沈从文　沈从文笔下的名人》，第40—41页。

成为一个小小的文艺中心。杨振声和他的女儿杨蔚，还有林徽音，都是我在从文屋里认识的。杨振声是位忠厚长者，写过一本小说《玉君》之后，就放弃了文学创作，很可惜。林徽音很健谈，坐在稻草墩上，她会海阔天空地谈文学，谈人生，谈时事，谈昆明印象。从文还是眯着眼，笑着听，难得插一二句话，转换话题。"[1]

身处乱世，一帮学人却能够融洽相处，积极工作，可谓难能可贵。

杨振声在西南联大身兼数职，一时还兼任文、理、法、工四学院一年级学生课业生活指导委员。他积极支持"课外制定必要的新文学读物"，并在担任大一国文委员会主任时，参与编选《大一国文课本》，"这册课本把反映新文学运动业绩的现代文学作品——散文、小说、戏剧文学、文学理论引进大学国文教材，在中国现代教育史和文学史上具有划时代意义的创举。为编好这本课本，他顶着当时教育当局严重的复古倾向和压力，发扬学术民主，发动全体任课教师推荐篇目，几经斟酌、讨论……大一国文委员会除参与课本的编选外，还负责课务的安排、决定任课教师"[2]。

杨振声受益于新文学运动的兴起，他以为如今的学生是生活在现代社会的，不必拘泥于古诗文，新时代也应该有自己的新文学，他认为从吸引国文系学生兴趣方面考虑，就应该设置一些新时期的文艺作品。

当时在西南联大文学院读书的吴宏聪，在后来的回忆中就说，他当初入学就是因为杨振声、沈从文、朱自清等现代文学家在系里任教，但他发现杨振声主持的教材里却没有他们几个人的作品，据说杨振声是为了避嫌。编选新时期发表的作品，却没有他们几位作家编者的作品，或许这正是杨振声为了更顺利地推进新文学

---

[1] 施蛰存：《滇云浦雨话从文》，载《长河不尽流——怀念沈从文先生》，第50页。

[2] 杨起、王荣禧：《为传播五四精神而奋斗不息——追思家父杨振声的一生》（未刊文稿），载《杨振声编年事辑初稿》，第226—227页。

进高校而有意避嫌。

不过那一时期的学生却是感到受益匪浅。后来成为文学评论家的孙昌熙曾回忆一件事，说当时他在西南联大就读时写的一篇作文《小队长的故事》，杨振声很是看重，不但精心批改，还谆谆教导他应该如何作文以"点石成金"。杨振声后来把这篇作品交给沈从文，很快就发表在了《中央日报》副刊《平明》上，沈从文为此还致信孙昌熙鼓励他多多投稿。

现代学者智效民先生曾有过这样一个疑问：

> 杨振声、朱自清和沈从文既是著名学者，又是第一流的作家，他们在教书之余，为什么不从事写作，反而去编中小学教科书呢？后来才明白，他们之所以如此，除了对教育事业的深刻理解和拳拳之忧外，恐怕还与社会上出现的那股否定新文化运动的思潮有关。当时的情况诚如美国学者微拉·施瓦支所指出，30年代初，在当局的纵容下，有人指责白话文的普及"势将驱除文言文于中学课程之外"，有人提出要"恢复用文言作为小学的教学语言"。（《中国的启蒙运动——知识分子与五四遗产》，第260—262页）这大概就是叶圣陶等人为什么要在上海发起"大众语运动"、杨振声他们何以要在北平编中小学教材的主要原因。难怪沈从文在指出"当政者以白话文为洪水猛兽，实愚不可及"的同时，还明确表示：假如国内有几个人，能在"'为大众'的原则下，肯冒点险，能甘于寂寞，认真来试写些作品，我愿意跟着这些人"干。（《沈从文研究资料》，第961—962页）其创作态度如此，编书动机当然也不例外。相比之下，环顾当今学界，有多少人能像杨振声、朱自清、沈从文那样，放下作家架子，舍弃学术腔调，俯首甘为孺子牛地为中小学生服

务呢？[1]

1939年3月，沈从文参与编写的国文教科书终于完稿并上交教育部，此后他的工作重点开始转移，就是写作小说。此时张兆和与两个儿子也已经来到昆明和他团聚，沈从文致信大哥沈云麓说，现在正是拼命做事的年龄，如此消耗，甚无谓也。他一直渴望着进入创作状态，希望完成《长河》并编出一本新书，他说物质方面已是损失，精神方面更感觉浪费。

因为家人的到来，战时物价飞涨，沈从文深感到生活的困窘和压力，他想拿起笔来挑起家庭的重担。他一度想到让大哥沈云麓代为加工湘西的工艺伞以与林徽因的公益项目合作，并有心创办小公司出口此种工艺品。有段时间，他甚至想过去前线走一走。

其实杨振声也在为沈从文的生计作考虑，从1939年6月开始，他就提出一个大胆的建议，推荐沈从文进入西南联大任教国文。当时同为好友的朱自清在日记里记载："今甫提议沈从文为师院教师，甚困难。"但是后来朱自清与西南联大的罗常培教授提及此事时，却当即获得了答应。

1939年6月27日，西南联大常委会召开第111次会议，在会上，杨振声提出聘请沈从文到西南联大师范学院国文系任教，为讲师助教，此议得到通过。对此，语言学家周定一后来回忆说：

> 引荐作家沈从文先生到联大任教，这是杨先生为扩大新文学影响的一着好棋。联大本是新文学名流荟萃的学府，除杨先生本人外，有闻一多、朱自清、冯至等等。但他们教的都是学术性的课（杨先生既教新文学，又开过汉魏六朝诗，有点例外），他们新文学的活动和影响在课堂之外。惟独沈先生在今甫先生的引荐下，是以作家

---

[1] 智效民：《沈从文与杨振声》，载《书屋》，1998年第1期。

的身份而非以"学者"的身份来联大任教（起初任联大师范学院国文系副教授，后来任文学院中文系教授），教的课程主要就是新文学的历史和语体文的写作（包括教"大一国文"）。[1]

　　杨振声要为新文学的前行积极铺路，这次实验性的创举，使沈从文得以破格进入高校任教，更使得作家进驻高校成为一次先例。由此可以看出，杨振声在教育方面的新锐思想和敢于突破旧制的胆识，同时更体现了"举贤不避嫌"的为人坦阔。这在当时对于很多大学生来说，是新鲜而不可思议的，如沈从文的学生诸有琼后来回忆时说："只有小小学历竟能成为北京大学的教授，在当时是绝无仅有的。"当然，在那个崇尚学历的年代，此举也必然会带来反对的声音，杨振声之子杨起后来回忆说，当时在阳宗海游泳时就听到了查良铮（穆旦）对这一举措的非议之声。查良铮早期留学海外，以现代诗歌创作而闻名，在西南联大任教外文系，他认为沈从文进入西南联大任教是杨振声"没有眼光"。后来查良铮知道了杨起的身份，又向他道歉。但杨起却认为没有必要，因为各人各有看法，但"事实会证明一切的"。况且一些教授的质疑，出发点也是出于公心。笔者读了《沈从文全集》才发现，其实沈从文与查良铮一直维持着比较好的关系，当查良铮过早病逝时，沈从文还在文中唏嘘不已。

　　对于杨振声一再热心相助，沈从文显然是心怀感恩的，当时他致信大哥沈云麓寄一些湘西茶叶给杨振声："新茶上市，务望你为买去年那种顶细顶好的廿元寄来，过不久我寄钱来，因为眼前无钱。上次茶大家印象都太好了……杨先生现在还当宝贝，留下一点点，有好客来时方冲一小撮。"[2]

　　沈从文还比较满意新的工作岗位，"到联大上课，每星期三点

[1] 2001年7月3日周定一致杨起原函，载《杨振声年谱》，第505页。
[2] 1940年2月26日沈从文致沈云麓的信，载《沈从文全集》第18卷，第381页。

钟，学校离家中近，且在郊外，走来走去极便利"。只是虽然每月有了固定收入，但还是要打折扣的，物价飞涨，疲于应付，因此沈从文又担负起了办刊物的责任。同时，沈从文还要抽时间借写作以谋生，所以在学校的一些公开活动中不大能看到他的身影。

当时罗常培教授就曾经说过，杨振声讲小说则捧沈从文，讲戏剧则捧丁西林，杨振声听到这个说法只是笑笑。

后来杨振声一度被派往偏僻的黔滇川交界处，即西南联大叙永分校任职，在这期间，他一直与沈从文保持着密切联系。其间，西南联大举行筹集学生特别救济金"义卖书展"，沈从文为此写了二十张小条幅，沈从文自称是"习字与经济第一次发生了关系"。那一时期，擅长篆刻的闻一多为了解决生计，开出了《闻一多金石润例》，为此沈从文和杨振声都在此润例上签名支持。

为了更好地解决教授们的生活问题，杨振声和沈从文等西南联大的12名教授联合拟定了《诗文书镌联合润例》，为此沈从文还去找当地士绅求助，希望他们能够购买教授们的书法作品。

1944年9月16日，沈从文致信胡适时提及西南联大"五四"那天开了文学纪念会，死的死去，变质的变质，老将中似只剩下先生（胡适）一人，还近于半流放在国外，为此大家委托杨振声代为向先生致敬……"这种会，会中所表现的纯粹情感，似乎也只有这里学校可以见到，别的地方已不相宜了"。在这封信里，沈从文还特地提及自己的小说集英译本即将在英美出版，为此他要感谢的是徐志摩、杨振声、林宰平等诸多朋友的鼓励。

在云南呈贡期间，是沈从文一家经历艰苦却也是颇为美好的一段时光。当时住在呈贡乡下杨家大院的张充和、沈龙朱在很多年后都还记得杨振声这位"家长"，沈龙朱还绘出了那时杨振声的精神气质，温和、热情、英俊、慷慨。昔日的杨家大院，在那个头顶轰炸机的年代里却留下一段格外温馨的记忆。大院里的总管是杨振声从北平带过来的秘书汪和宗，每到开饭时，杨振声和沈从文就说笑不断，杨振声称张充和为"四小姐"，后来改口"四姐"，他还拿这个称呼与去掉"蒋"的"委员长"相对比，意为尊称。当张充和与傅汉思于1948年在北平结婚时，杨振声不但是证婚人，还把自己珍藏的一套清乾隆时期的十色八卦墨当作贺礼送给这对新人，张充和带到美国珍藏多年，一直舍不得使用。

1946年6月7日，沈从文被续聘为北京大学文学院教授。同年8月27日，沈从文只身回到北平开始入校教学。此前杨振声先他一步飞回北平，作为少数先遣人员回去接管北京大学和整修校舍，并负责协调伪政权控制下的北大各学院合并和分解的问题。

在北平，杨振声与沈从文的住处都在中老胡同的大院里，他们的友谊，注定要继续下去。

霁清轩时光

沈从文回到北平后，除了在北大执教，还同时担任四家报纸的文学副刊编辑，这四家报纸分别为《益世报》《经世报》《平明日报》《大公报》。当然，沈从文能够主编这些刊物与杨振声的影响不无关系，杨振声甚至有意打造新的新文学阵地，为此他也常常亲自执笔上阵，那一时期他就在几个副刊上发表了《我们要打开一条生路》《今日的文艺》《文言文与语体文的重检讨》等重要文章。

当时的评论界曾把这几个刊物与别家相对比，其中有褒有贬，但沈从文与杨振声依然故我地坚持下去。对于文学理想，他们总有着别样的执着和坚持。同时，杨振声与沈从文还积极协助朱光潜在北平恢复了《文学杂志》刊物。为此杨振声常常设宴请客，还邀来诗人冯至及其夫人姚可崑担任编辑。

对于杨振声新文学的呼吁，朱自清给予了热烈的回应。朱自清在文章《什么是新文学的"生路"？》中对杨振声的文学观点予以积极应和，他赞成杨振声文中所称"本着(孔子的)伦常精义，为中国创造些新的文艺作品"，并主张"文艺有社会的使命，得是载道的东西"。[1]

利用文学刊物发现新人，奖掖后辈，也是杨振声和沈从文那一时期一直坚持的事情。杨振声和沈从文常常给予文学青年以物质和精神的帮助，沈从文总是大方地借钱给他们，张兆和大弟张宗和记得，有时他与四姐看戏的钱就被沈从文借给别人了。北大中文系的学生顾文安更是记得杨振声慷慨大方地请他们十几个学生到家里吃大餐的情景，还把别人送来的稀有水果拿出来分享。而杨振声面对生活难关时，却是去偷偷当掉自己珍藏的几幅古画。

除了琐碎的教务和编务，杨振声还要应付政务工作。国民政府在南京开大会时他应邀前去参加，正好被记者"逮"个正着，围着他访问个不停。有记者发现，这位到南京出席国民大会的代表，还不忘帮老朋友沈从文捎带东西到苏州。那时为了生活考虑，张兆和带着两个儿子先回到苏州娘家度日，待一切稳定后再行北上。为此沈从文曾托南下开会的杨振声带一些东西给在苏州的张兆和。

在那次与记者们的访谈中，杨振声还不忘提及他和沈从文、朱自清、朱光潜在北平办刊物的事业，说愿意继续利用文艺这个工具来促进新文化运动。他对于这一话题总是有着很高的兴趣。当然，他也有着很多其他的计划和愿望。或许正是因为如此奔波劳累，这位魁梧的山东大汉在不久后突然病倒了，1947年3月底，他做胃切除手术，手术长达六小时，胃被割去了一半，据说一天要吃五次饭。

据杨振声之子杨起说，父亲是在云南叙永执教时留下的病根。杨振声动手术的事情后来还上了报纸，媒体由此引申到战后教授生活困窘的现实。1947年5月6日的《大公报》报道了战后教育经费之紧张和教授生活之困难："教授沈从文咯血。杨振声胃病，危

---

[1] 朱自清：《什么是新文学的"生路"？》，载《杨振声年谱》，第657页。

险已过，身体尚未复原……"

为了更好地调养身体，杨振声在好友何思源的劝说下去了颐和园休养。何思源早期曾在山东担任教育厅厅长，那时杨振声则是青岛大学校长。何其时为北平市市长，颐和园霁清轩被分给他私人居住，但他主动让了出来，让喜欢安静的杨振声入住休养。

1947年7月25日的《益世报》报道《北大教授忙，暑期将延展》，说明暑假期间北大教授出国、返乡、养病者众多，"又杨振声教授患有胃病，已赴颐和园休养。沈从文教授全家患牙病，沈氏本人失血殊多，亦拟赴郊外静养"。

沈从文与杨振声同在病中确是事实，这一时期沈从文患上了呛血症，他致信秦晋时还提及："不幸日来因病倒下，呛血，近方发现，医嘱躺下再说，恐有半月方能离床。""医院检不出来结核，可是半夜还是呛血，胸部沉重，可能是肋膜胸腔受了伤……"

那一时期，经历过战时艰难折磨的学者们回到北平后大多生病了。1947年12月，林徽因肺结核晚期住院动手术，手术前，杨振声与沈从文前去医院探望。1948年8月，朱自清住院治疗，不久后病逝，杨振声和沈从文参加了追悼会并都有专文纪念。

从杨振声致子女的信中可知，从1947年7月，他就开始进入颐和园休养：

> 我本来去青岛的意思相当强，后来又想到弟弟不能去……所以最后还是决定了颐和园。……也许沈先生、三小姐来住个暑假。这房子可不坏，在谐趣园后面一个小山坡上，另一个院子，前门与谐趣园相通。关上前门走角门，就另成一个小园子，里面也有小河流、住宅、走廊、亭台、山石等等。讲幽静是颐和园第一，里面有几处房子，都分得开，我自然住了最好的，其余给弟弟留一处，沈家一处。现在我带了一个厨子，一个人占了这个小园子。……住起来倒蛮写意，也还不感寂寞。今

天早晨一早就去后山散步，荷花正开，草绿树茂，水清见鱼。……身体不久会更强壮起来。[1]

杨振声带着儿子在昔日的皇家园林里享受着难得的宁静，他说自己养得又黑又胖。陆续前来加入颐和园的除了沈从文一家、冯至一家，还有张充和、傅汉思。直到那年秋季开课后，他们仍旧住在园里，每星期出去几天上课。"四小姐和傅先生也还住在这里，傅先生也是上完了课回来。他们相处甚好，学校没房子，不能结婚。住乡下他们可以常在一块用工、读书、画画。我倒不好意思起来。四小姐照顾饭，饭吃的比以前好，也比以前多。"

那时傅汉思正在北大执教，张充和正等待北大教职。傅汉思作为一位外国学者，对颐和园的一花一木都感到新鲜和好奇，相伴左右的又是刚刚开始恋爱的才女，因此他对这一段记忆格外珍视：

> 北平，1948年7月14日……我在北平近郊著名的颐和园度一个绝妙的假期！沈家同充和，作为北大教授杨振声的客人，住进谐趣园后面幽静美丽的霁清轩。那园子不大，却有丘有壑，一脉静溪从丘壑间潺潺流过。几处精致的楼阁亭舍，高高低低，散置在小丘和地面上，错落有致。几家人分住那些房舍，各得其所。我就把我的睡囊安放在半山坡一座十八世纪的小小亭子里。生活过得非常宁静而富有诗意。[2]

当然，这宁静和诗意都是短暂的，很快因为时局的变化而结束了。

在杨振声的纪念文集里，收有一张杨振声写给张充和的书

---

[1] 杨起保存父亲杨振声原函，载《杨振声年谱》，第681—682页。

[2] 傅汉思：《我和沈从文初次相识》，载朱光潜、张兆和等著，荒芜编：《我所认识的沈从文》，长沙：岳麓书社，1986年，第14—15页。

法，写的是北宋诗人欧阳修的《梦中作》："夜凉吹笛千山月，路暗迷人百种花。棋罢不知人换世，酒阑无奈客思家。"书法有章草古意，字字蕴藉，诗词清丽，却也不乏惆怅意蕴，应该是杨振声在那一时期复杂心情的显现。他在致信女儿时曾无意流露："最近大家又多为将来不可知的命运所苦恼，这在如此时代，情所不免。但我想：假使那个命运不可避免，愁也无用。"

这一时期，沈从文逐渐陷入被批判的境地，上海的文学批评已经把矛头对准了他。沈从文先前写的一篇纪念熊希龄逝世十周年的文章被批判为"粉饰地主阶级恶贯满盈的血腥统治"，成为"第三方面运动"的代表作品。接下来便是《斥反动文艺》直接指斥沈从文的作品"是地主大资产阶级的帮凶和帮凶文艺"。此时居于霁清轩的沈从文心情之复杂可想而知。这段时间沈从文与杨振声、朱光潜、陈寅恪等一百零四人在《新民报》联名发表宣言，意在抗议国民党轰炸开封古城，严正斥责国民党大打内战的罪行。

从那一时期沈从文的创作看，作品很少，只有较长的一篇散文《霁清轩杂记》，就是在颐和园霁清轩写的。同时期在致张兆和的书信里，沈从文提到更多的也是日常琐事，如1948年7月29日致张兆和：

> 今天上午孟实在我们这里吃饭。因作牛肉，佟奶奶不听四小姐调度，她要"炒"，佟"红烧"，四姐即不下来吃饭。作为病不想吃。晚上他们都在魏晋处吃包子。我不能说厌，可是却有点"倦"。你懂得这个"倦"是什么。不知为什么，总不满意，似乎是一个象征！……这是一个新的起始，让我们把生命好好追究一下，来重新安排，一定要把这爱和人格扩大到工作上去，我要写一个《主妇》来纪念这种更新的起始！[1]

[1] 1948年7月30日沈从文致张兆和的信，载《沈从文全集》第18卷，第496、500页。

此时，张兆和因为亲人生病需要回城照料，沈从文就与两个儿子留在霁清轩，但他坚持每天给兆和写一封信。1948年7月30日他在信中说：

> 好些日子都无鱼吃，今天凑巧来了十一斤，如一小猪大，是一公的。作价百九十万。冯杨二家既不在，我们就独烹了它。大家动手处理，计"天才女"割洗烹鱼头，"北大文学院长"伐髓洗肠（到后由天才女炒鱼肝，鱼油多而苦，放弃），我批鳞处理整段，切分成六大件。这个报告若在历史上倒还动人。午后小虎虎一个人把大砖大石砌了个地灶，拾了松球松枝数袋，我举火熏鱼，两人一面谈一面动手，计用二小时熏成鱼约六斤。……我和虎虎坐在水边谈天说地，俨然恢复桃源小院子生活。[1]

也就是在此时，虎雏向父亲问起了他的小小疑问："爸爸，人家说什么你是中国托尔斯太。世界上读书人十个中就有一个知道托尔斯太，你的名字可不知道，我想你不及他。"沈从文老老实实答道："是的。我不如这个人。我因为结了婚，有个好太太，接着你们又来了，接着战争也来了，这十多年我都是为生活不曾写什么东西。成绩不大好，比不上。"

在霁清轩里，沈从文常常会做梦，做着很多稀奇古怪的梦境，有时梦见过去的时光，有时梦到未知的世界，有时还梦到了"发财"。

在寂静的园林里，沈从文细数着每天的日常细节，还巧心为现实的友人取外号，如妻妹张充和为"天才女"，充和的保姆为"侉奶奶"，朱光潜则为"北大文学院长"，龙朱为"紫豇豆"等，可见他对小说的语言仍未放下。他渴望着再启程开始新的创作，而

---

[1] 1948年7月30日沈从文致张兆和的信，载《沈从文全集》第18卷，第502页。

这创作的信心则是源于对日常琐屑的感动。

霁清轩里除了他们几家，还常有客人间隔着来往。林徽因、梁思成、诸有琼、张友仁等曾前来探友和游园，为这个稍显落寞的园子增添些许热闹和温馨。

张友仁在后来回忆道：

> 1948年夏，他（沈从文）和杨振声教授得到北平市市长何思源校友的照顾，住入颐和园谐趣园北边十分幽静的霁清轩避暑。那是颐和园内最为佳绝的一处园中之园，美丽的院落、参天的古木、满架的藤萝，还有淙淙的流水。杨振声先生住在园内主要建筑三开间的霁清轩内，该轩的廊柱上彩绘有一串串美丽的葡萄，八月间我去看望他们时，杨先生正坐在里面一张摇椅上纳凉，沈先生则住在北面的一栋平房里。沈先生避暑时也不甘寂寞，正在那里写作长文《霁清轩杂记》。他和我们大谈颐和园的历史和掌故，我才知道，霁清轩原来是慈禧太后的住处，当时是北平市政府的一所内部高级招待所。这篇文章分二期在《新路》杂志（半月刊）1948年上发表。直到现在，我还认为这是描述颐和园和中国近代史的一篇极好的散文，至今没有超过它的。[1]

1948年10月16日，沈从文致信凌叔华说："入秋来北平阳光明朗，郊外这几天正是芦白霜叶红时节，今甫先生和四小姐及四小姐一个洋朋友，都还住在颐和园内谐趣园后霁清轩中，住处院落很有意思，我们已在那里过了两个暑假。因为孩子们上学，这两天就只好让他们独享秋光了。"

因为孩子要上学了，沈从文只得搬出霁清轩。此时，沈从文

---

[1] 张友仁：《忆沈从文教授》，载《文汇读书周报》，2003年12月15日。

也想要恢复另一种生活："我要作事，一作事，不拘什么地方都可住下，在这园子里反而等于白可惜山色湖光了。因为事一作得起劲，那能从容上山于一木一石间，魏晋下去！"

显然沈从文已经不想继续隐于此陈旧小园，他要走出去，他要把自己投入正在涌来的洪流之中。

这一时期的沈从文常常与杨振声外出参加活动，为学生证婚、参加法国神父的宴请，以及为叶公超接风洗尘，同时还参加了亲友中最为重要的一场婚礼——张充和与傅汉思的婚礼。此时，"兵临城下"，人人担心着未知的将来。没多久，沈从文与杨振声编辑的一些刊物相继停刊。

此时的杨振声在应付种种局面之余，还不忘对新文学抱着希望，他在《为追悼朱自清先生讲到中国文学系》一文中提及：

> 我哀悼闻先生，哀悼朱先生，同时哀悼整个的中国文学系！……反过来说，我们若没有新文学，不可能有新文化与新人生观，没有新文化与新人生观，也就不可能有个新中国。……改革当然困难，这也正见出了改革的必要。且人生不为克服困难，干么要活着？[1]

相信杨振声这样对文学的坚持和信心也在感染着沈从文。

共同的境遇

1948年11月下旬，北京大学的国民党负责人曾劝说沈从文及时南下，但沈从文选择了与杨振声、朱光潜、梁思成等老朋友一起留下来。

---

[1] 李宗刚、谢慧聪辑辑校：《杨振声文献史料汇编》，济南：山东人民出版社，2016年，第399—401页。

这一时期的沈从文仍旧在大学教书，但世事的激变已经严重影响到了他的敏感情绪。

1949年1月，北大校园出现了"打倒沈从文"之类的标语。沈从文此前曾想离开北平回老家去住个两三年，但一些事情终究是宿命般的无法逃避。他曾致信表侄黄永玉："城，三数日可下，根据过往恩怨，我准备含笑上绞架……"严峻的形势，使得沈从文本能地惶恐不安，他在整理旧稿时发现了徐志摩的《爱眉小札》，不禁感慨世事沧桑："孤城中整理旧稿，忽得此书。约计时日，死者已成尘成土十八年。历史正在用火与血重写，生者不遑为死者哀，转为得休息羡。人生可悯。"[1]

沈从文担心自己为新时代所不容，身心不安，"张兆和无奈之下而求助于杨振声。杨几次劝解仍然无效"。

新政权成立之初，杨振声在北京文化和教育界的身份基本没有太大变化，很多机构里都有他的名字。1950年5月，北京市文联发起人大会召开，发起人名单中有丁玲、艾青、老舍、沈从文等，大会选举筹备委员名单中就有杨振声的名字。

此前杨振声曾公开在报纸上发文做思想检讨："许多在五四时代前进的分子，现在整在时代的后面了，像我便是一个。……我深感到我的最大的敌人是我自己。时代终于到来，我看到'忘己的为人民服务'这个名句，使我'怅然自失'。"[2]

这一时期，应该说杨振声也开始逐渐感受到了新形势下的压力，要知道他曾在国民政府参政议政，并与旧政权时期的一些学者颇有深交，如胡适、傅斯年、梅贻琦、罗家伦。要说完全没有思想压力也是不可能的。但杨振声对于沈从文的关怀却是依旧，1949年2月2日，张兆和致信林徽因、梁思成，感谢他们对于沈从文的留住和照顾，说要送面粉来，并说杨振声也要来看看正在休

---

[1] 沈从文：《题〈爱眉小札〉》，载《沈从文全集》第14卷，第475页。

[2] 杨振声：《我蹩在时代的后面》（《进步日报》1949年5月4日），载《杨振声文献史料汇编》，第404页。

养的沈从文。

　　萧乾曾撰文说过这样一段话："1949年后，知识分子由于各自政治行情不同，地位各异，个人关系很自然地发生了变化，原来熟稔甚至亲密的，陡然变得冷淡甚至陌生了。"[1]

　　杨振声和沈从文在20世纪50年代初期依然维持着真挚的友谊。汪曾祺就曾说：

> 　　他们的交往真是君子之交，既无朋党色彩，也无酒食征逐。清茶一杯，闲谈片刻。杨先生有一次托沈先生带信，让我到南锣鼓巷他的住处去，我以为有什么事。去了，只是他亲自给我煮一杯咖啡，让我看一本他收藏的姚茫父的册页。这册页的心子只有火柴盒那样大，横的，是山水，用极富金石味的墨线勾轮廓，设极重的青绿，真是妙品。杨先生对待我这个初露头角的学生如此，则其接待沈先生的情形可知。杨先生和沈先生夫妇曾在颐和园住过一个时期，想来也不过是清晨或黄昏到后山谐趣园一带走走，看看湖里的金丝莲，或写出一张得意的字来，互相欣赏欣赏，其余时间各自在屋里读书做事，如此而已。[2]

　　那一时期杨振声正住在南锣鼓巷，汪曾祺还在其他文章中提及此事，可见沈从文与杨振声一直未断联络，只是受时局影响难有相聚的机会。1949年10月15日，杨振声在致信女儿杨蔚时还提及"去冬在南京，又买了一件灰鼠袍，旧的，只廿万。沈先生去冬在小市，替我买一件狐腿的，太便宜了，只七万，板子已坏，今年修饰一下，还可穿一两年"。

---

[1] 萧乾：《他是不应被遗忘的——怀念杨振声师》，载《瞭望》，1993年第1期。
[2] 汪曾祺：《星斗其文，赤子其人》，载《人间草木》，北京：中国文联出版社，2009年，第115—116页。

到了1951年前后，杨振声还遭遇了一个大的变故，次子杨文藻在土改中被枪毙。杨振声对儿子的死，显然是痛心疾首的，但他在给女儿的信中提及此事时却用了"败家子"和"罪人"，可见杨振声复杂而矛盾的心情。但他对眼前的形势还是有了新的认识，并在1951年的暑假后，主动向北大要求参加土改。当时学校以他年老多病为由加以劝阻，应该没有成行。巧合的是，沈从文也是在此后开始积极申请去参加土改工作。

慈父严兄，忠厚长者

1952年，渐渐从自杀阴影里走向新希望的沈从文主动要求下乡去，去四川参加土改。在四川内江，沈从文给杨振声写了一封长信：

> 我到四川已七十天，到的是出甘蔗糖的内江县。在船上时见到杨起等，一离重庆即不再见……居多且只一家，背岩向阳，竹林围绕（到处具石涛画意）。我们工作地且在一荒废堡垒下村子中，自然景物极温静，人却在历史中而动，对照下格外动人。斗争场子在堡下一个糖房晒蔗皮斜坡间，一片灰白色，农民多着蓝布衫子，白头巾，白围裙，堡子在阳光下绿色淡淡的，天云灰中透蓝，大家坐到高处，看群众中小红旗飘飘从田埂间来去，感人得很。下乡别的不太困难，只是胃不济事的要考虑。如吃的能对付，所见所学，对一个人得益实在太多。……我在此心脏不大好，胃也不大好，每晚必痛醒，大致饭菜中不离辣子酱，或有关系。希望不至于和佩弦同病。……闻兆和说，学校催搬住处，如未能有住处，

盼为商……[1]

　　很是遗憾的是，沈从文的这封信从第四页后缺失。但从信中可见，沈从文仍旧是写作时的习惯，描述景色形象至极并富有微微诗意。他想要好友杨振声了解一下当地的风土人情，同时更是在转达着自己的积极心态。此前杨振声曾劝慰他好好养病，此时他虽然身有疾病，但心情已经大为改观，他希望老友放心。

　　远离北京的沈从文此时最牵挂的还是家人，因为时局突变，学校要求搬家，沈从文担心家里没有住处，此时的他只能向好友杨振声求援。只是此时的杨振声也是身不由己，虽然他反复做思想检讨，但还是被套上了胡适的"四大金刚"之一的帽子，他在《控诉我的资产阶级腐朽思想》中作长篇的自我控诉："我是'新月派'，和沈从文两次编《大公报》副刊……这就是我的资产阶级文艺思想。……入北大后，先后介绍赵西陆、李广田、姚殿芳、阴法鲁等，入北大造成宗派，并一再推荐沈从文入北大。一些也不考虑其他问题。……生活腐化，编小学教科书时居住'王宫'，非醉不饮，解放前带有二个马弁。……与沈从文编《大公报》副刊，在文学上有意造成宗派，以沈为打手，造成危害毒素。"[2]

　　从一些检讨书中可见，杨振声已经是绞尽脑汁地"控诉"自己的罪行，但他与沈从文、朱光潜、周作人的交往史仍然成了"宣传反动文艺思想"的证据。

　　就在这一年的9月，杨振声突然被从北京大学调往长春东北大学。那时候大学人员调整实属常态，但杨振声已经年过花甲，而且执教北大多年，北京又是他所喜欢生活其间的古都……但杨振声所表现出来的却是积极配合和镇定从容，他在临走前把一直在用的日本漆器名片盒送给了友人。

　　与杨振声一同被调到长春东北大学的还有作家废名。废名之

---

[1] 1952年1月20日沈从文致杨振声的信，载《沈从文全集》第19卷，第299—300页。
[2] 季培刚：《杨振声年谱》，第767—770页。

子冯思纯后来回忆：“现在回想起来，父亲晚年在东北是寂寞的，只是我当时感觉不到。在北京的时候父亲有很多朋友，而在长春他根本没有人可以交流。杨振声先生是一个人住在我家楼上，有很长一段时间每天晚上跟我打克朗棋，有时我要做功课，他还下楼找我，说功课一会儿再做，想来他也是很寂寞的。”[1]

孤身在东北生活，杨振声可谓是身处逆境，但他依旧保持着乐观精神，还不忘以废名的笔名开个善意玩笑，他对别人说："此公（废名）的大名早已废了。"

黄永玉在后来回忆表叔沈从文时曾多次提及杨振声："多年前听说杨振声先生、冯文炳先生漫长的遥远的寂寞……生命里强大能熬过来的先生也有，如沈从文、钱锺书、朱光潜先生，虽然高寿是个原因，但起码也包含一种'苟存'的历史机会罢！"[2]

在《比我老的老头》里，黄永玉更是对杨振声、沈从文那一代人的友谊充满着敬意和怀想：

> 有杨振声先生、巴金先生、金岳霖先生、朱光潜先生、李健吾先生……他们难得来，说话轻松而淡雅，但往往令我这个晚辈感觉到他们友谊的壮怀激烈。老一辈文人的交谊好像都比较"傻"。激情不多，既无利害关系也无共谋的利害关系。清茶一杯，点心一小碟，端坐半天，委婉之极。一幅精彩的图画。这给了他慰藉和勇气。[3]

1956年3月7日，杨振声在北京去世，追悼会在金鱼胡同贤良

[1] 冯思纯：《为人父、止于慈——纪念父亲废名诞辰100周年》，载《新文学史料》，2001年第4期。
[2] 黄永玉：《此序与艺术无关》，载《黄永玉艺术随笔》，杭州：浙江文艺出版社，2000年，第7页。
[3] 黄永玉：《这些忧郁的碎屑》，载《比我老的老头》（增补版），北京：作家出版社，2007年，第124页。

寺举行。沈从文前去参加了追悼会，事后他致信给大哥沈云麓："杨先生前几天已故去了，昨天出丧，是在我们住处附近名叫'贤良寺'追悼的。到的全是卅年来熟人。徽因也是在这个旧庙里停灵的。五十来个老友行行礼后，就用一个卡车送走了。杨四哥来送终。（得年六十六岁。）大家都老到一个程度了……"[1]此时的沈从文正接受上级的安排写一篇个人自传，回顾三十年来的一路经历，以作为新时代进步的印证。在此之际，沈从文还写了一篇游记《颐和园》，其中提及霁清轩的精巧结构和幽静意境，使人不禁想到沈从文与杨振声等人在此悠悠闲居的情景："对于久住北方平地的游人，看到这些事物引起的情感很显然都是新的。"只是在此文中只有单纯的景致描述，已经看不到昔日一帮好友乃至几个小孩子的名字。

霁清轩时光恍惚过去半个多世纪后，当年在园子里游泳的小少年沈龙朱也已经迎来了自己的晚年，但他依然记得旧园里的杨先生：

> 何思源在颐和园里头有一个很漂亮的院子，有假山，有流水，有长廊，有大厅，有几个偏房。每年暑假，何思源把这个院子交给杨振声处理，可以请一些文人一起度假。然后，我们家一家，冯至一家，还有好几家都在那个院子里住过。我至少两个暑假在那里度过。
>
> 我那会已经可以在颐和园的湖里学游泳了。加上清华大学在附近，很多父亲的老朋友，包括湖南出来的老人吴瑞芝，带着我们去游泳，教我们游泳。杨振声的儿子杨起本事很大，他是青岛训练出来的，自由泳非常漂亮，动作很协调，速度非常快，很快就到湖当中去了。
>
> 杨振声去世比较早。后到东北大学担任行政职务去

---

[1] 1956年3月中旬沈从文致沈云麓的信，载《沈从文全集》第19卷，第440页。

了，不在核心地区。但他的影响从文学角度来说还是比较大的。最近我看到报道，在北大的他的儿子杨起，地质学家，去世了。杨起，我们叫杨舅舅。云南那时候他上大学了，我还在幼儿园没上小学呢！[1]

1980年，美国学者金介甫来到中国对沈从文进行系统访问，在多次交谈中，沈从文念念不忘对中国教育贡献极大、对自己帮助极多的杨振声："杨振声是代表北大在西南联大。他最大的贡献是把清华大学改造。他当文学院长时，将白话文引到学校，在青岛大学当校长时，做职员的可以听课，听八个小时的课，很有眼光。"[2]

应该说，沈从文还是最为了解杨振声的朋友之一，杨振声一路为中国新文学冲杀过来，可谓是一员有眼光有实力的闯将。他把新文学作品引进中国最高学府，使得不少学生受惠，应该是比较成功的教育实验。作家沈从文由他引入中国最著名的学府教课，从而成为一名成熟的大学教授，相信沈从文也是一直发自内心感激的。

沈从文去世多年之后，张兆和在致信杨振声之子杨起时提及："今甫先生书信复印件计6件（计15页）寄上，请检收。今甫先生为人处世，从几封信中可见一斑。我一直觉得他对从文像慈父严兄一样，十分关怀；对其他朋友亦然。这样的忠厚长者，如今已很少见了。"[3] 这一年张兆和已经年逾八旬，应该说每一句话都是肺腑之言。

有人说，在沈从文的集子里没有看到有关杨振声的文学评论。其实早在20世纪30年代，沈从文在公开发表的《论中国创作小说》里就论述过杨振声的代表作："还有几本书同几个作者，应归并在这时代里去的，是杨振声先生的《玉君》同川岛的《月夜》……《玉君》这本书，在出世后是得到国内刊物极多好评的。作者在故

---

[1] 刘红庆：《沈从文家事》，北京：新星出版社，2012年，第240页。

[2] 王亚蓉编：《沈从文晚年口述》，第173页。

[3] 1990年11月19日张兆和致杨起的信，载《杨振声编年事辑初稿》，第425页。

事组织方面，梦境的反复，使作品的秩序稍感紊乱，但描写乡村动静，声音与颜色，作者的文字，优美动人处，实为当时长篇新作品所不及。且中国先一期中篇小说，张资平《冲积期化石》，头绪既极乱，王统照《黄昏》，也缺少整个的组织的美，《玉君》在这两个作品以后问世，却用一个新的方法写一个传奇，文字艺术又不坏，故这本书不单是在过去给人以最深印象，在目下，也仍然是一本可读的书。因作者创作态度，在使作品'成为一个作品'，却不在使作品'成为一个时髦作品'，故在这作品的各方面，不作趋时的讽刺，不作悲苦的自白，皆不缺少一个典型的法则。小小缺憾处，作者没有在第二个作品里有所修正，因为这作品，如《月夜》《雪夜》一样，作者皆在另一生活上，抛弃了创作的兴味，在自己这作品，也似乎比读者还容易把它先已忘却了。"[1]后来，《沈从文全集》出版时将此文收录其中。

对杨振声念念不忘的不单是沈从文及其家人，还有沈从文的学生汪曾祺。他在20世纪80年代初回忆："他（杨振声）对后进青年的作品是很关心的。他曾托沈先生带话，叫我去看看他。我去了，他亲自洗壶涤器，为我煮了咖啡，让我看了沈尹默给他写的字，说'尹默的字超过明朝人'；又让我看了他的藏画，其中有一套姚茫父的册页，每一开的画心只有一个火柴盒大，却都十分苍翠雄浑，是姚画的难得的精品。坐了一个多小时，我就告辞出来了。他让我去，似乎只是想跟我随便聊聊，看看字画。沈先生夫妇是常去看杨先生的，想来情形亦当如此。"[2]

沈龙朱在晚年时也提及，他们全家人从昆明回到北平后，父亲常带着他们去看杨先生："当时我们住在沙滩中老胡同北大宿舍，杨振声住在东厂胡同，很近。看杨振声，也看胡适校长。"

应该说，那是洋溢着文学精神的黄金时代，同时也是充满着真挚友谊的黄金时代。

[1] 沈从文：《论中国创作小说》，载《沈从文全集》第16卷，第213—214页。

[2] 汪曾祺：《我的老师沈从文》，第15页。

第四章 李霖灿：雪山虹桥，后会有期

1935年在苏州的沈从文（沈龙朱/绘）

朋友夏明所叙丽江故事引子。

　　三十四年彼由维西回昆明，因谈及晨岚、霖灿及一鹤庆女子和另一教师恋爱故事，十分悲惨。一共谈三天，极动人。因允为写一中篇，记十一节。已写成三节，为复原而搁置。

　　此文本为叙述他人历史，使之重现于文字上，不意被时代却弄毁了。不仅毁了这个故事，也毁了写故事的人。

　　这就是人生，人生多可哀。[1]

　　当时的李霖灿，还只是一位美术系的大学生。他与沈从文在云南萍水相逢，但却是一见难忘。

　　战争时期，乱世交情，刻骨铭心，两人的友谊绵延了半个多世纪。

　　李霖灿专业本是美术，后来却无意中成为一代纳西文字大家，被人称为"么些先生"。再后来他随大批国宝到了台湾，最终成为一代文博名家。巧合的是，沈从文先为文学名家，后则成为文博大家。

　　两人的结缘，曾促使沈从文创作了小说《虹桥》。而沈从文对于文物的高见也无意中启发了李霖灿对文物认知的灵感。李霖灿尊称沈从文为老师，在失散多年后与沈从文重又取得电话联系时，李霖灿还念念不忘向沈从文请教有关中国服饰纹样的问题。但在李霖灿内心里还是更渴望与老师再谈谈"边疆玉龙山行"，以及沈从文那篇以他们为原型但未能全部完成的小说《虹桥》……

[1] 沈从文：《题〈断虹引言〉旁》，载《沈从文全集》第14卷，第449页。

沈从文鼓励他走进雪山

　　李霖灿生于河南省辉县，后考入国立杭州艺术专科学校。抗战全面爆发后，他随艺专南迁，先是到了以产朱砂闻名的湖南辰溪，他当时还以他们这批从西湖来的艺专学生不能在颜料盛产之地停留为遗憾。

　　随着战争形势的日渐严峻，艺专只能继续往后方迁徙，当时大批师生要从湖南沅江赶赴昆明。在经过湘西这片山水时，李霖灿形象地说："要离开沈从文先生所写的'边城'了，要离开我们日昔盘桓的老鸦溪水了……"这次出行还促成了李霖灿和几个同学完成了一个倡议，即不坐汽车，步行向后方转移，用他的话说是"亲自去丈量祖国的锦绣河山"。

　　战时在山路上长途跋涉，一路上的艰难险阻可想而知，但他们最终还是安全抵达昆明。很多同学都被他们几个人的壮举所感染了，后来就此成立了一个文艺社团——高原社，当时还有社歌："高原好，高原好，高原社的朋友肯向前跑！"这样的声势，这样的气势，引起了在西南联大任教的沈从文的关注，他主动约请这几个学生到家里做客。

　　根据李霖灿的回忆，那一年是1939年。当时沈夫人张兆和与两个儿子已经来到昆明。沈从文对与同学们的聚会颇为用心，与张兆和提前准备。李霖灿多年之后还记得当时的情形："不但书房整洁，而且点心丰富，边疆上的小点心都是装在精美绝伦的镶嵌螺钿漆盒子里。"

　　当时这几位尚未毕业的学生以能到沈从文家做客并与这位著名作家当面交谈为荣幸，纷纷向沈从文提问。

　　当沈从文得知李霖灿就是曾路过他家乡的步行壮士之一时，就很高兴地对李霖灿谈起了湘西苗族瑶族服饰的纹样之美，希望这位学美术的大学生能够多了解一些民间工艺美术。当沈从文去招呼别的学生时，还不忘从自己书架上拿下一本"洋装书"[1]递给李霖灿，他的意思是说，"你也看一看滇云高原上的丰富"。沈从文希望李霖灿尽快了解下云南当地的美术图案，以便有所研究。沈从文总是希望年轻人惜时用功，随时随地投入工作。

沈从文递给李霖灿看的书是由文化考古人士洛克所著，内容有关"中国西南古纳西王国"的古老文化。李霖灿打开书看到了一些鸟兽虫鱼的图画文字，他之前曾在音乐学家郑颖孙处看到过类似的"边民经典"。郑颖孙与沈从文为好友，早年毕业于燕京大学，曾留学日本，对古乐颇有见地，尤其擅古琴，平时喜欢收藏中国古典乐器，此时正在昆明执教。

其实那是一种象形字，状如一种横长的贝叶经。李霖灿不懂，为此曾向郑颖孙请教，郑颖孙从音乐角度给予了答复，"他以为那是玉龙雪山下么些（Mo-So）民族的乐谱，所以收集来以供研究"。后来李霖灿证实了这种图画就是当地鲜活的象形文字，立即产生了兴趣，而书册里的玉龙雪山更是给了他特别大的震撼："我正痴心妄想为中国山水画开辟一条新道路，何不由昆明大理，探点苍，登玉龙，为山水画开一雪山宗派？"

沈从文的无意之举，却点燃了一位大学生的探险激情，从而促使李霖灿决定要走进大雪山深处进行创作。为此李霖灿向学校打了申请。沈从文对他很是支持："中国西南边疆丰富而辽阔，正待一批批腰腿健壮的年轻人去踏勘开发。"巧的是，当时杭州艺专迁到此地后，校长藤固也有意召集人去做边疆民族的艺术调查，李霖灿申请的"玉龙雪山下的么些族的艺术调查计划"课题呈上后，很快获得批准，学校还给了一笔不菲的经费。

当时这个计划里一共是三个人，但其他两个同学因故未能出行，李霖灿就成了"独行侠"。沈从文一再给予他鼓励："你先去玉龙雪山探探路，我们联大有好几位教授都正计划跟着前往，包

---

[1] 杨福泉：《沈从文留在玉龙雪山的惆怅》，载《光明日报》，2004年8月5日。"这本书正是那时正在纳西族地区研究东巴文化的美籍奥地利学者洛克（Rock, J.F.）写的。"

第四章 李霖灿：雪山虹桥，后会有期

括我在内。"

李霖灿一路上参观遗址，凭吊古迹，瞻仰史迹，登顶点苍山，横渡金沙江。他还自称替徐霞客完成了一项心愿——到古宗人的中甸瞻拜丈二金佛。

李霖灿一路风雨返回后，向沈从文猛夸玉龙雪山的大美，决定再去大山深处探险。或许是受了李霖灿演讲的感染，当时杭州艺专的国画高才生李晨岚从沈从文处得知这一信息后，立即放下画画变现钱的好日子，决计跟随李霖灿进山。

根据朱自清1939年9月5日的日记内容："下午在从文家遇李霖灿、李晨岚。李本月中旬回去。看很多写生画，喇嘛庙及点苍山风景画甚美。"这一天想必就是李霖灿与李晨岚即将告别沈从文的日子。

当时为了筹措经费，李晨岚先是卖光了他的画作，并因为宣布入山创作而获取了几笔预购订金，这样两人的费用问题就解决了。更为意外的是，当沈从文知道他的经费紧张时，对李霖灿许诺："只管写稿子来，我负责一一推出，好给你做生活费用。"

战时办杂志不易，投稿获得刊登也不容易。沈从文在收到李霖灿的稿件后，总是想方设法把他的稿子刊登出来。除了几篇游记，就连书信也都刊登了。这些稿件主要刊登在由陈岱孙、潘光旦创办的昆明《今日评论》周刊，沈从文负责主编文艺类稿件。因为沈从文经常刊登李霖灿的稿子，有人说他是在推文学新人，同时期被推出的还有方龄贵、白平阶、汪曾祺等人。

对于稿件的顺利发表，李霖灿说应该归功于沈从文先生的力荐和润色。沈从文不只是推荐发表，还亲自为李霖灿的作品撰写评论，如在1940年6月1日发表的《黔滇道上》[1]即是一篇。沈从文在其中提到，历经三年战事，东南沿海师生大批向西南黔滇地区迁移，这一时期，各界学生对于黔滇两省的文化、地理、历史等做考察

[1] 沈从文：《黔滇道上》，载《中央日报·平明》（署名"从文"），1940年6月1日。

的热情很大，已经有不少团体和个人参与，可是成果却不是太大，"即就旅行两省，所见所闻，如新闻纪事作品，亦不多见"。

但在已经出版的书中，沈从文还是指出了几本："黔滇公路部分，有钱能欣先生写的一本书，似随西南联大步行团由湘到滇，沿途见闻记载。滇缅线有陈碧笙先生几篇文章在《云南日报》发表时，给读者印象也很好。又联大教授曾昭抡先生，写了一本《滇缅游记》，写得也很有意思，可惜这些文章至今尚未印成书。又《大公报》记者萧乾，也写了一本《滇缅考察记》，注重在滇缅路修筑中的种种情形。"

在这些出版物中，沈从文最为看重的还是李霖灿写作的《黔滇道上》：

> 本书作者李霖灿先生，因为习艺，年富力强，特具寻幽探奇兴趣，与三个同伴由湘西步行到达云南，尚有余勇可贾，个人又独自从昆明出发，贵州沿路的著名洞窟，几几乎都冒险深入过。又向西行进，过大理，入丽江，转中甸。且进而绕行大雪山四次后，还有壮志雄心向西藏探险，日来或已在入藏途程中。虽本书所记载多注重在景物风俗，然兴趣广博，腰腿健劲，所见所闻，自然也就特别多。如对于黔省几十个大小洞穴，便有些极美丽惊险动人描写。对于云南，作者愿心尤宏，且思就徐霞客足迹所未达到各地方一一走去，因此更有许多崭新发现。如对于点苍、鸡足、玉龙雪山诸山风景的叙述，及中甸一带僧侣组织社会风俗，都记载得特别引人入胜。作者既习艺，速写插图也很美丽，书中各文在《大公报》《东方画刊》《今日评论》《平明》分别发表时，给读者印象即很好。这个小册子的编印，对读者可说很有意义，只可惜本书《大公报》编印时，尚有若干篇章未曾收入，插图制版不能表现原画优美处，有些图版为

横置，又未注明图版性质，未免美中不足。本书只注明
港币二角，似特小，为在香港读者便利而编印。其实这
本书最好的读者，应当是万千在西南公路线上的旅客，
及居住西南各地服务，却对于地方山川名胜风俗人情十
分隔膜的外来人。对他们，这是一本最好参考书。作者
文章相当优美，对于地方风景特征描写尤具特长，插图
又不少，应当算得一本理想的小书。

　　有了名家沈从文的推荐，此后李霖灿的文章更是得以顺利发
表。当时给他开出的稿费是新滇币，李霖灿在边地使用的则是老
滇票，币值的差异可以说在经济上给予了李霖灿较大的支持。再
加上李晨岚的卖画所得，使得两人在丽江渐渐站稳了脚跟，两人
于1940年夏结伴登上了向往已久的玉龙雪山，从此更是一举成名，
当时在业界有"二李到，雪山笑"的说法。在雪山游记的写作和
对雪山的研究领域中，两人的权威地位也渐渐得以奠定。两人此
后在《今日评论》上连载的文章《大雪山游简》曾风靡一时，直
到抗战结束后还有人热心捧读。

　　靠着这样的各界支持，李霖灿在玉龙雪山安定地度过了两年
时光。或许正是因为拥有了一定的影响力，后来中央博物院派员
前来聘任李霖灿组织一些民族考察团，从而让他得以继续留在雪
山，开展了两年的考察和研究工作，可谓收获颇丰。李霖灿自称
这期间最大的收获就是完成了徐霞客的昔日心愿："由金沙江上溯
到无量河，替徐霞客先生又完成古冈（贡嘎岭）之行。生平最景
仰霞客先生，没想到因缘非常，竟一闯再闯，为他偿结了两项夙
愿。"[1]

　　而这一切的收获，使李霖灿对沈从文充满了感激之情。喜欢
沈从文书法的他，还特地剪下杂志上沈从文题写的"文艺"二字，

[1] 李霖灿：《沈从文老师和我》，载《西湖雪山故人情——艺坛师友录》，杭州：浙江
　　大学出版社，2011年，第69页。

作为书帖，一直随身携带。

未完的《虹桥》

小说《虹桥》算不上是沈从文重要的作品，甚至都没有写完，但在李霖灿心中，这篇小说的内容和创作背景都具有非常的意义。为此他记挂了几十年，甚至跑去美国寻找这篇小说的原稿，直到沈从文去世后，李霖灿还在悼念信中一再提及他的"《虹桥》情结"。

在昆明时期，沈从文曾就地取材创作了不少短篇小说，《虹桥》即是他受李霖灿、李晨岚勇闯玉龙雪山的影响而倾注笔端的。雪山的壮美和绮丽，地方民俗的神奇和魔幻，两位艺术学生勇于探索的精神，这一切给沈从文带来了很大触动。因此沈从文决计创作一部篇幅较长的小说，并在写完第一章后率先发表。在这之后，沈从文还特地把这一章寄给在丽江奔走的李霖灿和李晨岚，以示鼓励。两人看完后，觉得又惊喜又好笑。

在沈从文的笔下，李霖灿成了"学生仔"李粲，"黑而瘦小、精力异常充沛、说话时有中州重音，骑在一匹蹦来跳去的小黑叫骡背上"；李晨岚则成了骑着高头大马的画家李兰，"脸庞比较瘦弱，神气间有点隐逸味，说话中有点洛下书生味，与人应对时有点书呆子味"，"用牧童放牛姿势，稳稳的伏在一匹甘草黄大骟马后胯上"；外加一个夏明，其实就是杭州艺专"徒步七壮士"之一的夏蒙。

更好玩的是沈从文自己也"粉墨登场"参与进来了，"沈老师他自己则是一介文弱书生，深入边陲要明了土生土长的人民缺少的是什么，而更重要的是——'丰富'的是什么"。于是，这个"四人行"组合，直奔向野人山一带国界交会处的壮丽大雪山。

由此可知，沈从文对于雪山也是充满着向往，甚至恨不得亲自跟着他们走一趟。但可能受制于工作和生活，无法成行。在李霖灿和李晨岚出发去往丽江时，沈从文还专门致信他们，请他们去拜访隐居在"长江第一湾"边石鼓古镇的纳西族著名作家李寒谷，有什么问题可以向他请教。

沈从文把他们的故事写进小说，对李霖灿和李晨岚无疑是很大的鼓动。李霖灿还特地就先期发表小说章节进行细致的分析："由于是绪论介绍的性质，所以这一章的主旨是介绍玉龙大雪山的美丽。这对沈从文老师并没有什么困难，更加上我和他通信上随时有新的资料去贡献，他写起来一贯的清新脱俗、流畅隽永。在文章的结尾处，他说到黄昏时光炊烟四起，上映雪山皎洁，景色非人间所有，四人对'美'的争辩亦戛然而止，因为已进入了宗教的领域中了。——说实在话，我们并没有此种经验，只是文人雅士的想当然耳，不过由于沈老师善于形容，于是乎就像煞有介事的了。"[1]

小说毕竟是文学作品，是生活的升华，沈从文以虚拟的手段提升了雪山地区的美妙，其中自会与李霖灿看到的现实景象有些差异。但李霖灿对小说中蕴含的丰富情感以及赋予玉龙雪山的神秘之美却给予了肯定，渴望能继续拜读沈从文在以后的章节里会如何创造性地发展情节，并希望看到自己在小说里会是怎样的怪模怪样。

在雪山之中苦等的李霖灿后来等来的却是沈从文的书信。艰难时期，生活不易，创作小说一再受到耽搁，沈从文笑谈："教书的已到了自己砍柴烧火的地步，但是还好，可以有书读。——有书读就好办！"李霖灿和李晨岚两人读完信，相视而笑："此乃中国文化中标准书呆子是也！"

按照李霖灿的记述，沈从文还是希望能在艰难的生活中继续完成这部小说，并且心里充满着把握。沈从文致信李霖灿："这是

---

[1] 李霖灿：《沈从文老师和我》，载《西湖雪山故人情——艺坛师友录》，第70页。

序幕的春云渐展，故事的开展请随时提供资料以供写作。至于主旨和结尾，我则早已经成竹在胸、了如指掌。"

为此，李霖灿欣喜地把他们过虎跳涧、泸沽湖、"女儿国"、木里王国等地的经历，以及他们看到的各种神花、大菌、仙草等都一一告知沈从文先生，希望能够丰富沈从文的写作世界。

可是《虹桥》的下文却迟迟没有等来。直到抗战结束后李霖灿才弄清了原因，他不无幽默地说，都怪玉龙雪山太壮美了，都怪李晨岚太如实描述了，以致沈从文听完后连连感叹说太美了，写不下去了。

原来，在李霖灿独行赴四川李庄中央博物院汇报纳西族文字调查成果时，李晨岚与当地人再次探山。在六千米左右的主峰之前，有一道直下两千多米的深堑，这就是金沙江昔日切断玉龙山的遗迹。

奇峰怪石、仙草异花、雪山绝境等等，一一浮现在眼前。李晨岚灵感大发，连续描绘了多幅雪山仙境。他终于可以回来向同道中人展示"雪山宗派"大美了，只是一路上他的画作几乎被抢买光了。

于是李晨岚边行边画，在回到昆明后就非常激动地向沈从文细细讲述雪山的壮美和绮丽多姿。沈从文听得入神了，不知不觉两人谈了一个通宵。只是让李霖灿颇为惋惜的是："他（李晨岚）和沈老师的一夕夜话，遂把玉龙雪山行的一篇好小说，顷刻之间，化为乌有！"

李晨岚显然也是无心之举，而且事后还觉得"委屈"。当抗战结束后在四川与李霖灿再聚时，他把这个背后的故事讲给了李霖灿听。他说，沈老师当时听完叙述后，大赞"真过瘾"，之后则说："完啦，写不下去了，比我想象的还美上千倍！"听到此处，李霖灿对着李晨岚"跺脚不迭"，大呼："你怎么可以扼杀我们的小说？"李晨岚则说："我怎么知道沈老的意思竟是如此。我是连玉龙雪山的美丽还没有表达出十分之一呢！"

　　为此，李霖灿希望能够做些"补救"，就让李晨岚赶紧复述一遍探险实况，他要把接近完美的雪山仙境记录下来。于是，历经多日的撰写、修改和补充，三万字（李霖灿又有文称"万字"）的《玉龙心记》（李霖灿又称《白水沟记》）完成了。但李晨岚还是觉得不够满意，"留中不发"，最后因为大家都忙着复原还都，这篇稿子也就下落不明了。

　　直到很多年后，沈从文去世，年近八旬的李霖灿还在惦记着这篇小说，他在致沈从文逝世的悼念信中提到：

　　　　您曾为我和晨岚写过一篇小说，就是以这座名山为背景，在那篇小说中，我的名字叫李粲，晨岚叫做李兰，夏明兄改为夏蒙，老师您也参加了一角，就这样一队人马以四人行的姿态来边疆上各抒怀抱了。

　　　　说实在话，您从昆明把这篇小说的首章寄给我的时候，我一眼就看出了全文的轮廓间架，因为您不止一次，常和我们谈起民间蕴藏的丰富，您就是想借我们的雪山行来阐扬这一点真知灼见。

　　　　您在许多地方都提到此项真理，在《边城》一类小说中一再申明此义，但是大半为人所误会了，大家总以为民间缺少了什么，却不知道他们丰富的是什么！

　　　　在这篇未完成的杰作中，你把我描绘成一个又黑又瘦却又精力充沛异常的年轻人，骑在一匹跳来蹦去的黑骡子背上，就这样到玉龙雪山下去闯天下了。

　　　　晨岚被描写成一个有书呆子气的年轻人，他有雄心壮志去征服描绘玉龙山，骑在一匹大白马上。夏明则变成了一位江湖豪杰之士，他在边疆很闯出一点局面。

　　　　老师您在这边疆行中也扎上一角的原因，是预备"总其成"，要借这几个肯冒险的年轻朋友，在边荒原始地带开创出一个新局面来，用以阐明您那"民间丰富深邃异常"的真理。

普通人不是不知道这一点，只是不认真去笃实践行，换句话说，没有认识到这项真理的"积极方面"，总以为要去帮助他们，却不知道更要十分虚心地去向他们学习领教。这是我们文化之根，您就是要用这故事去实证您的此项理想。

故事开头的背景是美绝人寰的丽江玉龙大雪山，初入边陲，意境新鲜，我们几个艺专毕业的学生，便以审美的观点，对雪山各抒己见，要描绘、形容、探讨，追究这凝然不动的大雪山，天色渐渐暗淡，山脚下，村落中，各种不同颜色的炊烟四起，和千古不化的皑皑白雪相对照，大家这才发现，适才争论的一切浮光掠影，都是多余。

这故事要向哪边发展呢？我知道要指向金沙江边、野人山中，好由此阐明大地基层的真实丰富……但是等了又等，却一直渺无下文。[1]

1948年，李霖灿受中央博物院派遣随部分国宝从南京迁往台湾，依依不舍的李霖灿把沈从文小说《虹桥》的第一章随身携带，每每展文快读时便会陷入对昆明时光的怀念，同时更对老师沈从文先生一直心怀挂念。这一别，两人再也没有机会见面。

1980年11月25日，李霖灿听说沈从文恢复了作家身份，并受邀到美国讲学，由于此前曾与张充和、傅汉思有过联系，便把电话打到了傅汉思家里，请求与沈从文通电话。结果电话拨过去，沈从文在纽约讲学未归。

此时的李霖灿已就任台北故宫博物院副院长多年，他所研究的领域几乎正好与沈从文晚年的研究领域类同。

[1] 李霖灿：《一封不说哀伤文字的追悼信》，载《长河不尽流——怀念沈从文先生》，第121—122页。

李霖灿不甘心放弃通话机会，次日再次拨打电话，终于听到了沈从文老师久违的"湘音"，倍感亲切，沈从文也很兴奋，连连对他说："你快来，我可以讲上三天三夜。"

但是两人隔着太平洋，显然不能立即见面。李霖灿依旧是执学生之礼，恭敬地请沈从文先生尽管说好了。"结果，沈老师一口气讲了十七分钟，都是他研究中国古代服饰的纹样的精彩之作。我尽量少说话，因为在电话中我听到他的声音，大为感动，由语气中知道他兴致甚高，我便使老师畅其所言，真的是百感交集，恍如隔世……也不知何年何月何日，才能剪烛夜话一论平生？我也是一名博物馆员，而且继玉龙看雪之后，又故宫看画四十年，正有不少资料可以和老师相印证。能办得到吗？我挂上了听筒，心下一片茫然！"[1]

几十分钟的越洋长途电话显然不够两位老友一叙衷肠，但也足够身处宝岛的李霖灿回味很久了。只是他心里始终记挂着那篇未完成的《虹桥》，多年的颠沛流离，他所带着的那篇珍贵首章早已遗失，后来他曾专门去美国寻找。在美国圣何塞酒蟹居，李霖灿找到了在斯坦福大学任教的庄因教授，因为他听说在该校的胡佛图书馆有沈从文的全部资料，希望能找到那篇《虹桥》的原稿。但最终也没能如愿。不过在这处沈从文访美时曾住过的地方，李霖灿看到了沈从文写的五幅章草小屏条，大为惊喜。此时沈从文已经离开美国两年了，遥想老师在此挥毫书写的情景，常接待各地文士的庄因夫妇说，"沈老是风度最好的一个！"引得李霖灿无限感慨："风流儒雅亦吾师。"

直到沈从文去世后，李霖灿还在苦苦追问这篇小说的可能结局。他在悼念信中说，沈从文简直就是个预言家，因为他想起了当年金沙江发生的惊人变化，那一批出征缅甸的远征军，也就是那一批正值青春的小伙子，他们穿过中缅未定界的野人山而来，

---

[1] 李霖灿：《沈从文老师和我》，载《西湖雪山故人情——艺坛师友录》，第75页。

因为对这里的山水景致的钟爱，索性就在金沙江畔落了户，而这些都曾经在沈从文的小说中有所表达。李霖灿以为沈从文小说里所要表达的已经出现在了现实中。

> 老师，还是您对了，您对玉龙大雪山作为那篇小说的序幕是对的，由玉龙山而金沙江，由金沙江而野人山，一切都顺理而成章。……郭熙曾经说过："笔下之山若现，急追勿失。"我不知道若这篇小说写成，内中当有几多美丽丰富生花妙笔和无尽启发？
>
> 只是事到如今，连当事者的我，并篇名都不记得了，遍搜无获，还不知有没有仁人君子情有偏好可以惠而告我？然而，老师，您的主要意思，我猜想应该不错。如此，这篇小说虽然经过晨岚之"美言"而遽然消失，亦可以说是并无遗憾的了。

写作悼念信的这一年，李霖灿已经77岁，身处加拿大小小书斋"绿雪斋"中，距离他当年拜别沈从文深入雪山腹地，已经过去整整半个世纪。

"么些先生"往事

李霖灿从一位学美术的学生，后来因缘际会成了中国纳西族象形文字的研究专家，甚至成了该领域世界级的权威专家。他先后出版了一系列与之相关的著作，鉴于他对这方面的研究贡献，人们形象地称他为"么些先生"。在这一成就的背后，李霖灿一直念念不忘当时对他有所帮助的几位前辈专家。

当年，李霖灿从西子湖畔突然转换到玉龙雪山脚下的丽江古城，他很快就被神秘而绚丽的东巴文化吸引了。他后来在读到沈从文的《龙凤艺术》一书中关于听苗家女郎唱歌的情节时，自然而然地就想到了沈从文为他们介绍认识的一位民歌学专家，就是当时在金沙江隐居创作的作家李寒谷。

沈从文在信中请李寒谷为李霖灿的调查和生活提供必要的帮助，使得李霖灿受益匪浅。李霖灿说当他读了李寒谷的散文《撕包谷》后，就对纳西族民众在劳动时对歌的场景豁然开朗了。他觉得结识李寒谷，就是为自己的研究打开了一扇窗，使他真正理解了沈从文对他谈及的"民间丰富深邃异常"的具体含义。

每当忆起金沙江的探秘之旅，李霖灿总是不忘感谢沈从文的指引，他在这里寻到了《诗经》的"根"——他默默地收集了3000首民歌，后编辑出版《金沙江情歌》一书，影响一时。他像是顿悟一般："我明白了《诗经》的许多奥秘，也知道了《诗经》的一些缺陷。孔老夫子为什么说'小子何莫学夫诗'呢？因为那才是现下当今社会百态的第一等教材，一加活用，什么德、智、体、群无不涵盖在其内，而且充满了变化和活泼泼的生机！"

当然，在实际调查和研究中，给予李霖灿帮助的还有其他人，如董作宾、曾昭燏。根据李霖灿的自述，当年他闯荡丽江时，中央研究院甲骨文专家董作宾就给他写了介绍信，让他到大理去找正在苍山洱海率队做考古发掘的吴金鼎博士。

李霖灿初到大理时，正赶上农历三月十五的"观音节"，这个节又称"三月节"。李霖灿当即被大理的"山川秀丽，人物焕采"所吸引，便拿起本子来写生，结果被执勤的警察误认是"画地图"的"特务"，而被押送去县政府。后来还是由在此一同考古的曾昭燏写来一纸公文交给县政府才得以释放。被释放后的李霖灿，在这里与女考古队员曾昭燏有了第一次见面。

曾昭燏为曾国藩大弟的后代，早年留学英国伦敦大学学习考古专业，全面抗战时期毕业回国，主动到大理进行田野考古发掘。当李霖灿在探险途中遭遇经费紧张时，曾昭燏还与董作宾、吴金鼎及其夫人每人寄给他五十元以解其燃眉之急，很是让李霖灿感动。此后，曾昭燏曾给予李霖灿持续的帮助，两人也成为多年的挚交。

李霖灿一直很是崇拜徐霞客，为此他试着把探访苍洱清碧溪的过程写成一篇散文《清碧溪游记》，沈从文看过后很快推荐给《东方画刊》发表，这篇游记曾吸引了不少的读者。当时这篇文章写成后，李霖灿先拿给了曾昭燏看，曾昭燏说："没想到李公的散文写得这么好！"据李霖灿称他当时还不知道什么叫"散文"，为此还向曾昭燏请教。很多年后李霖灿还在回忆此事："曾昭燏是第一个在点苍山下称赞我散文写得好的人。"

为了解决李霖灿的工作问题，曾昭燏特别致信给当时的中央博物院的筹备主任李济，大力称赞李霖灿的学问和才气，并说他具有进取和冒险精神："董先生（董作宾）友人李霖灿君，前在大理工作站居月余，梁先生（梁思永）亦与之相识，此人富于进取精神，曾于去年独往中甸，研究古宗人之艺术及宗教问题，最近又访剑川石宝山，著有《石宝山石刻》一文……李君学问根底或不甚深，然其冒险精神在现代一般人中，百不得一，而又肯研究，肯从善言，将来必定有成。博物院得此等人，必不为无用也。为念人才难得，故为诚恳……"

半年后，李霖灿就被邀请到中央博物院工作，月薪为一百六十元。当时具体的工作就是到丽江搜集么些族的标本，以供将来陈列使用。中央博物院为此还先期拨来六千多元的研究经费，由此很是促动了李霖灿研究工作的积极性，在么些族好友和才先生的帮助下，他很快写出了《么些象形文字字典》。当时曾昭燏从考古学的角度为李霖灿仔细修改了初稿，还代为校对，并"自告奋勇"为此书写了一大篇英文提要，英文全部是用毛笔写的，一时传为美谈。

当时中央博物院的第一种专刊出版的是曾昭燏执笔编写的《云南苍洱考古报告》，第二种就是李霖灿的这本字典，该字典出版后，两个月售罄。很快，李霖灿从助理员升调为专门设计委员。

1945年，李霖灿又写出了《么些标音文字字典》，曾昭燏看后说："比第一本字典要写得好多了。"李霖灿分外欣慰。抗战胜利初期，中央博物院顺利迁回南京，曾昭燏负责战时文物的清理工作。内战爆发后，国民政府命令中央博物院把一批馆藏宝物运往台湾，当时作为中央博物院的负责人之一，曾昭燏多次上书制止，但最后还是无法违抗命令。于是曾昭燏让李霖灿前去押送国宝，临分手时曾昭燏说："李公，不必难过，依我看，不出三个月，你们就都又回来了。"

曾昭燏则选择了留在南京，并一天天盼着好友同国宝早日回来。只是从此一别，两人便成永诀。李霖灿到台湾后主攻中国美术史，陆续出版了《中国美术史稿》《中国名画研究》《中国画史研究论集》等著作。但对于么些族的文化研究并没有停止，再版旧书，也不时出版新作，并且走到国外去进行研究和传播，后来他被丽江地方政府授予"么些先生"和"纳西荣誉公民"称号。

当然，李霖灿在文物书画学方面也是建树颇多，后来他被任命为台北故宫博物院副院长，对中国书画研究贡献良多。因此，他自称这一生就做了两件事：一是玉龙看雪，二是故宫看画。

而留在大陆的曾昭燏则扛起南京博物院的大旗，由她主持的对江南地区和南唐二陵的考古发掘也是成就斐然。只是苦苦等待再见面的李霖灿最后只等来一个噩耗——1964年12月22日，曾昭燏在南京东郊灵谷寺跳塔身亡，时年五十五岁。"就这样，一代学人，竟这样酷烈悲惨地结束了自己的生命和一世英名！"得知噩耗的李霖灿悲痛不已，以陆游的《卜算子》悼之："驿外断桥边，寂寞开无主。已是黄昏独自愁，更著风和雨。无意苦争春，一任群芳妒。零落成泥碾作尘，只有香如故。"

1995年6月10日，李霖灿在异国他乡的"绿雪斋"中写下《不胜沧桑话点苍——纪念曾昭燏女史》一文，文中如此写道："昭燏女史：我以82岁老翁的年纪，在30年之后来为您含泪作传，心下无限悲痛感伤；因为：零落成泥碾作尘，只有香如故也！"

很多年后，李霖灿之子李在中撰文称："这是我父亲生前写的最后一篇文字，而且是一篇祭文。事情的原委是，在1995年5月曾同在中央博物院共事、后来任南京博物院副院长的宋伯胤先生来台北开展览会，我父亲自知年事已高，此生无望再回南京祭拜曾昭燏先生，因此将此文面交托付宋先生，希望渠在回南京后，于祖堂山曾先生的墓前，将此文焚烧奠祭，以表哀思。"

雪山友谊，后会有期

纵观李霖灿颇有成就的一生经历，由艺术转入对边疆地区民族文化的研究，后又重回艺术领域的研究，并有独特的研究成果，可见他的博学和勤奋。同时也足以证明李霖灿的本身实力所在，可谓没有辜负包括沈从文在内的朋友们对他的一再鼓励和引导。

抗战胜利后，李霖灿和李晨岚先到了上海，工作单位被落实在了中央博物院，李霖灿特地致信沈从文告知一切安好。而身在北平的沈从文则致信鼓励他继续写文章，并希望他能为学生汪曾祺找一个工作："在这里一切还好，只远远的从文坛消息上知道有上海作家在扫荡沈从文而已。想必扫荡得极热闹。惟事实上已扫荡了二十年，换了三四代人了。好些人是从极左到右，又有些人从右到左的，有些人又从官到商，从商转政，从政又官，旋转了许多次的。我还是我。在这里整天忙。济之先生不知还在上海没有。我有个朋友汪曾祺，书卖得很好，会画，能写好文章，在联大国文系读过四年书。现在上海教书不遂意。若你们能为想法在博物馆找一工作极好。他能在这方面作整理工作，因对画有兴趣。如看看济之先生处可想法，我再写个信给济之先生。"[1]

此时，此境，沈从文在道出个人处境的同时，仍不忘多方介

[1] 1947年2月初沈从文复李霖灿、李晨岚的信，载《沈从文全集》第18卷，第465—466页。

绍李霖灿认识新朋友，如会画画的音乐家张定和、喜欢画画的作家汪曾祺，同时盼望萧乾、李健吾、邵洵美等能多逼着李霖灿写文章并作画。

几乎是在同时期，沈从文又致信给在上海的一位同道，希望他能够接待来访的李霖灿："在滇西工作近十年的李霖灿兄已到上海，特介绍他来看看你，往代为一介政之、芸生二先生。李兄曾在《大公报》出过一本游记，为目下（也可说世界）最通么些象形文字，而对于滇西人文研究最有贡献之一人。现在中央博物院任职。他的水彩画××一定欢喜。"

或许正是因着沈从文如此热情的支持，李霖灿把在博物馆看画当作后来毕生的事业，因此当20世纪80年代他与沈从文隔洋通话后，他对于两人事业的类同甚为欣慰。"知道老师把研究的对象移到古今衣饰图样上去了，我感觉到我和老师更加接近了，因为和古画的断代密切相关，这是我后来从事博物馆研究的主要课题。"

后来，李霖灿在中国书画领域的研究著作一本接着一本出版，他曾说过一句话："中国书画史若是由外国人来，那将是国人的一种耻辱。"

在提到自己一生做两件事业，即玉龙看雪和故宫看画时，李霖灿特别对沈从文提及："而二者都和老师有关：前者是您这篇边疆行的小说，后者则是衣饰纹样和名画断代。"

后来到了台湾的李霖灿深知不能再回大陆，心里却常常怀念沈从文，"昆明旧梦依稀，高原的凉风爽人胸襟"。当听说沈从文在大陆有段时间接连受到不公平待遇时，李霖灿悲从中来，他无法想象心中可敬的老作家会去扫厕所，"叫做斯文扫地！绝！"当得知沈从文一头钻进古代服饰纹样中做研究，并对书画文物时做考据时，李霖灿曾一度以为这是沈从文在"避祸"，但"其情实在可悯"！一想到老师沈从文在辛苦做研究时顾不上正常饮食，只得在吃馒饭前先吃消炎片时，李霖灿不禁潸然落泪。

而远在海峡彼岸的沈从文在遭受着命运大考验时，仍不忘李霖灿。1949年3月初，沈从文写下了个人自白式的长文《关于西南漆器及其他》，文中自传式的内容多次提及重要的朋友李霖灿：

　　　　关于西南漆器的收集，截到现在为止，就个人所知，北大博物馆所有的十余器，还是一般工艺美术问题上未讨论到的事情。这些器物有助于吾人对西南文化的探索，事显而易见。但是这些器物的收集，即从个人的幻想触机而得。这幻想还影响到另外两个朋友更伟大的探索与发现，即滇西大雪山的自然景物雄伟与清奇处，第一回由一个国画家保留了下来。古宗族么些文象形字典，又由另一人积十年辛勤终于产生。这两种收获，在近十年个人工作记录中，实创造了一种新纪录，值得重视。

　　　　一面是仅此小小事物，即可见出古典传统与区域性风格的混和，一面是天时地利又如此美好，人事如此素朴……其时有两个习美术的年青朋友常相过从，由于工作问题谈到工作方式，因此极力鼓励他们向云南西部深入旅行。因为根据气候和地理，又与印缅国境毗连关系，都可推测得出，这个区域必有些为历史所不具的文化残余，值得特别注意。……这两个朋友当真就携带了点简单行李，和些些用费，向滇西作现代徐霞客去了。过一年后，他们的大雪山游简和么些文初步研究报告，就寄回昆明来了。他们先用丽江做根据地，绕雪山探江源，前后作了八年徐霞客。一个习国画，竟在雪山边作了上千件雪山景物；一个由风景记录者开始，后来竟成为么些文字专家，沉沉默默八年努力，结果竟成为西南文化唯一的开荒者。那些游记和报告，增加了世人对于这地方剩余潜伏文化的浓厚兴味，而我还分享了朋友发现西南的光荣。这两个朋友都可说是云南人的好朋友，完成了一种庄严而艰苦工作！[1]

《关于西南漆器及其他》洋洋万言，只是文中并没有出现李霖灿的名字，不知道这是为了避嫌还是一时疏忽了，写毕后他又注明"解放前最后一个文件"。此"解放"当然是"解脱"的意思，因为沈从文在写完此文后便陷入"孤寂而荒凉"的境地，不久后甚至一度自杀。

或许正是因为对物质文化史研究的执着，沈从文才得以一步步走出了低谷，尽管其间一再遇挫，甚至连苦心撰写的稿件也被摧残破坏。值得欣慰的是，在沈从文的一再坚持之下，他的重要研究成果《中国古代服饰研究》最后终于在香港得以出版，此后这部大作成为中国物质文化史上不可忽略的重要参考书。

李霖灿闻讯后大为欣喜，"我们师徒，都成了博物馆员，而且老师所研究的，不仅资料正确可靠，而且可以对我这个学生有很大的订正和启发。如所谓的《韩熙载夜宴图》，我们虽然承认这是一幅极好的人物画，但屏风上的山水布局却令人一直怀疑，等到看到沈老师以陈设及叉手的考证说明此画不可能早于北宋，二证会师，这幅画的年代就有了新的决定，画坛一疑遂得解决"[2]。

要知道李霖灿在辨别古画上也是颇有独创心得，1958年8月5日李霖灿通过画方格的方法，在宋画《溪山行旅图》上发现了范宽的名字，大为欣喜，尽管这个签名还有待争论，但毕竟是他的一大收获。因此李霖灿还盼着能与沈从文聚会，或者联手做一些事情。"师徒分久必合，一合手便可以使中国艺术史解决不少的问题。什么时候才能作彻夜的细谈呢？师徒二人，此生此世，当尚有一线希望存在！"

两岸通信后，李霖灿与沈从文往来书信不断，但是到了20世

[1] 沈从文：《关于西南漆器及其他》，载《沈从文全集》第27卷，第20，30—31页。
[2] 李霖灿：《沈从文老师和我》，载《西湖雪山故人情——艺坛师友录》，第74页。

纪80年代后期，沈从文患上脑卒中了，回信都是由夫人张兆和执笔。但沈从文总是会坚定地在信的最后落定"后会有期"四字。这无疑也给了李霖灿以信心：老师宝刀未老，我们一定后会有期。

无奈时间不等人，最终两人错过了人间聚会，七十七岁的李霖灿在悼念沈从文的信中提及："您最后信上最后一句话是'后会有期'，我在纪念您的这篇文章里咬定牙根不说一句悲伤的话，只学江湖好汉一样地向你说道：为期不远！"

每每在追念沈从文老师的时候，李霖灿都会想起那个遥远的战乱年代，他一个刚毕业的学生，初到边疆，要为一个理想去闯一个陌生地方，很多人都加以劝阻，唯有沈从文拍拍胸脯对他说："年轻人，只管去（做梦），我，全力支持你！"

1991年4月16日，著名纳西族社会学学者杨福泉受李霖灿先生多年前所托，将李霖灿的一缕白发带回云南埋葬在玉龙雪山上。杨福泉先生后来撰文回忆："我1985年至1988年在德国游学，受李霖灿先生所托，将他辗转万里寄到德国的一缕白发带回云南，遵其所嘱，择一个清秋之日，将它埋葬在玉龙雪山上。在替这位曾经在抗日战争期间留连云南多年的山水奇人瘗发的过程中，又知道了他的老师沈从文、同学吴冠中这两个艺苑精灵与玉龙雪山结缘的美丽故事。"[1]

相信李霖灿心里浮现出这个深沉的意愿时，一定会想到那段堪比玉龙雪山、金沙江水的真挚友谊。"因人成事，古有明言，凡是在这里所叙述到的朋友，不论老少，不计存殁，不问尊卑，我都永远怀念他们，感激他们和景仰他们，因为在玉龙雪山上的萤萤太古绿雪看来，一切都千年一瞬亘古常新也。"[2]这一年，沈从文先生已经去世三年了。

---

[1] 杨福泉：《沈从文留在玉龙雪山的惆怅》，载《光明日报》，2004年8月5日。

[2] 李霖灿：《瘗发记》，载《阳春白雪集》，台北：雄狮图书股份有限公司，1992年，第122—123页。

第五章　林徽因：暮秋梦远，一辈古人

1935年在北平的沈从文（沈龙朱/绘）

初闯入北京的沈从文早期进入香山慈幼院获得一份工作，是梁启超帮忙向熊希龄介绍的。那时沈从文可能是第一次与梁家有所交往。而他真正走进梁家认识梁思成与林徽因却是因为徐志摩的介绍。

沈从文与梁思成、林徽因相识后，更多的是与林徽因谈及文学的话题，林徽因还曾为沈从文主编的刊物撰写过小说和散文。后来，沈从文还把萧乾带进了林徽因家"太太的客厅"。萧乾为此曾撰文大赞林徽因的才气和气质，虽然处于病中，但见不到病容愁绪，林徽因着一套骑马装，飒爽、热情、健谈……自此，萧乾便与这位才女成为一生的挚交。

情感问题的倾诉

1933年11月中旬，林徽因致信沈从文："十一月的日子我最消化不了，听听风知道枫叶又凋零得不堪，只想哭。昨天哭出的几行勉强叫它做诗，日后呈正。"[1]

在这封信里，林徽因还提及，她看到了沈从文编辑刊发的萧乾作品《蚕》，说可以见见这位作者："萧先生文章甚有味儿。我喜欢，能见到当感到畅快。你说的是否礼拜五？如果是，下午五时在家里候教，如嫌晚，星六早上也一样可以的。"

对于林徽因的复杂心境，沈从文多少是有些了解的，她好客，也好谈论，与朋友们在一起，或许能够多少消除一些她的愁绪。因此沈从文很快致信给萧乾，大意是说一位绝顶聪明的小姐看上了他那篇《蚕》，要请他去她家吃茶，并向萧乾征求下具体时间。

后来这场约会就定在了那个星期六的上午。在萧乾后来的回忆里，这次见面非比寻常："那几天我喜得真是有些坐立不安，老

[1] 林徽因：《林徽因全集》（NO.2），北京：新世界出版社，2012年，第183页。

早就把我那件蓝布大褂洗得干干净净，把一双旧皮鞋擦了又擦。星期六吃过早饭我蹬上脚踏车，斜穿过大钟寺进城了。两小时后，我就羞怯怯地随着沈先生从达子营跨进了北总布胡同那间有名的'太太的客厅'。那是我第一次见到林徽因。"

病中的林徽因依然优雅、健谈，而且思维敏捷，精力旺盛，当时在场的梁思成和金岳霖只是坐在沙发上抽烟斗并聆听林徽因的谈论，这一切都给萧乾留下了深刻的印象。当然，这些情景也同样感染着在现场的沈从文。无疑，这样的女性是真诚的、独立的，也是值得信赖的。后来当沈从文遇到了情感上的困惑时，自然想到向她求助。

林徽因的好友费慰梅曾写过回忆，其中就提到沈从文与林徽因的友谊："写《边城》的著名小说家沈从文在湘西的偏远山城长大。他早年在湘西一带当过兵，往来于川、湘、鄂、黔等省边区，经历了各种生活。二十岁时受'五四运动'余波的影响，奔赴北京，开始其文学生涯。现在他住在北京，以他早年的生活经历写成了许多小说。他一度在清华[1]教书。一九三四年，他当上了《大公报》文艺副刊的主编，而徽因的大部分作品都在那里发表。他和徽因差不多年纪，她很喜欢他作品的艺术性和它们所描述的那种奇异的生活——距离她自己的经历是如此遥远。他们之间发展出一种熟稔的友谊，徽因对沈从文有一种母亲般的关怀，而他就像她的儿子一样，一有问题就去找她商量，找她想办法。"[2]

费慰梅早年在北平时曾频繁出入梁家，也是林徽因的挚友之一，应该说她是见证了林徽因与一些朋友的交往的。在她的印象中，沈从文在遇到感情的问题时曾向林徽因求助过。从这方面也可以看出沈从文对于林徽因的信任，同时还有林徽因能够区别于他人的理解之心。

根据费慰梅的回忆："一个例子是，沈从文所爱的年轻妻子回

---

[1] 应该是北京大学。

[2] 费慰梅:《林徽因与梁思成》，成寒译，北京：法律出版社，2010年，第79页。

南方娘家去了，把他一个人暂时留在了北京。一天早晨，他几乎是哭着赶到梁家，来寻求徽因的安慰。他告诉她，他每天都给妻子写信，把他的感觉、情绪和想法告诉她。接着，他拿出刚刚收到的一封妻子的来信给她看，就是这封信造成了他的痛苦。……对徽因来说，这样琐屑的感情纠葛也是习以为常的生活内容。"[1]

从沈从文与林徽因的来往书信看，这件事应该发生在1936年年初。当时林徽因曾专门回信给沈从文详解其中的渊源，并建议他再去找金岳霖谈谈看："世间事有你想不到的那么古怪，你的信来的时候正遇到我双手托着头在自恨自伤的一片苦楚的情绪中熬着。在廿四个钟头中，我前前后后，理智的，客观的，把许多纠纷痛苦和挣扎或希望或颓废的细目通通看过好几遍，一方面展开事实观察，一方面分析自己的性格情绪历史，别人的性格情绪历史，两人或两人以上互相的生活，情绪和历史，我只感到一种悲哀，失望，对自己对生活全都失望无兴趣。我觉得像我这样的人应该死去；减少自己及别人的痛苦！这或是暂时的一种情绪，一会儿希望会好。"[2]

林徽因在这封长信中一方面表达对沈从文情绪痛苦的同情和理解，一方面又表达她自己也陷入感情生活的痛苦之中，并说"在情感上我却很羡慕你那么积极那么热烈，那么丰富的情绪"。此时的林徽因也在经历感情的折磨，她说自己已经整整哭了二十四小时，因此沈从文的经历反倒使她也在做着反省。

林徽因在信中劝说沈从文："想做的事太多，并且互相冲突时，拣最想做——想做到顾不得旁的牺牲——的事做，未做时心中发生纠纷是免不了的，做后最用不着后悔，因为你既会去做，那桩事便一定是不可免的，别尽着罪过自己。""二哥，别太虐待自己，有空来我这里，咱们再费点时间讨论讨论它，你还可以告诉我一点实在情形。……你一定得同老金（金岳霖）谈谈，他真

---

[1] 费慰梅：《林徽因与梁思成》，第80页。

[2] 林徽因：《林徽因全集》（NO.2），第184页。

是能了解同时又极客观极同情极懂得人性，虽然他自己并不一定会提起他的历史。"

后来，林徽因还把这件事告知了好友费慰梅，费则对此抱着一种对人性好奇和探索的心理，并且以此说明文学创作的新锐和永无止境。"要是我写一篇故事，有这般情节，并（像他那样）为之辩解，人们会认为我瞎编，不近情理。可是，不管你接不接受，这就是事实。而恰恰又是他，这个安静、善解人意、'多情'而又'坚毅'的人，一位小说家，又是如此一个天才。他使自己陷入这样一种感情纠葛，像任何一个初出茅庐的小青年一样，对这种事陷于绝望。他的诗人气质造了他自己的反，使他对生活和其中的冲突茫然不知所措，这使我想到了雪莱，也回想起了志摩与他世俗苦痛的拼搏。可我禁不住觉得好玩。他那天早上竟是那么的迷人和讨人喜欢！而我坐在那里，又老又疲惫地跟他谈，骂他、劝他，和他讨论生活及其曲折，人类的天性、其动人之处及其中的悲剧、理想和现实……"[1]

显然，林徽因是能够理解沈从文所倾诉的情感困惑的，因为他们都拥有着不同于常人的作家思维和诗性的情绪。某种程度来说，沈从文身上或许有着与徐志摩类同的诗人气息。

因此也可以说，沈从文与林徽因的交往，使人很自然地想到了已经去世多年的徐志摩。

徐志摩在生前也曾因为感情问题向好友沈从文倾诉，其中势必会牵涉林徽因。因此当徐志摩去世后，沈从文及时致信胡适，希望能够妥善处理徐志摩的遗物，尤其是一些私人日记和书信，他建议徐志摩和陆小曼的一些东西没有必要给林徽因看，应该先交给中间人凌叔华保存，这样既是对徐志摩的负责，更是基于对林徽因心情感受的考虑。

---

[1] 费慰梅：《林徽因与梁思成》，第80页。

热情好客的湘西人

在徐志摩去世后，可以看出来沈从文与林徽因交往颇多。沈家与梁家也常有来往。

谈论文学、文学刊物的发展、诗歌的趋势，林徽因与沈从文总是有着共同的话题。1936年3月31日沈从文致信胡适："《自由评论》有篇灵雨文章，说徽因一首诗不大容易懂（那意思是说不大通）。文章据说是实秋写的。若真是他写的，您应当劝他以后别写这种文章。因为徽因的那首诗很明白，佩弦、孟实、公超、念生……大家都懂，都不觉得'不通'，那文章却实在写的不大好。"

或许正是因为有着同样的文学理念和对诗歌的理解，使得沈从文有必要站出来为林徽因的诗作做诠释，他很欣赏林徽因的才情，希望她能够不受干扰继续创作。或许梁实秋为了某些观点只是随手举了例子，但在沈从文看来，有失公允的评论不应该是针对林徽因的作品。

在此后的战争时期，沈从文与梁思成、林徽因更是一路多次相伴，一同迁移到了昆明。

沈从文一度先期到达武汉珞珈山时，梁思成和林徽因则到了长沙。林徽因于1937年10月致信沈从文说："现在第一件事要告诉你的就是我们又都在距离相近的一处了。"在信中林徽因还对未能在离开北平前去看看张兆和而表示歉疚，她说感觉像是自己把留在北平的好友故意狠心抛下似的。

陷于战争时局，一路遭受病痛折磨的林徽因只能听天由命，她说自己"心里有时像个药罐子"。但在此时，林徽因却对无法帮助于前线的战争而感到内疚，她分外同情在天气寒冷之下衣着单薄的前线战士，为此她致信沈从文："二哥，你想，我们该怎样的活着才有法子安顿这一副还未死透的良心？"

不久后，沈从文与杨振声、朱自清到长沙与林徽因、梁思成会合。当时沈从文还陪着林徽因、梁思成登上了长沙西南角的古迹建筑"天心阁",并接受地方友人的宴请。

后来,梁思成、林徽因一行因为要继续前往昆明,遂与沈从文等人在长沙分别。林徽因在别后致信沈从文:"在黑暗中,在车站铁篷子底分别,很有种清凉味道,尤其是走的人没有找着车位,车上又没有灯,送的打着雨伞,天上落着很凄楚的雨,地下一块亮一块黑的反映着泥水洼,满车站的兵开拔到前线的,受伤开回到后方的!那晚上很代表我们这一向所过的日子的最黯淡的底层,这些日子表面上固然还留一点未曾全褪败的颜色。"[1]

在信中,林徽因一再述及自身肺病的痛苦和折磨,她对未来的日子充满着消极和绝望,同时还有心里的孤独和冷寂。她提起了少时随父在英国居住的情形,父亲忙于公务演讲,她一个人闷到了极点,一个人吃饭,一个人咬着手指头哭。"理想的我老希望着生活有点浪漫的发生,或是有个人叩下门走进来坐在我对面同我谈话,或是同我同坐在楼上炉边给我讲故事,最要紧的还是有个人要来爱我。我做着所有女孩做的梦。"她毫无顾忌地向他袒露心扉,尽情倾诉着自己的烦恼和痛苦,就像是对着家中的一位老者,或是交往多年的挚友。

在此之后,林徽因又写了好几封信给沈从文,叙述其一路逃难过程和心绪。在这期间,林徽因和梁思成还路过了沈从文的家乡湘西沅陵,并得到了沈家的热情帮助,使得梁思成和林徽因颇为感恩。在这之前,沈从文专门致信在家的大哥沈云麓,请他在林徽因、梁思成经过时提供必要的照顾和帮助。

当林徽因和梁思成还在长沙时,沈从文就致信沈云麓,请他买上二十斤猪肉做成熏腊肉,一半寄到长沙来给杨振声等人吃,余下的给路过的梁思成夫妇带走:"若思成等过路太匆忙,不能住,就望为购二三元溆浦大开刀橘,送他们解渴。另外还预备点可以在路上吃的菜,譬如保靖的皮蛋,龙山的大头菜,安江的柚

---

[1] 林徽因:《林徽因全集》(NO.2),第192页。

子，家作的卤鸡。"

对于梁思成和林徽因及他们的孩子，还有梁家老人可能路过湘西自己家里这件事，沈从文是格外的热情和用心，他早早致信大哥沈云麓，说到时一定要解决两件大事。一是带他们去看看辰州龙兴寺。"你能不能设法，向当地大老、绅士、和尚、驻军（也许驻了军队）设法，使他们得到种种便利，可以好好的看一看这座大庙。"

沈从文深知梁思成与林徽因对于中国古建研究的投入，希望他们能够看看湘西这座据说有千年历史的古刹。为了节省梁思成一行的时间，并确保龙兴寺是值得一看的，沈从文还以个人对古建筑的研究常识拜托沈云麓先期去实地拍照，或是弄几张照片寄到长沙来给梁思成和林徽因看看，以便他们作为研究使用。

还有一件事是解决梁思成一家人的住处问题，沈从文主要是考虑到梁家老人和孩子在路上行车十天八天的劳累，"我相信他们若住在我们的房子大楼上，看看你种的花，吃吃你作的拿手好菜（只是辣子得少放些），住十天或半个月，上路一定好得多。……上路时，最好是为作点暴腌肉和牛肉巴子等物。若他们来了，招待需廿卅，我当设法为你汇来"。

当时的沈从文生活仍然处于艰难时期，甚至有时要靠向亲戚借钱生活，而远在北平的张兆和与两个孩子也是生活拮据。即使是在这一境况之下，沈从文对于朋友的事项总是一如既往地热情和用心。

1937年12月9日，梁思成和林徽因一家人来到了沅陵，这里风景宜人，主人热情，给他们留下了深刻而愉悦的印象。为此林徽因在经过之后致信沈从文说，战争结束后一定要再来沅陵："沿途景物又秀丽又雄壮的就使我们想到你二哥对这些苍翠的，天排布的深浅山头，碧绿的水和其间稍稍带点天真的人为的点缀，如何的亲切爱好，感到一种愉快。天气是好到不能更好，我说如果不是在这战期中时时心里负着一种哀愁的话，这旅行真是不知几世修来。……今天来到沅陵，风景愈来愈妙，有时颇疑心有翠翠这种的人物在！沅陵城也极好玩，我爱极了。你老兄的房子在小山上，非常别致有雅趣，原来你一家子都是敏感的有精致爱好的。我同思成带了两个孩子来找他，意外还见到你的三弟，新从前线回来，他伤愈，可以拐杖走路。他们待我们太好！（个个性情都有点像你处）。我们真欢喜极了，都又感到太打扰得他们有点不过意。虽然，有半天工夫在那楼上廊子上坐着谈天，可是我真感到有无限亲切。沅陵的风景，沅陵的城市，同沅陵的人物，在我们心里是一片很完整的记忆，我愿意再回到沅陵一次，无论什么时候，最好当然是打完仗！"[1]

在信中，林徽因全家对沈从文家人的热情招待感到非常亲切，在沈从文那美丽的家乡短暂居留后，林徽因精神大好，很是受到鼓励，对生活的前景也是大为乐观。她致信沈从文说："只要有着信心，我们还要再见的呢。"

但是当到达昆明之后，林徽因又因受到现实困境和生活窘迫之影响，身心再次陷入忧郁。当时为了应付高价房租，林徽因要爬山行远去云大执教，以补贴家庭收入，但仍常常入不敷出。同时，林徽因还为自己在此时不得不丢掉心仪的古建筑研究而感到难过。

那一时期的昆明，各地知识分子云集，从而出现了一种"抬举"梁启超先生思想之风，由此波及在此维持生计的梁思成夫妇。为此，林徽因只得向沈从文"诉苦"："到如今我还不大明白我们来到昆明是做生意，是'走江湖'还是做'社会性的骗子'——因为梁家老太爷的名分，人家抬举这对愚夫妇，所以我们是常常有些阔绰的应酬需要我们笑脸的应付——这样说来好像是牢骚，其实也不尽然，事实上就是情感良心均不得均衡！"[2]

除了现实生活中的种种困惑，林徽因心里还积蕴着抑郁的情绪，她怀着满心的信任向沈从文倾诉，并在信中自问："我问我自

[1] 林徽因：《林徽因全集》（NO.2），第195—196页。
[2] 1938年春林徽因致沈从文的信，载《林徽因全集》，第198—199页。

己三十年底下都剩一些什么……"

此时林徽因正在步入不惑之年，她在此时到底在感怀和内疚些什么呢？恐怕沈从文也难以给出解答。但对于林徽因来说，能有一个好朋友供她倾诉，就足够了。

特殊的家人

时间倏忽来到了1948年年底，沈从文在被打成"粉红文人"后遭受重重压力，精神几近崩溃。"爸爸心中的频频爆炸，才刚开始，逐渐陷进一种孤立下沉无可攀援的绝望境界。……在全国正有几百万人殊死搏斗的时刻，一个游离于两大阵营之外的文人病了，事情实在微不足道，但却给一切关心他的左倾右倾朋友添了麻烦。大家跑来探望，带着围城中难得的食物，说着这样那样宽慰的话，都无济于事。"[1]

最终梁思成和林徽因出面帮助解决了问题，他们邀请沈从文去他们所在的清华园家中休养。"从文：听念生谈起近状，我们大家至为惦念。现在我们想请你出来住几天。此间情形非常良好，一切安定。你出来可住老金家里，吃饭当然在我们家。我们切盼你出来，同时可看看此间'空气'，我想此间'空气'，比城内比较安静得多。"[2]

在家人和友人的劝说之下，沈从文在1949年1月底入住较为清静的清华园。当时正值春节前夕，好友罗念生前来把他接过去。沈从文次子沈虎雏记得很清楚："二十九过年，好多朋友来拜年，问长问短。妈妈独自应接，强作笑脸，明显憔悴了。这个年真没

---

[1] 沈虎雏：《团聚》，载江丕栋、陈莹、闻立欣等编著：《老北大宿舍纪事（1946—1952）：中老胡同三十二号》，北京：北京大学出版社，2011年7月，第362—363页。

[2] 1949年1月27日梁思成致沈从文的信，载《从文自传》，第153页。

劲，我们都想着几十里外，另一个天地的爸爸。"那一时期，沈从文俨然成了梁家一位成员，说是"一位特殊的家人"也不为过。

在入住清华园初期，沈从文依旧被精神紊乱折磨着。他茫然四顾，意志消沉。张兆和频繁致信给他，希望他能在朋友们帮助下早日走出困境。"后来中和来了，说起你一路情形，说起见到思成一家人，你们一同吃饭情形，我想到你在那样朋友环境中精神兴致都会比较好，我也高兴了。……多同老金、思成夫妇谈话，多同从诚姐弟玩，学一学志摩永远不老的青春气息，太消沉了，不是求生之道，文章固不必写，信也是少写为是。"[1]

张兆和在信中力劝沈从文要多与朋友们接触，就像是他从前那样对朋友的热情，同时更要依靠自己的意志力彻底实现恢复，不只是为了朋友，更是为了家人，为了国家。但沈从文仍是"一意孤行"。他曾多次在张兆和的来信上做批语，其中有言："小妈妈，你不用来信，我可有可无，凡事都这样，因为明白生命不过如此。一切和我都已游离。这里大家招待我，如活祭，各按情分领受，真应了佛家所谓因果缘法。其实真有人肯帮助我是给我足量的一点儿。我很需要休息。这对大家都不是坏事。一个柔和结尾，有什么坏。"[2]

对于沈从文在清华园的情况，张兆和多少有点无能为力，毕竟隔着一段距离，而且他们当时在认识上有所分歧。此时的张兆和只能致信梁思成、林徽因求助。梁思成和林徽因始终怀着真诚之心给予帮助，他们首先对于张兆和的信任感到欣慰，并详细转达了沈从文在此的生活细节种种，其中转达的细节颇为用心。如沈从文在此来往的朋友，如几点吃早饭、饭后做什么，如几点吃安眠药，并且特别强调说安眠药是由极令人信任的好友金岳霖负责按时发放，确保沈从文在此无恙。

---

[1] 1949年1月28日张兆和致沈从文的信，载《从文自传》，第157页。

[2] 1949年1月30日张兆和致沈从文的信（沈从文批语·复张兆和），载《从文自传》，第161页。

令人欣慰的是，在此入住一段时间后，沈从文的睡眠渐渐得到改善。病中的林徽因致信张兆和："二哥第一天来时精神的确紧张，当晚显然疲倦但心绪却愈来愈开朗。第二天更显愉快，但据说仍睡不多，所以我又换了一种安眠药，交老金三粒（每晚代发一粒给二哥），且主动临睡喝热牛奶一杯。……看三天来的进步，请你放心他的一切。……您自己可也要多多休息才好，如果家中能托人，一家都来这边，就把金家给你们住，老金住我们书房如去年也极方便。"[1]

梁思成、林徽因一家给予沈从文的无微不至的照顾，使得张兆和极为感动，她在致信沈从文时一再表达自己的感动，并期望沈从文能在这人间真诚的友情前再次站起来。"王逊来，带来你的信和梁氏贤伉俪的信，我读了信，心里软弱得很。难得人间还有这样友情，我一直很强健，觉得无论如何要坚强地扶持你度过这个困难（过年时不惜勉强打起笑容去到处拜年），我想我什么困难，什么耻辱，都能够忍受。可是人家对我们好，无所取偿的对我们好，感动得我心里好难过！……王逊走后我哭了一阵，但心里很舒畅。……听说徽因因自己也犯气喘，很希望你能够振作起精神，别把自己的忧虑增加朋友的忧虑，你的身体同神经能在他们家里恢复健康，欢喜的当不止她一人。"[2]

在梁思成、林徽因、金岳霖、张奚若、王逊等朋友们的帮助和照顾下，在张兆和一再的鼓励下，沈从文渐渐恢复了原有的神智和理性。他在回复张兆和信中也开始树立了信心："我在重造自己。"

虽然沈从文的前景还尚不明朗，但他毕竟是有了点向前的信心，这使得张兆和大为欣慰，她致信林徽因、梁思成一再表达谢意，并对林徽因的病情表示关心："你们为二哥起居生活安排的太好了。他来信说，住在你们那里一切都好，只是增加了主人的情绪担负，希望莫为他过分操心，就安心了。他又说，正在调整自

[1] 1949年1月30梁思成、林徽因致张兆和的信，载《从文自传》，第163—164页。
[2] 1949年2月1日张兆和致沈从文的信，载《从文自传》，第165页。

己，努力改造自己，务使适应新的未来。我相信他的话。希望他在清华园休息一阵子，果然因身心舒畅，对事事物物有一种新看法，不再苦恼自己，才不辜负贤伉俪和岳公、熙公们的好意。听王逊说，徽因先生招了凉，犯气喘，间或还发烧，望能多休息、少说话，别为二哥反疏忽了自己。"[1]

很难想象孤立无援的沈从文如果没有林徽因、梁思成一家及几位挚友的相助，会如何渡过难关，只要看看他那一段时间的书信和日记，即可发现他已经把自己从这世界彻底孤立了出去。沈家人在很多年后回忆起这段往事时还是心怀感恩。沈龙朱就曾说："父亲应该说是非常崇拜他们的。你想，我父亲最困难的时候，就是一九四八年底一九四九年初，那时候还没解放，梁思成、金岳霖，把他带到清华，住了一阵子，就是希望他能缓解思想上的一些压力，你说不是好朋友能这样吗？那时候清华已经算解放了，城里头还是兵临城下，是个围城。"[2]

这一时期的沈从文变得格外敏感和悲观，常常患得患失，走向极端。1949年3月28日在两次自杀及时被家人发现后，从此就进入精神病院疗养。

即使是在住院治疗前期，沈从文仍是消沉不改，"听到隔院笑语和哭泣，哭泣声似从一留声机片上放出，所以反复相同，而在旁放送者笑语即由之而起。人生如此不相通，使人悲悯"。

但是在沈从文的日记里却又有另外一种决心："我要新生，在一切毁谤和侮辱打击与斗争中，得回我应得的新生。我有什么理由今天被人捉去杀头？这不是我应得的。"[3]

最终沈从文还是在一众朋友的帮助和家人的鼓励下走出了困境。随着他1949年8月进入国立历史博物馆工作，开始了他颇感兴趣的文物研究，他的精神生活终于步入了新的轨道。

---

[1] 1949年2月2日张兆和致林徽因、梁思成的信，载《从文自传》，第169页。

[2] 刘红庆：《沈从文家事》，第240页。

[3] 沈从文：1949年4月6日日记，载《从文自传》，第181页。

沈从文的文学作品后来一度处于"封锁"状态，但林徽因却一直怀念着他作品的美好和生动。后来与梁思成结合的林洙女士曾回忆："又有一次林先生（林徽因）讲完了英语，问我哪个学科有兴趣时，我说我爱好文学，但自知不是这块料，所以也不准备向这方面发展，只是爱好而已。她问我喜欢哪个作家的作品。我说国外的太多了，但是中国的作家我只喜欢沈从文的，其次是曹禺的剧本。她听了非常高兴，滔滔不绝地和我谈论沈从文的作品，并说现在这样对待沈从文是不公正的。解放区著名的作家赵树理的作品就受沈从文的影响很深……"[1]

从沈从文的作品里，林徽因不只是读到了文学的黄金时代，更读到了她自己曾一路走过来的黄金时代。

暮秋梦远，故人不再

20世纪50年代，梁思成、林徽因陷入几乎与沈从文同样的无助和痛苦境遇中。1955年4月1日，林徽因因病离世，享年51岁。"暮秋梦远，一首诗似的寂寞，真怕看光影，花般洒在满墙。"（林徽因《空想》）

1955年8月31日，沈从文致信沈云麓提及林徽因的去世："几年来熟人都在陆续成古人，思永、徽因、朱佩弦、丹波、洪深、令人感到警惕，必须好好多为人民做点事情，不然真是对不起时代。……看到这些熟人死去，只想怎么来多为国家做点事才好。再不把一切能力用出来真不是人。但是做什么好？我不免茫然。近来在学习中一经批评，工作信心又通通摧毁了。本意以为搞丝绸服装和工艺问题，可以节省年青人摸索精力。又怕是和作小说一样，和人民需要脱离，完全无意义！工作不知从何作起，就更

[1] 费慰梅：《林徽因与梁思成》，第206—207页。

对人民有用些，也免得总犯错误！”沈从文的茫然或许只是缺乏理解的心理反应，随着故人先后离去，还有多少朋友能真正理解沈从文呢？

1962年8月，沈从文随大批作家到大连参加农村题材短篇小说创作座谈会。会上不少作家劝沈从文写写小说，但他似乎并无兴趣，他最终把视线落在了同来参会的老友金岳霖身上。

沈从文用他的妙笔勾勒出一位与众不同的哲学家身处在哄哄闹闹的世界之中：“老金只有一个人坐在客厅里翻扑克牌玩……我还记得清清楚楚他住在叔华家情形，后来搬到北总部胡同情形，和到昆明我们住处喂鸡情形。在这里看他客厅中一个人玩牌（和洋老太婆卜课一样），我坐拢去问他，他说‘无聊’才玩这个。同样是这两个字，用到他生活里，我才明白这两个字的分量。的确是有一点儿分量！人都说他‘怪’，神气的确怪，但事实上和他一熟，将承认他是个最近人情的人了……老金的‘寂寞’真是有点儿×，听说不久已可搬家，新住处将有四间房子可住，正是希望原来厨子回来管家，一个人不结婚到了老年，实在是相当惨，特别是到这么一种过渡社会情形里，所学的一行也没有充分得用机会，另外许多长处，年青人都学不来。趣味广博，知识广博，如和卅岁以下的年青人生活多有些接触，照理都可以使得卅岁以下的年青一代生活活得更扎实丰富，但却没有机会这么接近年青人了。等他搬新家后，我们全家福[1]带上张之佩去作一次客吧。”[2]

沈从文这些话看似是对金岳霖的同情和理解，其实何尝不是对同时期老友们相同境遇的心声抒发？

到晚年时，沈从文仍是一如既往地想着老朋友们，回顾他漫长的一生，友情在他身上占据着无可替代的重要地位。因此他在1981年忆及徐志摩等众多老友时提及：“人的生命会忽然泯灭，而纯挚无私的友情却长远坚固永在，且无疑能持久延续，能发展扩大。”

---

[1]“全家福”指全家人，张之佩后来与沈虎雏结婚。

[2] 1962年8月3日沈从文致张兆和的信，载《沈从文全集》第21卷，第234—235页。

第六章　彭子冈：古道热肠，心声共识

1938年在沅陵的沈从文（沈龙朱/绘）

1946年夏季即将结束时，沈从文从上海飞回北平，准备到北京大学执教。在多年的战事中，沈从文一直未曾停止创作，这位知名作家的回归，很快引起了《大公报》记者彭子冈和徐盈的注意，他们早早与沈从文预约了采访。

那年8月31日，彭子冈、徐盈终于在北平约见到了沈从文。在采访中，沈从文详谈了自己的创作心得，并就社会上对他关心的热点问题做了详细回复。沈从文在回答时言语坦诚，态度中肯，很是感染了彭子冈。随后彭子冈很快采写出一篇《沈从文在北平》，这篇访谈记文笔散淡，语言活泼，内中蕴含着善意的幽默，应该说很是抓住了沈从文的性格特点，记录了沈从文在抗战结束后回归北平时的思想表现。

自此次采访之后，沈从文与彭子冈（下称子冈）、徐盈夫妇成为好友，双方的友谊一直保持到晚年。沈家与徐家的交往一直持续到了他们的下一代，子冈之子徐城北与沈龙朱、沈虎雏也都是很多年的好友。

以文会友，见字如面

1946年8月4日，沈从文对即将回到北平充满着期待。北京大学的聘书已经发来，这位曾经在北平打拼数年却一直徘徊在主流文化圈之外的作家终于有了自己的位置。对未来，他充满着憧憬，对生活多年的北平也有了新的认识。他的散文《忆北平》在上海《大公报》上发表后，很快引起了一个记者的注意。

彭子冈，原名彭雪珍，笔名子冈，后多以笔名行世。她是《大公报》的记者，也是一位赫赫有名的女记者，曾被称为《大公报》"三剑客"之一。

子冈有着风风火火的性格、清新雅丽的文风、富有正义感的性情和丰富细腻的情感。同时她的成长经历也很特殊。她生于苏州书香门第，在苏州进步女校就学，却于乱世之中奔走在大江南北、前线后方，曾进入苏州监狱探访当时的政治犯"民国七君子"，从而写出了令人惊叹的文章，在新闻界以气节和风骨著称。

徐盈，生于重庆，长于北京，也是《大公报》著名记者，又是中共地下党员，对于当代经济史和近代戏剧颇有研究。

在读了沈从文发表在《大公报》上的《忆北平》后，子冈颇有感触。因为老家在苏州，子冈对于这位与苏州有着很大渊源的作家很感兴趣，听说沈从文已经于8月27日回归阔别多年的北平，子冈心里有很多疑问想要沈从文回答。8月29日下午，子冈与徐盈慕名前去拜访沈从文，地点在当时的沙滩北大教职员宿舍。"校工把我领到41号，门上有下著'湖南凤凰'的他的名片，可是门上一把锁。我告诉冯至先生，假如沈先生愿意接见一个记者和读者，请他给个电话。"[1]

两天过去了，子冈没有等到电话，她不甘心。8月31日午后，子冈和徐盈再次登门拜访沈从文。沈从文正在写信。巧的是他正在给子冈、徐盈写回信。"对不起您，使你空走一趟路。我因初来，各处熟人得看看，路又生疏，一天总不在家。几年来，读到你和徐先生文章，觉得钦佩得很。徐先生文章，在《国闻周报》时代，我们就选入教科书，作为理想的记叙文了。很希望过两天可以来帘子胡同看看你们，访访记者，写一篇访问记。……几年来在昆明和朋友说起记者，总把伉俪算在第一位……"[2]

见到子冈、徐盈后，沈从文很是惊异，太巧了，他正在给他们写信，两人就突然来到了眼前。至于说为什么没有回电话，沈从文说："十年不摸电话，不知怎么拨它。"

沈从文对子冈和徐盈并不陌生，两人的文章他曾多次读过，他还曾向子冈约写过小说。

三人一见如故，彼此畅所欲言。尽管沈从文的住处条件简陋，

[1] 子冈：《沈从文在北平》，载《长河不尽流——怀念沈从文先生》，第126页。
[2] 1946年8月31日沈从文致彭子冈的信，载《沈从文全集》第18卷，第441页。

三人却都觉得很适意。回归北平才四天的沈从文，谈性很浓，心里似乎有很多话想说。"客人占据了他仅有的两把椅子，主人便只好坐在覆了白被单，有一条绒毛毯的板床上。有点意外，这么玲珑瘦小的一个人写了80多本书，并不意外，文格与人格的形象，甚至内心是统一的，他全无半点湖南人的豪迈，却有点叫我怀疑《浮生六记》中的主人翁就该是这个样子，怪的是反而他的夫人张兆和是苏州人。白皙柔弱，鬓发匀淡淡的，两片白镜片后是一双和易近人的眼睛。好像他永远不会发怒似的。"[1]

子冈的确是个优秀的记者，第一次见面就抓住了沈从文的神情特征。沈从文对人温和如旧，在回应报纸上批评他"与人民脱节"时，他并不怒，耐心地做解释。这与他后来致信子冈说他征求来稿时"骂我的文章也登"是一致的。

沈从文说，人人要求进步，要求作家向人民学习，这并没有错。但作为作家，却是各自有不同的创作方式，似乎不必强求，"我自己是一个没受过教育的人，所以书也教不好；不习惯受管束，也不会管束别人，还是让我和年青人在一起，看了他们如何转变"。

他对子冈谈及，他本质上只想牢守一个读书人的本分，只想记录一个时代的乡村景象和小儿女的恩怨，以及青年们情绪的转变。尽管这些年生活清苦，沈从文却始终抱定自己的写作理想，坚定不移。在提到自己的版税收入时，沈从文有些黯然并无奈，"今年开明结算稿费，我拿到三百六十元，因为是按照伪币折合的。算起来要自己一本书十八年的版税才能买一本书，这是书店的制度"。

沈从文不无感慨地叹息："文化文化，原来我们就活到这么一种现实文化空气中，奇异的是活在这种文化空气中，居然还有人写……工作的庄严并未失去……原因是这种人明白现实尽管如

---

[1] 子冈：《沈从文在北平》，载《长河不尽流——怀念沈从文先生》，第127页。

何要不得，他的对面还有读者。"在这次访谈中，沈从文还特别提及一些年轻作家，其中他颇为推崇的是汪曾祺。

子冈在《沈从文在北平》一文的结尾处对沈从文的描写可谓刻画入微："如果你在北平的庙会或小胡同碰见一位提了网线袋、穿着一件灰色或淡褐色的毛质长衫、身材矮小瘦弱、一脸书卷气、眯着眼睛在书摊子上找旧书或是在找门牌号数，说一口湖南、北平、云南杂糅的普通话，那便是沈从文。你可以告诉他，他该去理发店理发啦。"

沈从文读了子冈发表在《大公报》上对他的访谈文章后，还特别致信给子冈："使我难受的不是批评，倒是许多善意访问（这是由你起始的！你还有幽默，其他的就只叫彩了），以及不大相宜的称许，由各种原因所寄托的希望，共同作成一种错觉。正像是既上了台，就得大声唱，唱得有声有色。多要几套大把戏。"

这一时期，子冈的小说作品也在沈从文所编的《大公报·星期文艺》刊登，沈从文常常是耐心地对她的文章进行修改，确保呈现出作品最好的状态。

在来来往往的书信中，沈从文一再阐述自己对有关他的作品批评意见的态度。沈从文说作者和批评者都应该得到自由发展才好，他倒是对于那些反对者在三五年后却改变了自己的态度感到失望。

子冈来自于苏州，在文中自然会谈及沈从文的太太张兆和女士，此时张兆和正带着两个儿子在苏州娘家暂住。沈从文就子冈在文中以他与《浮生六记》人物作比喻做了一点小小的"澄清"。"谢谢你对我那位太太的好意。我想下个月她来时，一定会和你能谈得来。她和丁玲就一见如故。她是个相当家常可又一脑子理想的人物，样子比文坛消息上传说得坏一点，头脑却比传说更稍好一点。学什么都快，糟的是嫁给我那么一个生命永远不成熟的人，因此除在家事中被称为好妻子，别方面发展都滞住了。即手中一支笔，也像是照俗话说的'一山不能藏二虎'，搁下了。你们听说我每天写一二信给太太，太太也来信，以为有趣，也有点好笑。可是那一年若发表出来时，却一定出人意外，因为内容完全不是诗，是大堆讨论，就像给朋友信一样，谈的是'问题'。我们的家完全和你说的沈三白相反，我们商量的全是廿岁头脑所旋转的，比你那位老弟还幼稚得多！"[1]

这是沈从文当时写给子冈的信，但却未曾寄，直到三十多年后沈从文在整理物品时才发现这封信，并寄给了子冈。沈从文在信文中"澄清"他们的生活是不同于《浮生六记》的，《浮生六记》是苏州一对普通夫妻寻常生活的自传，虽然家境贫寒，但却恩爱如初，以对琐屑生活的热爱抵御着悲郁无望的前景。而沈从文却不认同这一比喻，他与张兆和虽然也是身处窘境，但却始终怀着极大的希望和憧憬，从不绝望。当然，子冈显然是想隐喻他们夫妻情感的和睦，不管沈从文本人是否承认生活中有着《浮生六记》的影子，但子冈的这一提法却是新鲜的、值得玩味的。

从沈从文致子冈的信中可知，沈从文与子冈夫妇已经很是熟悉了，相互多有来往，沈从文还认识了子冈的弟弟彭华，彭华当时为中共北平方面的军事干部。

沈从文对于朋友的兴趣专业也很了解，他常常会读读徐盈有关工商经济方面的文章，他不让子冈和徐盈对他以老师相称，甚至还说要向他们学习才是："我倒正想用徐盈作老师，从他一切观点上来取得一点做人、应世、看社会、测未来的真正知识，好来着手用用这一支笔，切切实实作点事！……要听听徐盈谈谈写通讯，学习如何写，我相信徐盈和你都能教育他们，比张东荪或梁漱溟有益得多的。"[2]沈从文此说并非谦虚和恭维，他渴望着能够通过与子冈、徐盈的交往，从而多了解社会不同阶层、不同界别、不同信仰的人物情况，以充实自己的认知和写作。

同时，沈从文更希望结交社会各界的新朋友，彼此不必专业

[1] 1946年12月沈从文致彭子冈的信，载《沈从文全集》第18卷，第447—448页。
[2] 1946年12月27日沈从文致彭子冈的信，载《沈从文全集》第18卷，第447页。

相像，更不必是同一领域，当然前提是真诚，是坦诚，是从一而终的将心比心。

1971年，年近七旬的沈从文下放在湖北双溪艰苦劳动时，还没有忘记二十多年前子冈采写的那篇小文，他乐观而幽默地回复子冈和徐盈，说自己吃得还算好，生活的环境清静，"虽头发还经常一二月才理一次，表面上还不算太狼狈"。

在抗战结束后回到北京的二十多年中，沈从文与子冈、徐盈的友谊一直紧密维系着，这也是沈从文身处逆境时愿意与子冈夫妇保持书信交往的原因之一。

1947年10月，沈从文身处历史变革之中，疾病缠身仍继续坚守文学岗位，常常半夜呛血，胸闷难忍。子冈和徐盈得知后，很是着急，当时子冈因为脚伤不便外出，徐盈上门为沈从文送上珍贵的营养品——奶粉和鱼肝油。沈从文很是感动，但却不愿意接受："小病不足在意，只要不是全坏，不会一时倒下的。……我很羡慕更年青些的，能用一种赤忱诅咒当前而迎接未来。我呢，恐怕没有能如别的作家那么活泼身心，去未来时代与人争什么了。一涉争斗我就先倒！"[1]

朋友的关怀让沈从文感激不已，他在心里默默记着这份友情，但对于送来的礼物，却是坚决送回，并说这只是自己的习惯而已，他希望把这份礼物代为送给其他患病的作家，且不要提及"沈从文"三个字。

忘年交徐城北

在与沈从文的交往中，子冈和徐盈的长子徐城北也认识了沈从文，并在早期时就建立了联系，徐城北一度跟着沈从文做"学徒"。

---

[1] 1947年10月12日沈从文致徐盈的信，载《沈从文全集》第18卷，第478页。

1969年，从北京远赴新疆建设兵团工作多年的徐城北感到些许孤独而茫然，在此期间，他曾与沈从文保持着书信联系。沈从文在回信时对徐城北分析当时毕业生下乡大势，鼓励他安心在边疆工作，说："比起留在北京，无事遛街玩牌，有天渊之别！"

在信中，沈从文为让徐城北放心家里，他尽可能告知徐城北家中一切情况，如徐家大妹妹已经学会针灸，又如子冈、徐盈一切都好。并说，三年来，社会人事变化空前，不少熟人已经作古。欣慰的是北京已经结束了"武斗"，各单位也在释放被揪斗的人员，而沈从文本人就是被释放的一位。"我的定案过程特别简单，主要只说'写了六七十本黄色小说，编过反动《战国策》刊物，思想反动。但在政治问题上并未发现什么。（是思想认识世界观未得到根本改造，是人民内部矛盾。）'"

沈从文在信中告知徐城北说，老舍已死，巴金在上海的批斗会到场有二三万人，因此沈从文自述还算侥幸："我可算得是最小最小的！因为什么斗争会也未开过，长在高血压心脏病半休中过了三年，才不至于中途死去！"

徐城北喜欢写作，远在边疆工作，他希望写点短篇小说，为此他向沈从文征询意见。沈从文鼓励他可以尝试写写，只是不能抱太大的希望："有时间写写，总是有意义的学习。因为短篇'过三关'，还是有万千人得不断写个十年八年，才会见效。光学理论加上生活体验，还是不成功。掌握技术并不简单。其中似乎最容易的'文字关'，事实上不写个百十篇，长期从实践中明白甘苦，求掌握文字到'随心所欲'去使用，见出风格，是并不容易作到的。这工作我认为最好是不要希望过大，免得将来失望。"

沈从文深知写作这条路上的艰辛和不确定性，作为朋友，他当然不希望好友再去经历那种折磨。沈从文对徐城北说，他三十年的写作，结果却是完全失败。作品全部被禁，即使在台湾也成了禁书。他本有心再做个一百本试验看看，目前来看已无机会。即使是就眼下他所参与的博物馆文物学，似乎也正受"破四旧"

影响，恐怕还得改业。

年近七十岁的沈从文此时想到了可能还要改行，可是自己又能做什么呢？此时，此际，沈从文只能在信里向远在边疆的年轻朋友徐城北说说心里话，或许这也是一种无奈、一种悲郁，也可以说是一种友情的缘分。写作大半生，现在的工作只是每天在博物馆收收门票，"或每天收拾一二卫生间清洁卫生，抹抹大小便坑，倒还切实可行，别的劳动全办不下去了。……在检查时，我曾老老实实说，我是个'乡下人'，一切打算、思想、行为，全如乡下人，不容易理解。虽到大都市上层文化系统中鬼混了半世纪，本质上还是个乡下人。大家都笑，无一个人相信。可见在说话中，已少共同理解。他们那知道一个乡下人的悲剧性格和性格中的悲剧性，如何不同于一般作家或教授！如何不同于一个城市的高知！"

缺少理解，身边没有朋友，钟爱的事业几乎完全荒废，使得沈从文感到孤愁和无助。年轻的朋友徐城北有意进行小说创作，或许正好勾起了沈从文的愁绪。但也就是这位远在天山之边的忘年交的写作念头，再一次激发了沈从文创作短篇小说的念头，而且希望能够写上一批来证明自己的笔还不算衰老。"这几天，感觉到生命可用已有限，心脏恶化加剧。我也想到争抢时间，为国家作点事，把学的旧文化又完全放下，再来写廿卅个新型短篇，试试看，能不能突破自己过去限制，而且作来必超原来外面要求。"

沈从文到底是不服输的，也是不屈从的，他心里总是怀着创作的梦想，相信这样的拳拳之心也在鼓舞着有志写作的徐城北。徐城北后来撰文回忆那段往事时仍是感动不已：

> 一九六五年我离开北京去了新疆，次年"文化大革命"爆发，随后沈伯伯去了湖北干校，他夫人也去了同一个干校，在菜班当班长，两人不在一起。沈老每天提着饭盒去附近一个小学食堂打饭，路上看看天空的大雁，

再望望水中的游鱼，心中感慨无限，回到独居的草棚就用毛笔写成书信，然后从湖北寄给新疆的我。我读过后再转寄给湖北的父母。为什么要这么费事转？为了安全。我在新疆，旁边没人能认识沈老的毛笔字，甚至没人知道世界上还有他这么个人。母亲读后给我来信，要我努力背诵沈老信中的重要段落："那是人间最美好的感情，它本身也是最美好的文字。你如果有志文学，就不能放弃这手边的宝贝……"沈老信中抒发的感慨，新疆生产兵团的人是管不着的。我称呼这种做法叫"三地书"，甚至不亚于那有名的"两地书"。我至今手中保存着许多沈伯伯的信，有新中国成立前给我母亲与父亲的，也有"文革"期间写给我个人的。沈家二公子曾从我这借去复印，完了后又归还给我。他甚至有些嫉妒地说，其中有一封，是他父亲晚年抒发心中感慨最深的，"居然是写给你老弟的"云云。目前，这些信都已收进了三十二卷的《沈从文全集》……[1]

在十几年后，面对徐城北的又一次选择，沈从文则建议徐城北能够继承父母志业，充分发挥自己的长处，去开阔自己："城北我总希望他去作记者，写散文报道，生命可得到充分发展，三五年中，肯定会有好成绩。京戏在话剧、电影、新歌剧及地方性戏曲包围下，又在本身一套程式控制下，衣着则不分今古，编剧者受的束缚过大，虽能出'名角'，不会出什么'大编剧人材'。城北才气高，应摆脱这种不利业务，有的是路可走！"[2]

当提及文学评论著作时，沈从文还特地向徐城北推荐了香港作家司马长风的《现代中国文学史》三卷本，"我觉得除了把我习

[1] 徐城北：《永远的太老师沈从文》，载张中行、南怀瑾等著：《永远的温情》，北京：中国文联出版社，2009年，第33页。
[2] 1982年1月20日沈从文致徐盈、彭子冈的信，载《沈从文全集》第26卷，第347页。

作估计过高，为不大得体，此外这本书可以说很像一本有内容有分量的作品"。

沈从文还引用音乐的理论指导徐城北的写作技巧，使徐城北记忆深刻，受益匪浅。"记得，沈曾说过——写文章时也打开留声机，'悠扬的乐声潜入身体，钻入骨髓，然后上升到脑子里，灵感就由笔下汩汩地流淌出来。'（大意）他说得真神，我听得有些发迷，但又想，语文课本选载的那些课文，老师在讲解时，不都是强调长期深入生活的作用吗？灵感与音乐——尤其是外国古典音乐，究竟有什么关系呢？沈从不唱歌，甚至是五音不全的，他怎么就能听懂音乐呢？"[1]

在沈从文心里，徐城北并不只是好友的孩子，也不是一位正式承认的学生，而是一位他认为有可塑性的忘年交。沈从文希望徐城北能博览群书，并发挥自己的优势去实现心中的愿望。沈从文鼓励徐城北学习传统文化，读古文、写旧诗、练毛笔字、唱京戏，还要学习英文。

当沈从文在历史博物馆从事文物研究需要助手时，他就邀请徐城北前来试试。在经过一番努力和坚持之后，徐城北自觉对青铜器一类的文物研究无法全身心投入，想着要转业，沈从文对此宽怀一笑答应了。但这一过程却还是使得徐城北在无形中受益颇多，包括对他以后的写作也有所帮助。

应该说沈从文一直对徐城北寄予了厚望，他不仅在专业上给予徐城北以帮助指导，同时还在生活上给予其热情的关心。1975年徐城北与叶稚珊大婚之时，沈从文精心准备了一份礼物，让这对新人铭心一世：

> 来祝贺的亲友不少，贺礼大多是枕巾、被面、茶杯、暖瓶、床单等实用之物。沈伯伯也来了，他的礼物可谓

---

[1] 徐城北：《沈从文组曲》，载《东方早报》，2014年9月17日。

独出心裁——一个清乾隆时的"五蝠（福）捧寿"瓷盘，一只蝙蝠头上贴了一块用红纸剪成的"囍"字；另外，在一块拳头大的朱红蜡笺上面，用他潇洒的行书写了如下字句："祝两位多福多寿。"这两句的下边，又用小字做了注解："为国家多做好事为多福，长寿则可为国家多做几十年好事。从文敬贺。"应该说，沈伯伯这份不同寻常的贺礼及贺词，使我的婚礼升了格，并且定下了基调。[1]

徐城北后来的确没有辜负沈从文对他的厚望，他以散文和戏曲评论著称，在中国京剧院任职期间笔耕不辍，出版了多部戏剧史著作。同时他知识广博，爱好广泛，兼有美食、游记著作出版，可谓是融知识与趣味于一体，影响一时，有一些作品一版再版，长期为读者所喜爱。

独轮车虽小，不倒永向前！

对友谊的考验往往发生在人生的艰难时期，沈从文在处于人生低潮时期与他人联系不多，尤其是在湖北下放时期，经常书信来往的多是亲友。他在这段时间有不少信件是写给子冈夫妇的，在信中他畅谈人生过往，感叹时光残酷，他以这种坦诚的倾诉抵御着眼前的艰难。要知道，在那个时期他还承受着病痛的折磨，却得不到及时的治疗。

1971年2月19日，沈从文从湖北双溪回信给子冈和徐盈，说在双溪下放地看到拉练行军的队伍，想到三十五年前在家乡沅陵接待"联大步行团"的情景，那时大雪困住队伍，闻一多等人在沈家用便饭，一住就是好几天，真是快事。他觉得与青年谈"抗日"，

---

[1] 徐城北：《沈从文组曲》，载《东方早报》，2014年9月17日。

犹如幼小时听人谈"太平天国",听来不免恍恍惚惚,如历史故事。

子冈和徐盈一直关心着沈从文与张兆和的身体状况,沈从文在信中述及:"兆和在大湖边种菜,据闻每天得挑粪八担,约走廿里,还属轻活,下田是重活。大冬天犹一身乌黑,如非洲朋友。今年已六十一。过年来此时,挑水六七担行若无事,本地老乡也以为'老太太真棒!'我属于老弱病疏散户。"[1]

可以想见,张兆和从一个文字编辑一下子过渡到皮实的劳动妇女,其中要经历些什么。应该说,沈从文是心疼的,但也是无奈的,他只能以一种乐观态度去看待,与妻子对比,他自认属于老弱病者,在地方上还要常受各界师傅们的照顾。但是一提到创作,他又显得兴奋无比,说自己写了不少叙事诗,甚至还提及可能要改行去从事作曲:"似乎还有些内容,也还不大像七十岁人的习作,我倒还主观设想,将来会有可能,得什么大作曲家赏识,改成为一个大乐章。因为我来写点散文或别的,总不直接从什么文学作品参考写法,而是间接从什么乐章、画卷,总的设计得到启发,因而完成的。如果还有个什么机会,去和音乐学院师生一道,我肯定还有第四次改业机会,即作曲。"[2]在与友人的通信中,沈从文无意中"泄露"了自己一个爱好或秘密,即他对音乐的热爱。而沈从文对于音乐的认知也是常常令人惊诧。黄永玉先生曾记录:"表叔说:'音乐,时间和空间的关系!'"沈从文喜欢巴赫,喜欢莫扎特,他虽然可能不识谱,但却并不妨碍他对音乐结构和细节的解析。音乐,某种程度来说也成了沈从文孤身处于艰难境遇的精神支撑。

沈从文在给子冈的信中虽然多次提及"报废"一词,但他的精神却又是坚毅的、不屈服的。沈从文在湖北寄给子冈、徐盈一张个人小照片,在相片背后题写一句话:"独轮车虽小,不倒永向前!"

那一时期常与沈从文保持通信的黄永玉先生,后来曾多次

---

[1] 1971年2月19日沈从文致彭子冈、徐盈的信,载《沈从文全集》第22卷,第438页。
[2] 1971年2月19日沈从文致彭子冈、徐盈的信,载《沈从文全集》第22卷,第440页。

撰文提及沈从文在双溪下放时向他说起荷花之美。要知道，那可是在四十五摄氏度的高温下，蚊虫之多，手、足、脸全都浮肿。"在双溪，身边无任何参考，仅凭记忆，他（沈从文）完成了二十一万字的服装史。他那种寂寞的振作，真为受苦的读书人争气！"

即使身处如此艰难的境地，沈从文在信中仍不断鼓励友人坚持个人热爱的专业兴趣，把研究持续下去。当时他就建议徐盈继续做当代经济历史及近代中国实业人物研究，还主动为徐盈提供曾在政界多年的刘揆一的史料。沈从文后来又致信徐盈，提供他在历史博物馆工作时所见的相关史料："你过去许多年来，对于在帝国主义侵略刺激下产生的民族资本主义或民族工业的发展，曾经有极大兴趣，不知近来是否因心脏发现了毛病，是把这个研究深入的兴趣提高或降下？若至今并未失去原有兴趣，我觉得有份从乾隆某年开始的海关翻译进出口每年报告册子，或许值得费个三几月时间翻翻它。内中进出口货物数字和生产名目，以及由中国转口的种种，我这外行也觉得'此中有物'，内容实异常丰富！因为我曾经看过乾隆某年的一份，重点似在广州十三行的货物出入名目、数量和价（也包括了烟土特货）。手边又还有光绪廿五年六月印的，注明英译汉第四十册字样。总目是《光绪二十四年通商各关华洋贸易总册》。我别的不懂，只从进出纺织物名目和数量价值，得到的知识，就觉得十分有用。你是不是可以在闲空时，去问问北图或其他图书馆，看看有无全部资料？"[1]

徐盈一直坚持从事近代经济方面的研究，颇有建树，后来结集出版了《北方工业》《当代中国实业人物志》等。他本人先后在全国工商联《新工商》杂志、全国政协文史资料研究委员会任职。沈从文对徐盈的帮助不知有用与否，但他们的友情却一直延续着。

当子冈后来被调到《旅行家》杂志任职主编时，很快就给沈

[1] 1974年9月28日沈从文致徐盈、彭子冈的信，载《沈从文全集》第24卷，第193页。

从文寄去了杂志，并向沈从文约稿。沈从文回信说："阅子冈新编
《旅行家》，稍待几天，写点旧诗投稿，是否及格，全由编辑作主。
因体力衰退，既不明白世事忌讳，亦不明白文字行情，取舍由编
辑，或可免出毛病，到头来不易招架！也累你们，更不合理，有
负好意。"[1]

《边城》电影之托

有段时间，沈从文的小说《边城》被上海电影制片厂看上，
准备投拍电影。沈从文为此多次与徐盈通信，就《边城》电影事
宜进行探讨，并一再委托徐盈代为转达他对此事的意见。两人为
此事通信频繁，从中可见沈从文在此重要事件上对徐盈的信任。

从现存的书信资料看，从1979年10月传出上海电影制片厂有
意拍摄《边城》开始，一直到1982年11月，此事仍未得到最后的
落实。这其中主要是因为沈从文对改编剧本不满意，他认为编剧
对原著理解不足。沈从文为此曾多次致信徐盈，请他转达意见，
甚至一度要求放弃拍摄。

当沈从文知道上海电影制片厂导演徐昌霖有意启动《边城》
电影拍摄时，他在感到好奇的同时也有担忧。首先是湘西一带原
生态环境的消失和变化，如大发电站的建设，就导致很多地方淹
没和消失。用他的话说，很多地方堪比宋画里的风景已经无从领
略，汽车的驶入势必导致乘船的"静"被忽略和消灭。在原本清
一色的苗人服饰之中，现在则是经常穿插着"干部服"的影子。
这一切进入镜头无疑都会与《边城》的情景相悖。由此也可以说
沈从文不懂电影的手法，电影镜头捕捉的可以是刻意为之的景象。
但沈从文生出如此的担忧，则是为了维护《边城》原著的情景和

---

[1] 1979年10月22日沈从文致徐盈的信，载《沈从文全集》第25卷，第420页。

意境。在这一点上，对沈从文的文学介入研究较早的学者凌宇则因为同是湘西人，就能够准确理解沈从文的担忧，为此沈从文对他的研究颇为认同："因同是湘西边缘地区生长的，所以对我那些旧作作具体分析时，引申材料，多极具体。令人担心处，是作者因家乡感情过重，使人容易感到'誉美过实'，明日时事一变，易使他受累，因之使我转增忧惧。"[1]沈从文还一度推荐凌宇担任电影《边城》的顾问。

当《边城》影片拍摄一度因为其他原因传出搁浅消息时，沈从文的态度则又是复杂的："香港之《三笑》或新式凶杀案，均可以开绿灯。甚至于还得鼓励摹仿，所以《卖油郎独占花魁》行将拍摄，至于《边城》，恐永远通不过，意中事也。"

因为《边城》拍摄受阻的现实，沈从文更是对自己早年坚辞文联部门职务感到侥幸，针对此间传说的沈从文就任文化系统"副主席"职务的消息，沈从文特向徐盈辟谣："所以《边城》若拍演不成，是意中事，非意外也。我早就觉得'虚名过实，易致奇灾异祸'，卅年'韬光隐遁，与世无争'还不成，老兄或当为指点迷途，如何一来，不至于让人以为我还算什么'作家'就好。《边城》即能拍，而不拍，也许对我正是幸运。"[2]

因为徐盈与导演徐昌霖较为熟悉，徐昌霖致沈从文的信多是由徐盈转给沈从文。沈从文在信中则对徐盈畅所欲言，详述他对这部电影拍摄的想法，为此还曾转达汪曾祺的意见："朋友汪曾祺曾说过，求《边城》电影上得到成功，纯粹用现实主义方法恐不易见功，或许应照伊文思拍《雾》的手法，镜头必须采用一种新格调，不必侧重在故事的现实性。"[3]

沈从文在给徐盈的信中一再强调，希望拍摄方注意原著《边城》人物的年龄和心理。如说翠翠"本人年龄是在半成熟的心境

---

[1] 1980年1月9日沈从文致徐盈的信，载《沈从文全集》第26卷，第6页。
[2] 1980年4月7日沈从文致徐盈的信，载《沈从文全集》第26卷，第80页。
[3] 1980年9月中旬沈从文致徐盈的信，载《沈从文全集》第26卷，第149页。

情绪中，对当前和未来的憧憬中进展的"，就是希望演员年龄不可过大，演出时也不要太过于成熟，要把握住一个朦胧的恰当的程度。

对于电影拍摄方邀请他写作影片的主题歌，沈从文坚决拒绝了，他自认为写不好，也不必写。但他还是从自然的角度提供了几点可行的建议，如在歌曲中加入劳动号子的声乐效果。

鉴于《边城》的电影剧本加入了原作所没有的矛盾冲突，如"阶级矛盾"和"斗争"，沈从文一度建议放弃拍摄，甚至说："倒不如待我死后再拍好些。最好是不拍！"沈从文在给徐盈的信中提及："在生前看不到的重现于电影上，也认为十分平常自然，并不是什么值得惋惜的事。（也许真将照城北过去估计，将来还是会由日本方面技术合作，才会照原样拍成电影的。）"

而在此之前，沈从文曾致信在湘西的好友龙海清，提及《边城》影片已经允许拍摄，但对剧本而言，他还是不满意："事实上这个作品若希望拍成电影，取得应有成功，大致只有我亲自改编，才有希望。"[1]在这封信中，沈从文特别提到了香港于1953年拍摄的《边城》影片，说女主角虽是名角，但从照片上看却是十分好笑，从扮相上看，年龄大了些，主要错误是看不懂作品。"《大公报》名记者徐盈先生最有见地，以为应当多看我一些作品，特别应熟悉《湘行散记》和《湘西》，才理会得到小说好处和整个沅水分不开。电影的拍制，更必须对我作品有个总印象才合理。"

在《边城》电影的拍摄事宜中，沈从文还是最为信赖好友徐盈。沈从文一方面叮嘱夫人张兆和不要接受《边城》的改编稿费，另一方面继续与徐盈讨论由他转来的电影剧本稿本问题。

就电影稿本问题，在此期间已返回家乡湘西之后的沈从文更是坚定了原来的态度。他说对电影剧本完全读不下去，还说很多人物完全与原作相悖："我绝对不同意把我作品来作上海流行什么

---

[1] 1980年8月6日沈从文致龙海清的信，载《沈从文全集》第26卷，第136页。

补药一般商品处理，在剧本中故弄虚噱头逗笑，这样作为电影，或送到我家乡电影院放映，说不定当场就会为同乡青年起哄，把片子焚毁。"沈从文还建议徐盈请徐城北帮忙做个对照，把已经发表在《芙蓉》杂志上的改编剧本与《边城》原作对照："（徐城北）所得印象如何，告告你，即可明白改编者对原作之无知，到如何惊人可笑程度。"

　　对于此事，徐城北在很多年后还有印象："几年之后，我调回北京，和沈伯伯的联系更多了，父亲的一位老朋友、上海电影厂的一位著名导演，表示想把沈老的小说《边城》搬上银幕。沈老得到消息，一方面表示感谢，同时又显示出不可思议的淡漠。改编本还没有诞生时，沈伯伯在给家父的一封信中，就表示出对于'地貌已变'的巨大忧虑……"[1]

　　尽管对电影拍摄的事情不太满意，但是沈从文对导演的一再努力表示感谢，并请徐盈代为致谢。后来此次拍摄因为双方无法达成一致而作罢。这一事件在当时还曾引起一些议论，如1983年9月29日的《文学报》上发表礼淦的文章《愿改编者与原作者真诚合作——由电影〈边城〉的改编想到的》。

　　应该说大家都希望能看到一部真正能够表现出《边城》本色的影片，包括作者沈从文在内。这部影片至少是属于沈从文创作意图本质内容的电影，这恐怕也是沈从文一再坚持的原因所在。"边城"在现实中已经渐渐消失，沈从文更加渴望"边城"能在影像作品中有所再现。

[1] 徐城北：《沈从文组曲》，载《东方早报》，2014年9月17日。

人间重晚晴

在与子冈和徐盈的交往期间，沈从文一旦去到张兆和的娘家苏州，就会与子冈夫妇谈及苏州的种种现实和变化。子冈是苏州人，又在苏州读过中学，对苏州有着浓厚的乡情，沈从文的介绍无疑会使她更加思乡。

1974年，沈从文因为患了眼疾要休养，就去了苏州九如巷张家短居。在苏州期间，沈从文致信子冈夫妇，详述苏州的市情市况："各个园子大都把花木水石收拾得很好，游人虽多（多是上海或别的外来人，和本地退休的老年人），到处总还是极其清爽。随时有街委会派人打扫，多为街委会包下，茶座也干干净净。……这里照老话说本是个'文化区'，可是旧的文化似乎已成为历史过去。只留下些大小花园代表旧官僚地主剥削农民的象征。据熟人说，原有七百来处。现在经近五十年变化，剩下开放供人观览的还不到十个。"[1]

当时，子冈正好在全国政协的《文史资料》编辑部担任编辑，沈从文多次向她介绍苏州地区的前后变化，既是向她转达家乡的状况，同时也可以说是一种文史资料的提供。

同时，沈从文对于子冈的作品也是一直关注着。1981年10月，徐城北前往沈家拜访沈从文并告知子冈作品集即将印行，邀请沈从文为之作序。沈从文当时欣然答应。可是在写完交出去后，他又觉得不满意，甚至建议子冈不用最好："我当时满以为这件小事，可以不甚费力能完成。谁知到真正着手时，才明白头脑已不大抵用。写来写去，总是难得要领，先后写了约三十纸，又改来改去，十来天不离开书桌，还是一团纷乱。试请兆和看看，印象是'下笔千言，离题万里'，明确反映我头脑混乱到一定程度，早失去控制能力，虽还能'写下去'，可不知如何'结束'，似怪实

---

[1] 1974年6月17日沈从文致徐盈、彭子冈的信，载《沈从文全集》第24卷，第126—127页。

平常。其实近一年来，好几回试验，都在同样情形中证明头脑失灵，表面上还像凡事尚能维持一定健康程度，其实任何工作都不成了。……所以关于子冈集子的完成，虽交了卷，可不一定适用。务望不必存丝毫客气，仔细看看，可改就改，能用就用。如觉得内容枝蔓，既把握不住子冈作品长处，只能给人一种'杂感'印象，而且虽出于一种赞美心情，由于措词极不得体，不仅无当大处，反易犯时忌，受批评，就请莫用它最好。"[1]

沈从文与子冈、徐盈的交往最初是名人与记者的关系，后来渐渐转为纯粹的朋友关系，甚至到后来反过来，沈从文成为子冈和徐盈作品的读者。沈从文极其重视为子冈作品集作序，要知道，晚年的沈从文极少为别人作序。为了这篇序言，沈从文前后写了十几天，最后还是觉得不满意，可见沈从文的用心之至。

后来，这篇序言被《光明日报》刊登（《人间重晚晴——〈子冈作品选〉序》，1982年1月17日）时，还引起了沈从文对过去时光的追忆。当时沈从文突然找到了他于1946年写给子冈、徐盈的两封信，在信中就提到了他有意作为他俩的读者，好好向他俩的作品学习种种。沈从文对子冈说："要明白重庆八年妇女界种种，跟你可学的也就极多！"

两封信历经战争和文化运动，得以侥幸留存，可谓不易。沈从文及时寄给了子冈、徐盈："今天恰好又得见《光明日报》载的我那个小文，如早发现半月，把白纸写的那一张印作插图，也有意思，可以向读者证明我是你两位读者，已四十年，'有字为证'。还望你们再写点有历史性的回忆录，我将是一个老读者。"[2]

沈从文的此举此言，既是出于对老朋友的真诚，更是一种幽默和谦虚。在为子冈作品集写的序言中，沈从文着重提到了在风雨中死去的旧友："几个幸运活下来的同行故旧，尽管在这长长岁月里，和社会一切近于完全隔绝，耗尽了一生精力最最旺盛的一

---

[1] 1981年10月中旬沈从文致徐盈的信，载《沈从文全集》第26卷，第285页。

[2] 1982年1月20日沈从文致徐盈、彭子冈的信，载《沈从文全集》第26卷，第346页。

段生命！由于对国家的热爱，对今后发展前途的关心，始终还不失去生存的信心和定向，三五故旧相逢，又还能相互鼓舞支持，维持了纯厚友谊，长远不褪色走样。"[1]

沈从文还指出，子冈的一些作品曾给了他创作的启发："这些从报刊中反映社会动荡新闻特写，它们便给我许多有益补充。特别是这些作品所使用的不拘一格的表现方法和处理问题的技术，给了我不少启发和教育。三十年代前期，我写的两个叙述地方人事景物的散文小册子，就或多或少是在当时报纸上那些通讯报道特写纪事影响下完成的。"

对于徐盈的作品，沈从文也是念念不忘，早在抗战时期，沈从文为西南联大编辑教材，当时一年级国文课程就被建议选定二十种课外读物，其中就有徐盈的新闻通讯作品被列入："还有徐盈同志解放前在天津《大公报》写的不少通讯报道，和解放后发表的一些专题性访问文章，希望也能集印出版。这些作品所反映的人和事，即或多已成为历史陈迹，但它们毕竟是历史的真实记录。"

沈从文晚年时期身体多病，但他常常牵记着子冈的病情，不时致信关心。子冈生病后躺在病床上还不忘作口述文章，她让儿子徐城北帮忙记录下对老朋友们的回忆，她在《紫禁城遐想》一文就提到："我能走上新闻和文学道路，所从受益的老师很多，但主要有两位：一位是叶圣陶先生，再一位就是沈先生。"

沈从文后来放弃小说创作，改行去从事历史文化研究。对此，子冈则抱着理解的态度，并以她独到的观察，记录下所见所闻。子冈看到沈从文在文物研究方面的成就，并在昏暗、简陋的小书斋里热情接待各界求学的青年学生，很是动容："沈先生这种避开尘嚣虚荣，一头扎进最艰苦的环境并实实在在用功的精神，真是感人至深！"

在与子冈、徐盈的交往中，沈从文言语之中时常流露出生命

---

[1] 沈从文序，载《子冈作品选》，北京：新华出版社，1984年，第2页。

即将"报废"的忧虑和坦然,并为个人性格和命运际遇感到无奈:
"经过多年的教育,末了还是只能在目下情况中进行工作,可以证
明我过去总把自己说成是'乡下人'的称呼,还有点道理。因为
尽管在大都市里混了半世纪,悲剧性的气质,总不易排除。所谓
城里人,特征一般是'人老成精',越学越增加世故,知适应现实。
随风转舵,即不至于触礁搁浅。我倒恰巧相反,越学越天真幼稚,
事实上本不算个什么读书人,却浸透了一种'书呆子'气,所以
似乎还已预见到,这廿五年的工作,虽比较踏实,由于人事上的
不善处理安排,结果还将不免使这一段时间的工作,在新的什么
运动中,依然完全失去应有的意义,是意中事!"[1]

在艰难的日子里,沈从文能够敞开心扉畅所欲言的对象还
是朋友。他虽然曾深受其害,但却依然坚信朋友才是最使他放心
和释然的对象,同时也是最能理解他的真实心思的对象。沈从文
到了晚年时记忆力还很惊人。在过了三十年并经历了种种风波和
动荡之后,沈从文还记得他战后初回北平时与两位朋友见面的场
景:"我的记忆力十分离奇,总是大处把握不住,小处却不易忘
却。至今还印象分明,即初来北京独自住在北大东斋宿舍里,两
位充满好意到我住处看看,以后在小文章里结尾说笑告我,提
到头发过长得修理修理时,我当时想到的许多'过去'和'未来',
多不切实际。照例把头发牙齿等等问题除外。以后镶牙也还是照
徐盈兄的建议才认真去处理!卅年来,一切当几几乎全损失了,
近来理理些残存旧稿,却发现两份小文。有一份是和子冈的译文
同载于一个刊物中的,另一份是见过两位以后不久写的。似乎多
是初次谈天时没有说到的种种感想。卅年后重新看看,倒似乎还
有意思。内中编者和其他两位作者,均早已成为古人,我却像心
情和卅年前还差不多,甚至于反而更幼稚天真了好些,来温习这
个'过去',并印证当前……想起我们卅年难得的友谊,因此特别

---

[1] 1974年9月28日沈从文致徐盈、彭子冈的信,载《沈从文全集》第24卷,第190—
191页。

寄给两位作个纪念。'社会'变了,'友谊'却没有变。友谊建立于相互对于工作的热忱和对社会的关心、对国家的爱。彼此尽多不同点,共同点却总是多一些,占主要位置。前人说'衣惟求新,人惟求旧',大致即指得是这种经过长期岁月,和不同遭遇,而始终对生存的意义,有个'共同认识'而言!"[1]

晚年时的沈从文念念不忘的还是昔日的友谊,今日的老友。他非常珍惜子冈为他写作的小文,一再在书信中提及,就像是珍视他们之间的友谊。

1989年,也就是沈从文去世的次年,当吉首大学《长河不尽流——怀念沈从文先生》的主编人员向徐盈先生征集纪念沈从文的文章时(此时彭子冈女士已经去世一年),徐盈先生还是主张使用子冈所写的旧文。一方面是徐老经年住院治病,无力撰写;另一方面则是徐老想借子冈的《沈从文在北平》一文表达自己对沈从文先生的缅怀之情。因而编者尊重徐老的意愿,将这篇具有珍贵价值的遗文收进了书中。

在沈从文去世后,当年曾随沈从文学习文物知识的徐城北第一时间想到的是沈从文的一本巨著,即《中国古代服饰研究》:"沈老去世之后,我到沈宅借了那本沉甸甸的《中国古代服饰研究》,准备回家细读一番。我心中总有个不解之谜:为什么这本书在国外获得盛誉之后,国内对沈还有一种'只有资料、没有观点'的背后议论?当我拭净书桌、随即展开这本书的目录时,不禁有些吃惊,它不像我预期的那样——是一部总论,讲服饰与经济、政治、文化的联系,笔法纵横捭阖,时有宏论警世;然后才是分门归类的图录及简短说明……沈摈弃了常见的这种'大手笔'写法,全书一上来就是一幅幅的图录及其说明,彼此之间并没有'系统'存在。"

徐城北以《簪花仕女图》为例说明沈从文的结论准确而令人

---

[1] 1974年9月28日沈从文致徐盈、彭子冈的信,载《沈从文全集》第24卷,第191页。

信服，"此画是宋人（或更晚）据唐人旧稿而作，头上的花朵是后加的，项圈且有可能系清代画工增饰而成（清《皇朝礼器图》中有完全相同式样的项圈）"。徐城北说，沈从文的著作使他大为受益："沈并没有高兴地大声疾呼，宣布自己取得了如何重大的科研成果。我觉得，沈的这种态度，就丝毫不低于他的发现价值。沈做学问是有观点的，但是内涵在短短的说明中。或许他认为，把问题搞明白、说清楚了，就是有了学问。"

如果沈从文知道徐城北仍在继续跟着他的著作学习文物知识，一定会分外欣慰和高兴，说不定还是会和子冈夸夸这个忘年交："这孩子，才气高，有的是路可以走！"

第七章　朱光潜：流水玲琮，知音知己

1954年的沈从文（沈龙朱/绘）

朱光潜，安徽省桐城人。著名美学家、文艺理论家、教育家和翻译家。现在很多人都知道朱光潜的美学理论，其实他早期曾专心于文学的创作并主办文学刊物。

"五四"以后，因为胡适提倡的白话文风潮，使得朱光潜放弃古文和文言，开始尝试以白话文创作。20世纪30年代，朱光潜受北京大学文学院院长胡适的委聘，在北大西语系担任教授，这一时期正逢"京派""海派"掀起争论，而引起这一争论的正是小说家沈从文。或许是因为当时朱光潜与沈从文一起在北平创办刊物的原因，朱光潜曾被认为是"京派"人物。但有关两派之争，朱光潜后来曾专门撰文做过解释。他似乎并不避讳谈及这次文坛纷争。

因为要重振"京派"文学，朱光潜与胡适、杨振声、沈从文、周作人、俞平伯、朱自清、林徽因等人曾组成编委会，筹办《文学杂志》，朱光潜担任主编。在这一时期，朱光潜与沈从文常常一起畅谈文学，一起参与刊物的组稿、编辑工作，从而结下了深厚的友谊。

全面抗战爆发后，朱光潜与沈从文一起结伴逃出北平，经历险难，可谓是生死之交。两人的友谊一直持续到晚年，在困难时期曾相互鼓舞和安慰。朱光潜后来专门撰文为沈从文的遭遇鸣不平，使得沈从文从内心里感到欣慰，欣慰自己有这样一位知心的挚友。

文坛密友

1980年6月，沈从文在北京接受美国学者金介甫的访问时，曾谈及当年文坛"海派"与"京派"的纷争。时隔多年之后，沈从文始终不认为自己是"京派"的头头，并说京派的头头实际上根本就没有。在这里，沈从文还提出了一个新的名词"小京派"。在场的张兆和女士则提及："在干校的时候，他（沈从文）自称小京派，我本来都不知道。"

有关这一问题，沈从文当时就建议金介甫去看看朱光潜新近在《花城》杂志刊发的文章，说："朱光潜先生做的文章有分量，因为大家也以为是京派的。"张兆和说："他们不敢攻击朱先生是京派的。"沈从文则说："他（朱光潜）说得实在，维护了许多北京作家。"[1]

沈从文所说的文章是朱光潜发表于《花城》杂志1980年5月第5期上的《从沈从文先生的人格看他的文艺风格》。当时该文与沈从文的部分作品以及黄永玉、黄苗子的同类文章同期刊发，是一个有关沈从文的专题，也可以说是读者对年近八旬的作家沈从文的创作思想的一次再认识。

朱光潜在文章开头就表示自己一向侧重谈诗，对小说素少研究，因此他要从"风格即人格"方面去谈谈沈从文的文艺风格及人格：

> 在从文的最亲密的朋友中我也算得一个，对他的人格我倒有些片面的认识。在解放前十几年中我和从文过从颇密，有一段时期我们同住在一个宿舍，朝夕生活在一起。他编《大公报·文艺副刊》，我编商务印书馆的《文学杂志》，把北京的一些文人纠集在一起，占据了这两个文艺阵地，因此博得了所谓"京派文人"的称呼。京派文人的功过世已有公评，用不着我来说，但有一点却是当时的事实，在军阀横行的那些黑暗日子里，在北方一批爱好文艺的青少年中把文艺的一条不绝如缕的生命线维持下去，也还不是一件易事。于今一些已到壮年或老年的小说家和诗人之中还有不少人是在当时京派文人中培育起来的。[2]

---

[1] 王亚蓉编：《沈从文晚年口述》，西安：陕西师范大学出版社，2003年，第108页。
[2] 劭华强编：《沈从文研究资料》（上），北京：知识产权出版社，2011年，第165页。

朱光潜文中所指的"有一段时期"即1933年沈从文离开青岛大学时期。沈从文与杨振声返回北平后创办了《大公报·文艺副刊》。此时的沈从文刚过了而立之年，又是新婚成家，对于未来的新文学之路，他信心满满并开始阐发自己的文学新主张。就当时的文坛种种现象，沈从文点出了上海和北京两地作家的特点，并就两地作家创作特点做了评论。一石激起千层浪，沈从文的文章引发了"京派""海派"的纷争，很多作家不断加入。在上海的鲁迅在参与评论时指出，京派是官的帮闲，海派是商的帮闲，似乎两者都不太看好。在此期间不时有新的观点冒出来，从而成为近代文坛一个较为热门的话题。

　　在北京与胡适、杨振声、沈从文过往甚密的朱光潜显然是被归入"京派"阵营的。不过朱光潜似乎并不在意此事，甚至有意要为振兴"京派"而出一把力。朱光潜在《作者自传》中提及："当时正逢'京派'和'海派'对垒。……我由胡适约到北大，自然就成了京派人物，京派'新月'时期最盛，自从诗人徐志摩死于飞机失事之后，就日渐衰落。胡适和杨振声等人想使京派再振作一下，就组织一个八人编委会，筹办一种《文学杂志》。编委会之中有杨振声、沈从文、周作人、俞平伯、朱自清、林徽因等人和我。他们看到我初出茅庐，不大为人所注目或容易成为靶子，就推我当主编。由胡适和王云五接洽，把新诞生的《文学杂志》交商务印书馆出版。"

　　作为沈从文的好友，又是《大公报·文艺副刊》的主要作者，朱光潜见证了沈从文在那一时期有意为文坛增加一些活力的热心和决心。当时为了约稿，沈从文与杨振声常常以副刊的名义在北海漪澜堂请客，受邀人有周作人、俞平伯、废名、朱光潜、朱自清、郑振铎等。朱光潜后来回忆："在当时孜孜不倦地培育青年作家的老一代作家之中，就我所知道的来说，从文是很突出的一位。他日日夜夜地替青年作家改稿子，家里经常聚集着远近来访的青年，座谈学习和创作问题。不管他有多么忙，他总是有求必应，循循善诱。他自己对创作的态度是极端严肃的。我看过他的许多文稿，都是蝇头小草，改而又改，东删一处，西补一处，改到天地头和边旁都密密麻麻地一片，也只有当时熟悉他的文稿的排字工才能辨认清楚。我觉得这点勇于改和勤于改的基本功对青年作家是一种极宝贵的'身教'，我自己在这方面就得到过从文的这种身教的益处。"[1]

沈从文在主编《文艺副刊》时力邀名家撰稿，如朱自清、冰心、俞平伯、巴金、林徽因、朱光潜、李广田、严文井等，但同时他也以此为阵地发现和培养了一批年轻作家，如萧乾、胡昭衡、王西彦等。对于年轻作者，沈从文不但悉心指教，还招待他们吃饭饮茶，同时向出版社推荐出版他们的文集。

诚如朱光潜后来所言，沈从文在极其复杂的北方政局之下为维持文学一线做了一些努力和贡献。在那段时间，朱光潜还常常组织诗会，邀请沈从文参加。朱光潜早年留学英国，很是欣赏伦敦文学界自发组织的诗会，于是就在自己的住所定期举办这种文学沙龙，邀请的诗人很多，如林徽因、何其芳、卞之琳、梁宗岱、林庚、曹葆华、孙大雨等，场面颇为活跃。沈从文在《谈朗诵诗——一点历史的回溯》中记录："长于填词唱典的俞平伯先生，最明中国语体文字性能的朱自清先生，善法文诗的梁宗岱、李健吾先生，习德文诗的冯至先生，对英文诗富有研究的叶公超、孙大雨、罗念生、周煦良、朱光潜、林徽因诸先生，都轮流读过些诗。朱周二先生且用安徽腔吟诵过几回新诗旧诗，俞先生还用浙江土腔，林徽因女士还用福建土腔同样读过一些诗……"

当然，诗人聚会不只是吟诗唱和，也会激烈争论，大家各持己见，常常争论不下。萧乾说，梁宗岱在一次和人争论时差点动起手来，还有一次和林徽因因为意见相左，争论很久而不息。就这样宽松自由的文学争论，沈从文是持赞成意见的："北平地方又

---

[1] 劭华强编：《沈从文研究资料》（上），第165—166页。

有了一群新诗人和几个好事者，产生了一个读诗会。这个集会在北平后门慈慧殿三号朱光潜先生家中按时举行，参加的人实在不少。北大有梁宗岱、冯至、孙大雨、罗念生、周作人、叶公超、废名、卞之琳、何其芳诸先生，清华有朱自清、俞平伯、王了一、李健吾、林庚、曹葆华诸先生，此外尚有林徽因女士、周煦良先生等等。这些人或曾在读诗会上作过有关诗的谈话，或者曾把新诗、旧诗、外国诗当众诵过、读过、说过、哼过。大家兴致所集中的一件事，就是新诗在诵读上，究竟有无成功可能？新诗在诵读上已经得到多少成功？新诗究竟能否诵读？差不多集所有北方新诗作者和关心者于一处，这个集会可以说是极难得的。"或许正是因为要维持这样的文学活力，朱光潜与沈从文积极参与创办《文学杂志》。

1937年夏季前后，朱光潜、杨振声、沈从文等人在北平筹划创办文学刊物，初定名为《大都》，后确定为《文学杂志》，编委会成员由杨振声、沈从文、朱光潜、林徽因、周作人等担任。经多次开会研究，最终决定，小说和散文类的稿件交给沈从文和杨振声审阅。在编委会上，沈从文的建议颇为热情和激烈，给主编朱光潜留下了深刻的印象，使他更为信赖这位文友。"《文学杂志》的创办，起于上一年夏天邵洵美到北平时提出创办一大型刊物的计划，是当时在北平的一批自由主义者作家'想使京派再振作一下'而创办的（姜德明：《朱光潜编〈文学杂志〉》）。编委们每月在朱光潜家开一次编委会，讨论稿件的取舍。沈从文负责审阅小说稿件，此外朱光潜有时也请他看其他稿件。"[1]

为了提高新刊物的影响力，沈从文除了热情地向名家约稿外，他自己的一些作品也在《文学杂志》刊发，如小说《贵生》就发表在创刊号上。还有一篇以张兆和的堂兄张鼎和烈士为原型的小说《大小阮》也在该刊物发表，当时朱光潜还在该小说后作编辑

[1] 吴世勇编：《沈从文年谱（1902—1988）》，第191页。

后记：“从题材、作风以及对人物的态度看，《大小阮》在沈先生的作品中似显出转变的倾向。”

主办新刊物、文学创作渐入佳境、生活渐渐稳定，应该说那一时期的沈从文在好友朱光潜的鼓励下，已经坚定了在文学上大展拳脚的决心。只是好景不长，随着日军加快侵略步伐，抗战全面爆发，北平陷落，沈从文于1937年8月上旬受教育部的密令随队撤离北平。当时沈从文与友人乔装改扮，结伴而行，同行者中就有朱光潜。

惊险闯关，绝处逢生

1937年的8月，从北平往南京逃亡的路途可谓是险情重重。沈从文在《湘行散记》中曾披露一路上险情不断，他还清楚地记得同船者有北大教授朱光潜。而朱光潜于1938年写作的《露宿》也对沈从文经历的惊险情节叙述得颇为详细：

> 由平到津的车本来只要走两三点钟就可达到，我们那天——8月12日，距北平失陷半月——整整地走了十八个钟头。……我们因为找车耽搁了时间，已赶不上跟大队人马走。走出了车站就算逃出了恐怖窟，所以大家走得快，车上那样多的人，一霎儿都散开不见了。我们路不熟，遥遥望着前面几个人影子走，马路两旁站着预备冲锋似的日本兵。刺刀枪平举在手里，大有一触即发之势。我们的命就悬在他们的枪口刀锋之下，稍不凑巧，拔刺一声，便完事大吉。没有走上几步路，就有五六个日本兵拦路吼的一声，叫我们站住。我们一行四人，我以外有杨希声、上官碧和黄子默，都说不上来强壮，手里都提着一个很沉重的行李箱走得喘不过气来。听到日

本兵一吼，落得放下箱子喘一口气。上官碧是当过兵，走过江湖的。箱子一放下，就把两手平举起来，他知道对付拦路打劫的强盗例应如此。在这样姿势中他让日本兵遍身捏了一捏，自动地把袋里一个小皮包送过去，用他本有的温和笑声说：'我们没有带什么，你看。'包里所藏的原来是他预备下以后漂泊用的旅费和食粮，其它自然没有什么可搜。……[1]

　　朱光潜的这一纪录片似的场景描述，显然是亲眼见证。朱光潜文中的杨希声即杨振声，上官碧即沈从文，黄子默不知是赵太侔还是谢文炳。根据沈从文的回忆描述，当时就是他们几个人共同历经了惊险的"闯关"。

　　朱光潜在《露宿》中记录，当时他们一行几人侥幸过关进入万国桥，一头是阴森恐怖的日本兵，一头是通向安逸的法租界。可是他们几个人既没有通行证，也没有租界的亲友带他们进安全的租界，只得在桥头的长堤上露宿。露宿时眼看着一拨拨人顺利进入法租界，从而暂时有了生的保障，而他们不但要忍受寒夜流亡的煎熬，远近处的枪炮轰鸣，还得随时准备应对日本兵的盘问。当时就有警察善意提醒他们说，千万别说自己是教员、学生，只能说是做生意的。于是他们几个就悄悄商议起了各自的身份。四人之中杨希声最易惹注意，他是山东大汉，又穿着一身颇讲究的西装。朱光潜穿着一件灰布大褂，上官碧也只穿一件古铜色的旧绸袍，到必要时摘下眼镜，都可以冒充一个商店伙计，他们打算好自认是徽州笔墨商。

　　值得庆幸的是，当时那些荷枪实弹的日本兵只是随机抽问，并未前来"光顾"他们。但他们还是要面临眼前的冷、饿、渴和燥热。朱光潜记录："上官碧带了两个橙子，四个人分吃，不

[1] 朱光潜：《欣慨室随笔集》，北京：中华书局，2012年，第79—80页。

济事。"真正考验他们的是"天亮之后怎么办"。"上官碧本来事事乐观,杨希声更是好整以暇的绅士,都以为天一亮就有办法。……"当希望渐渐变成绝望之后,大家都不冷静了,"上官碧也不乐观了,杨希声的绅士风度也完全消失了,我呢,老是听天由命。……"后来事情终于有了转机,绝处逢生,"若不是钱端公拿通行证来接,说不定第二夜我们还是在万国桥头作难民,或是抓到日本宪兵司令部里去"。[1]

朱光潜的这篇记叙文可谓生动又充满着幽默气息,对于沈从文逃出北平的细节可以说是颇为珍贵的史料,从中也可看出他对好友沈从文的了解程度。共同经过这次历险后,可以说两人的友谊更进了一步。在解读沈从文的作品时,朱光潜总是能够透过作品看到这位老朋友内心深处的孤独,他以《翠翠》为例说:"这部中篇小说是在世界范围里已受到热烈欢迎的一部作品,它表现出受过长期压迫而又富于幻想和敏感的少数民族在心坎里那一股沉忧隐痛,翠翠似显出从文自己的这方面的性格。他是一位好社交的热情人,可是在深心里却是一个孤独者。他不仅唱出了少数民族的心声,也唱出了旧一代知识分子的心声,这就是他的深刻处。"[2]

广泛而尖锐的敏感

1948年夏,杨振声借用颐和园霁清轩房屋消暑度夏,当时邀请了沈从文一家前来同住。同期在此的还有朱光潜、冯至、张充和等。那一时期,沈从文在给张兆和的信中常常述及朱光潜在此的种种。

1948年7月29日,沈从文致信张兆和:"今天上午孟实(朱光潜)在我们这里吃饭。因作牛肉,侉奶奶不听四小姐调度,她要

---

[1] 朱光潜:《欣慨室随笔集》,第82页。

[2] 劲华强编:《沈从文研究资料》(上),第166页。

'炒'，侉'红烧'，四姐即不下来吃饭。作为病不想吃。"沈从文信中提及朱光潜常到自己住处吃饭，因为同在霁清轩，来往密切。四姐即张兆和四妹张充和。当时朱光潜为北大文学院院长，张充和受聘在文学院教学，沈从文也被安排在文学院执教。暑假期间，正好一同在此聚会。

平常时候，沈从文常与朱光潜一起去逛逛菜场，感受风雅园林之外的市井生活："我近来竟感觉到，霁清轩是个'风雅'地方，我们生活都实际了点……今天很好，早早即起身与孟实上青龙桥买菜，而写这个信时，完全很像情书那么高兴中充满了慈爱而琐琐碎碎的来写的！你可不明白，我一定要单独时，才会把你一切加以消化，成为一种信仰，一种人格，一种力量！"[1]从这封信里可以看出沈从文敏感幽微的性格。在京城安谧的皇家园林的一隅，他除了写作，就是与孩子嬉戏，与老友们去观察市场，说说闲话，体验着最本质的生活。这段时间，他们常常在一起搭伙做饭。这一时期，沈从文对朱光潜的记录也颇为生动：

　　我早上即和孟实去青龙桥走走，看看乡村早市。带了点菜返回。鸡蛋一枚已到八万，半月中加四倍。

　　好些日子无鱼吃，今天凑巧来了十一斤，如一小猪大，是公的。作价百九十万。冯杨二家不在，我们就独享了它。大家动手处理，计"天才女"割洗烹鱼头，"北大文学院长"伐髓洗肠（到后由天才女炒鱼肺，鱼油多而苦，放弃），我批鳞处理整段，切分成六大件。这个报告若在历史上倒还动人！[2]

沈从文出身底层，对生活场景的描述可谓得心应手。朱光潜作为北大文学院院长，在山野之中清洗大鱼，这样的记录朴实而

[1] 1948年7月29日沈从文致张兆和的信，载《沈从文全集》第18卷，第497页。
[2] 1948年7月30日沈从文致张兆和的信，载《沈从文全集》第18卷，第502页。

可爱。沈从文还记得，在霁清轩里他的两个儿子龙朱、虎雏，在水上、路上简直成了当地的小主人，对于园内布局和鱼蟹类的分布都很熟悉，完全可以带领外面的游客参观了，"不过大人中真有童心热心参观的，可能只有一位哲学教授"。这位富有童心的哲学教授是否就是指朱光潜？

应该说，基于对自然界共同的审美情趣，沈从文与朱光潜在霁清轩里总有着说不完的话题。相信在园林内外的散步途中，朱光潜一定督促过沈从文的文学创作。沈从文在园内曾写过一篇长篇散文《霁清轩杂记》，在结尾处可以看出沈从文的情绪里的幽寂："霁清轩除了三种声音，还有一种虽无生命却仿佛若有生命，虽反复单调却令人起深沉之思的声音，即那一缕穿院而过的流水作成的琤琮。仁智所乐而逝者如斯，本身虽无生命，但那点赴海就壑一往不回的愿力和信心，却比一切生命表示得还深刻永久，且作了历史上重要心智以种种启示。滋育万物而不居其功，伟大处为'无私'，一个人悟无生宜从此始……" [1]

重读朱光潜在那一时期的散文和杂记，也是带着惆怅的哲思，如《慈慧殿三号》《后门大街》《花会》和《旧书杂记》等。

值得注意的还有朱光潜于1951年所作的检讨文章中的几句话："在这时期，我所醉心是两种东西，一是唯心主义的美学，一是浪漫主义的文学。……浪漫派文学的特点在发挥个人自由，信任情感想象去发泄，去造空中楼阁。" [2]

这样的句子使人想到了沈从文的那句名言："这世界或有在沙基或水面上建造崇楼杰阁的人，那可不是我，我只想造希腊小庙。选小地作基础，用坚硬石头堆砌它。精致、结实、对称，形体虽小而不纤巧，是我理想的建筑，这庙供奉的是'人性'。"

能够真正读懂沈从文作品的读者太多太多了，但能够真正读懂沈从文的朋友似乎还不是太多，朱光潜应该是其中之一。他们

[1] 沈从文：《霁清轩杂记》，载《沈从文全集》第14卷，第319页。
[2] 朱光潜：《最近学习中几点检讨》，载《欣慨室随笔集》，第195页。

不只是文学上的同道，还是古物上的同道，两人曾多次相伴去琉璃厂"淘宝"。朱光潜后来写道："他大半生都在从事搜寻和研究民间手工艺品的工作，先是瓷器和漆器，后转到民族服装和装饰。我自己壮年时代搜集破铜破铁，残碑断碣的癖好也是由从文传染给我的。从文转到故宫博物院和历史研究所之后，在继续民间工艺品的研究，他在这方面的成就并不下于他的文学创作。不过我觉得他因此放弃了文学创作究竟是一件很可惜的事。"[1]

朱光潜显然更看重和欣赏沈从文的文学创作，他甚至认为，沈从文的灵魂应该是属于文学的，属于小说的，其他的任何身份都不如这一项更适合于沈从文。作为一位业已成名的美学家，朱光潜对于沈从文身份的解析是具有一定说服力的，况且又是那么多年密切来往的文友，他总是能够捕捉到沈从文性格里难以为人发觉的特质："从文是穷苦出身的，属于湖南一个少数民族。他的性格中见出不少的少数民族优点。刻苦耐劳，坚忍不拔，便是其中之一。……少数民族是民间文艺的摇篮，对文艺有特别广泛而尖锐的敏感。"

中老胡同旧事

根据朱光潜的女儿朱世嘉的回忆，1947年后，他们全家搬到北京中老胡同居住时，父亲朱光潜仍忙于主编《文学杂志》。其左右邻居都是北京大学的教师，这些教师常来往家里吃晚饭，其中有冯至、贺麟、沈从文等，他们谈文学、诗歌，很热闹。

沈从文与朱光潜共同的文学朋友常风记得，这一时期，朱光潜与沈从文正在联手负责复刊《文学杂志》的事宜："北大复校后朱先生兼任西语系主任，又曾一度代理文学院长。教课之外又有

---

[1] 朱光潜：《最近学习中几点检讨》，载《欣慨室随笔集》，第195页。

许多行政工作，十分繁忙。朱先生和沈先生都住在中老胡同宿舍。《文学杂志》复刊后，朱先生更多依靠沈先生。收到来稿后，我将诗歌送给冯至先生，小说和散文送给沈先生，请他们审阅，其他稿件都送给朱先生。朱先生审阅全部稿件。我也将全部稿件送给沈先生过目。"[1]

应该说，那是一段很是惬意的文学岁月，也是沈从文和朱光潜再续"京派"传奇的辉煌时期。

提及中老胡同，沈从文的后人龙朱、虎雏都表示，那是沈从文所居住的较为适宜的一处居所，他曾在那里深思过对将来创作的计划。沈从文曾致信夫人张兆和表达一种决心："我回到中老胡同，半夜睡不着，想起许多事情：第一是你太使我感动，一切都如此，我这一生怎么来谢谢你呢？第二是我们工作得要重新安排一番，别的金钱名位我不会经营，可是两人生命精力要在工作上有点计划来处理了。我不仅要恢复在青岛时工作能力和兴趣，且必需为你而如此作，加倍作了。"[2]

应该说那一时期的沈从文于文学创作仍是雄心勃勃，尤其是小说艺术，他是希望能有大突破的。只是在写作此信的次年，即1949年，他就面临去留的问题了。面对一些熟人纷纷前往台湾，沈从文决定不走。"爸爸的一些老朋友，杨振声、朱光潜伯伯们也都不走。家里恢复了以往秩序，没客人时爸爸继续伏案工作。"[3]

或许因为见证了沈从文在混乱时期仍坚守文学理想的实况，朱光潜对于沈从文的作品理解程度要比一般读者和专家更为深刻，使得他在短短的小文中便抓住了作品中的主旨。沈从文于朱光潜对他作品的评论非常肯定："朱先生文章（发表于《花城》的文章）只千把字，可写得极有分量。这种老实话或许会为人不满，但却

---

[1] 常风：《留在我心中的记忆》，载《长河不尽流——怀念沈从文先生》，第61—62页。

[2] 1948年7月29日沈从文致张兆和的信，载《沈从文全集》第18卷，第497—498页。

[3] 沈虎雏：《团聚》，载《老北大宿舍纪事（1946—1952）：中老胡同三十二号》，第361页。

是事实，和不少目下在教书的及别的工作上朋友却有共同感，但在三十年来'一面倒'风气中，谁也不敢说，或不愿说罢了。"[1]

如果说世有知音，沈从文定是把朱光潜引为知音的，不只是因为朱光潜"敢"为沈从文说话，还因着他"说的准确"。朱光潜的文章在《花城》发表的次年，即1981年9月，沈从文在《湘行散记》英译本序言中提及："我到北京城将近六十年，生命已濒于衰老迟暮，情绪却始终若停顿在一种婴儿状态中。虽十分认真写了许多作品，它的得失成毁都还缺少应有理解。或许正如朱光潜先生给我作的断语，说我是个喜欢朋友的热情人，可是在深心里，却是一个孤独者。所有作品始终和并世同行成就少共同处，原因或许正在这里。"[2]

就此，沈从文的学生汪曾祺也曾提及："朱光潜先生在一篇谈沈从文的短文中，说沈先生交游很广，但朱先生知道，他是一个寂寞的人。"

"我一直是他的知心朋友"

1981年7月30日，沈从文致信文友常风，其中提到了朱光潜的现状："只约略知道，孟实兄体力精神都还很好，处境也为近三十年最好时期，许多会还参加，且参加必发言。"

其时沈从文已年近八旬，经过多年的争取，终于更换居住环境，新搬到中国社科院宿舍大楼的五楼。由于身体不便，沈从文常常就在楼上待着，因此与外界联系也不算多。但他还是依旧惦记着老友朱光潜的近况，并向共同的朋友转告。

次年，即1982年6月，两人同被选为全国文联委员，参加当年的全国文联大会。在会议期间，沈从文被补选为全国文联委员，

---

[1] 1980年6月17日沈从文致张香还的信，载《沈从文全集》第26卷，第99页。

[2] 沈从文：《沈从文全集》第16卷，第394页。

就此各界朋友向沈从文祝贺。但沈从文却对同房间的朱光潜说：
"孟实，你去替我向上边说说，让他们把我的名字拿去。我是个不
会做这种事的人。"

这个时候，可以想象得出朱光潜对老友内心话的理解。沈从
文独独对他说这些话，更是一种历经风雨之后的大信任。

1982年6月，朱光潜为沈从文的著作集《凤凰》作序时提及：
"我和沈从文相知已逾半个世纪，解放前我们长期在一起生活和工
作，我一直是他的知心朋友。解放后他在城里搞文物考古工作，
我一直留居乡下当教书先生，往来就很少。我一向惋惜他改了行，
虽然他在文物考古方面取得了很卓越的成就，我总不免感到他'改
行'对新文学是个可惋惜的损失。这次在四届文联全委会中我碰
巧和他同房，促膝谈心的机会较多。他细谈了他最近在湖北江陵
参观一座新发现楚墓的发掘整理工作情形，和所发现的珍贵丝织
刺绣文物在文化史方面所具有的重要意义，那种激昂赞叹的心情
仍不减当年，令我想起'道逢曲车口流涎'和'大人者不失其赤
子之心'那些老话来，私幸他一定长寿，并且前途无量。"[1]

朱光潜在序言中还提到，在他对美学的研究过程中，常常向沈
从文请教关于古代社会史的问题，由此获得了很多的收获和启发，
使他懂得了文学和美学要紧密地联系着社会史，因此他认为"从文
暂不写小说而专心文物考古，是迫于工作的需要，决不是改行"。

在与沈从文一起开完文联大会后，朱光潜特地找来了《从文
自传》，再一次把沈从文的个人成长和文学历程进行细细地梳理。
在连续经历了几个复杂而多变的时代之后，一个始终死抱着文学
理想不放手的"乡下人"形象赫然在目。朱光潜说："他（沈从文）
的刻苦习作的精神永远是青年作家的榜样。"

而对于沈从文的不公平遭遇，朱光潜也有着自己的看法："当
然，对从文不大满意的也大有人在。有人是出于私人恩怨，那就

---

[1] 朱光潜:《〈凤凰〉序》，载《无言之美》，南京：江苏文艺出版社，2010年，第275
页。

可'卑之无甚高论'。也有人在思想性上进行挑剔，从文坦白地承认自己只要求'作者有本领把道理包含在现象中'，'接近人生时绝不是所谓道德君子的感情'。"

朱光潜始终认为，沈从文有心在山地上建造希腊小庙的理想已经得到了实现，任世界风雨飘摇，在世界文学史上却自有其一席之地："我相信公是公非，因此有把握地预言从文的文学成就，历史将会重新评价，而他在历史文物考古方面的卓越成就，也只会提高而不会淹没或降低他的文学成就。"朱光潜的这一评价写于1982年6月。在几年后，沈从文获得诺贝尔文学奖的提名，他的《中国古代服饰研究》也终于在内地出版并获得较大的影响。

朱光潜与沈从文曾是生死之交，在志趣上也有着很多相合之处，因此其对于沈从文的理解，恐怕是要比一般友人多一些体会。

只是有段时间朱光潜因为给予沈从文公平的评价而陷入被动，朱光潜所在的学校还曾将此作为重点问题处理。时为20世纪80年代初期，正是"清除精神污染"运动之时。"事后，沈从文向朱光潜的朋友说：关于这篇文章的反应他已听说了，文章给朱光潜带来了麻烦，他很不安，觉得对不起朱光潜。但这位朋友却告诉张兆和：他去看朱光潜时，朱光潜说这篇文章给沈从文带来了麻烦，他很不安。两位老朋友都为彼此的处境着想，这逾半个世纪的友谊是真挚的。朱光潜逝世前，以没有见到沈从文和叶圣陶两位老朋友为憾。朱光潜逝世后，沈从文担任了《朱光潜全集》的顾问，但没有等到这套书出全就去世了。"[1]

曾读过李辉先生撰写的沈从文与朱光潜面谈的片段：

> 在人民大会堂的小礼堂里，好像是举行闭幕式。开会之前，我突然发现就在距我不远的前一排中央，坐着沈先生和朱光潜先生。我走了过去，同他们交谈起来。

[1] 朱光潜：《〈凤凰〉序》，载《无言之美》，第275页。

两位"京派文人"中的重要人物，在经历了种种人生体验之后，一起坐在这个极不平常的地方。两位老人，一样瘦弱矮小，看上去又是同样温和、平静。沈先生拿出再版的《从文自述》送给朱先生，朱先生则将他刚出版的《美学书简》送给沈先生。他们交谈并不活跃，话语比较简短，但这却是我这些年见到的文人间最珍贵的一次会面。[1]

那是一个属于文学知己的温馨场景。

曾见过沈从文与朱光潜在那年文联大会时期的合影：一对慈祥的老头，微笑而平和地面对镜头，一身轻松和坦然，是那种共同经历了大风大雨之后的坦然和平和。

---

[1] 李辉：《平和，或者不安分——沈从文印象素描》，载孙冰编：《沈从文印象》，上海：学林出版社，1997年，第150页。

第八章　陈从周：园林清风忆往昔

1971年在咸宁的沈从文（沈龙朱/绘）

一张笺纸

沈从文与陈从周的交往是从一张古色古香的笺纸开始的。

1975年，陈从周托俞平伯转给沈从文一张花笺，请沈从文写书法。可是沈从文在回信给陈从周时自谦说冒冒失失地给写坏了。当时两人还没有见过面，为此沈从文致信陈从周解释此事："和你无缘一面，拉拉杂杂谈了那么多，主要或许是上月由平伯先生转来您寄的一张花笺，我已冒冒失失的，用八分钱笔写坏，实在过意不去，可是依然付邮，有点近于支吾解嘲意思。"

就这张花笺被"写坏"的事情，沈从文半年后还惦记着。为此沈从文还于当年入秋后又用一乾隆旧粉蜡笺书写一小条幅，以完成陈从周的雅嘱。沈从文自觉写的"不及格"，对陈从周深表抱歉。

再后来，沈从文从自存的个人书法作品中找出了三张寄给了陈从周，总算是没有辜负朋友的重托。

此后沈从文多次与陈从周在书信中谈及书法之道，沈从文对此非常自谦："对于'书道'，可就真正是个'外行'，即'玩票'资格也说不上了。我对于文字书法发展，似乎还有点常识，字可总写不好。解放以前因欢喜涂涂抹抹，自得其乐，友好中偶尔见到，认为还有些别致，因之间或写写，不计好丑，供友好玩玩。内行一见，即知近于'三脚猫'，不登大雅之堂，因为始终不脱'文书'体，抄抄文件还过得去，一认真当成艺术来衡量，即不合格。并'假里手'也难冒充。解放后，凡事'定于一'，故去的有鲁迅先生，活着的有郭沫若院长，文学书法上的成就，都经肯定为第一流，已足够代表中国近半世纪最高成就，'中外无敌'。所以我因此即早改业，主动放弃了'作家'名分，转到一般人都认为'极无出息'的历史博物馆，重新学起，直到最近，为别的客观原因，才又破戒写写字，就便清理清理，还还卅四十年欠下的索书旧债。

比起别方面常识说来，作'票友'的资格也不大够了，正如同平伯先生唱昆曲，合拍而无腔，可是他究竟还有个底子，我却一切俱无。至今还只用八分钱的毛笔作为工具，即或写这个信用还是明代万历《大藏经》的衬纸，写的字还是无章无法，不成个样子，是必然的！尊纸写坏，十分抱歉。另附一条，原是为另一朋友写的，因同样不过关而搁下，只因写的是十八世纪的北京风光和清末社会风景画，看来似乎还有趣味，因此把后一行裁去转以相赠，或足博一笑！"[1]

因为陈从周的索书之举，沈从文和陈从周渐渐熟稔起来。当有一天沈从文决定南下去上海前，他特地致信给巴金，其中就提到要去见见陈从周："我大致九月里将返回北京，只有守住原来那个小小工作室，和七百万市民共同担忧乐为合理。我想趁这十天内来上海看看朋友，住四五天。初步设想，仍住桂林路音乐新村师院宿舍程流金处。……希望看看的不会过十个人，除王辛笛外，还有芦焚、王道乾、黄裳、陈从周（同济大学）、施蛰存、许杰……至多不会过十个人。"[2]

园林往事

从沈从文后来实际的行程看，他的上海之旅并未能与陈从周见面，但这却并不影响两人对于园林文化的探讨。沈从文致力于对中国物质文化史的研究，自然会涉及园林文化，当然会对陈从周的研究很熟悉，他致信陈从周提及："许多年以来，经常从《文物》等看到你关于中国园林研究文章，觉得很有意思，因为我在博物馆搞搞文物工作，虽已经过一世纪四分之一，始终毫无专长，只是常识一堆而已。对一切都感兴趣，早即注意到园林中堆假山

---

[1] 1975年秋沈从文致陈从周的信，载《沈从文全集》第24卷，第344—345页。
[2] 1976年8月沈从文致巴金的信，载《沈从文全集》第24卷，第462页。

近则受寿山艮岳影响，远则受《封禅书》海上三山传说影响。而南北朝许多石棺刻画，即还有不少园林用北派法的山石穿插其间，一直影响到后来还一脉相承。"[1]

这封信中提及的石棺刻画园林照片曾给陈从周看过，并引起了陈从周的注意，后来陈去信请沈从文帮忙提供。可惜因为时隔较长，沈从文所存物品又较为杂乱，一时寻不到，为此沈从文找出了此图的缩小样寄给陈从周："还有你问到我给您看过的孝子故事石棺上庭园假山那个照相，我因离京时过于匆促，较重要图稿多一咕喽装在个箱子里，暂存考古所朋友处，住处则因家中小将为防震计，把杂件重新归类，回来后，工作室一切变了样子，想照旧办法查找什么，毫无结果，只好慢慢清理，俟偶然发现了那图片再说。加之小病了两三次，右手臂常失灵，随后眼镜又毁了，在五月里死去了三个亲友，多忽然报废，也不免受了点影响，觉得有些工作恐得收收尾，不然，明天接手人不大好办。直到最近，考古所朋友，才为把一批待翻照的图片送来，内中有比原照缩小的几张图画，原照片可能还在我乱糟糟工作室，短期内难希望查出。试捡出两张付邮，可不知是否合用。似乎还得翻照再放大四五倍，效果才出来。"[2]

此时，沈从文与陈从周虽然交往时间不算长，但沈从文对陈从周可谓无话不谈，如自己的处境和衰老，如几位亲友的骤然去世。对于陈从周的学术研究，沈从文则尽心尽力地提供自己所掌握的资料。

1975年秋，历史博物馆已经有中青年人接手沈从文一系列的研究工作。当时沈从文拟了四十多个大小不一的专题，他高兴地对陈从周谈及："有些专题，也许和你治的园林建筑艺术还有些关连，如《家具应用进展史》《照明灯具应用进展史》《玻璃进展史》《由汉到隋前期山水画进展史》《建筑彩绘和丝织物的关系》《漆工

---

[1] 1975年秋沈从文致陈从周的信，载《沈从文全集》第24卷，第342页。

[2] 1977年8月沈从文致陈从周的信，载《沈从文全集》第25卷，第122—123页。

艺应用与加工进展史》等等。"

沈从文在信中对陈从周直言，他从文学转业到物质文化史研究，是由"玩票"转为"下海"，"而且大有可能终其一生将搞这个'打杂'的工作，欲罢不能了"。沈从文希望在这条路上多与同道交流，他还积极为陈从周提供园林研究线索，说他早期在北京曾住过一个王府的后花园，特别值得研究："我在抗战前住后门那王府后院，似乾隆特为怀柔蒙王仿苏式庭苑而作，比御花园乾隆自住的好些。一切还保留原状，曾照了上百张照片，目下还剩下廿来张，你如有用，改日当为设法重新照。"

1976年9月，沈从文从北京到上海时，曾有意与陈从周见面做一次长谈，谈谈陈从周感兴趣的"古代室内陈设布置"，那时沈从文正在进行"家具应用进展史"的研究和写作。

当时沈从文寄住在上海桂林路的音乐新村，那是好友程应镠（上海师范大学教授）的家。每次出去程家人都会陪同不大认识路的沈从文，为此沈从文很少外出。沈从文手里没有陈从周的地址，就发明信片到同济大学请求代转陈从周教授。结果明信片还真到了陈从周的手里。

沈从文在明信片上附言说，希望趁着短暂停留的四五天期间能去拜访陈从周，看看他收藏的明代以来园林建筑中的家具布置，希望其中会有重要的新材料发现。但是因时间仓促，两人当时只是通过明信片做了简短的交流，交流涉及唐宋时期的建筑、石刻、园林、家具和服饰等。

结束了上海的行程，沈从文按照与苏州亲友的约定来到苏州九如巷岳父家居住。1976年8月至11月，沈从文在苏州九如巷居住期间多次致信陈从周，信中谈及双方都感兴趣的园林文化。沈从文称陈从周为国内一流的园林专家，说在他面前自己当与同济大学学生一道学习"关于苏州各个不同园林的先后历史，及宋、明、清园林与住宅家具布置同异情形"。

沈从文还提及苏州下辖县昆山[1]一个叫陈墓（当时改为"陈茂"）的小镇，那是他的小孙女沈红的外祖母家所在，一处河网密布的水乡小镇。1976年11月，沈从文在陈墓居住了四五天，印象大好。沈从文在信中连对陈从周说此小小水乡，一切景色都好，很有意思，小镇上虽然处处见新面貌，但"新"中仍保留不少旧式房子，我们叫"一颗印封火统子"（注："一颗印"是昆明古建筑模式），充满了古典素朴宁静美。

时近深冬，景物清和，镇上小河道四通八达，沈家亲戚住处就在河边，旁有一旧式月拱桥，是石砌的，名曰"观音桥"，传说是镇上最老的桥。沈从文通过他作家的眼睛用心观察，来往的过桥人中有上下学的中小学生，有当地的居民，还有在制作老式的麻绳供摇船使用的妇女。不少月拱桥已经被改为水泥做的平板桥，但是过桥的人还像是前一个世纪的人，尤其是那些上了年纪的祖母样的老人，使得沈从文想起了他在湖南一些小县城见到的场景："纵横各条水道，两旁石砌的河岸，都十分整齐，并且三几户人家门前，就有个同样砌得十分整齐的水码头，可以上下百货物资……"

沈从文的亲戚住处附近有个观音庵，已经改为粮食供应处，装着粮食的船只停靠处必有大约三十只鸡在附近，这些鸡是从河对岸人家飞过来的，平时练就了非凡的本领，来去自如。

大清早，小镇上的茶馆油条烧饼铺，更是古意盎然。菜市场在一条主街上，百货公司和医药公司都有。当然，最吸引沈从文的还是与服饰文化相关的，沈从文说在小镇上随处可见到穿着旧式绣肩袖手的女人。那些来自周边乡村的农村妇女，肘上挂个小小竹篾篮子，放了十个八个鸡蛋，她们来回走动，表情怯怯的，无非是想拿这些鸡蛋换些零用钱。沈从文被她们身上劳动人民的朴实和善良深深感染，说就像是他六十年前在沅水流域所见的情

---

[1] 1989年撤县设市。

形。沈从文对陈从周说，她们很值得作家们继续唱赞歌下去，她们身上的朴素气息在城市里或是在知识妇女身上极为少见了。沈从文自叹已经收笔，无法就此组织小小篇章了。

相信陈从周收到来信时一定会同怀惋惜、同声叹息的。

徐志摩往事

除了园林文化、水乡情景，沈从文与陈从周还有一个共同感兴趣的话题，就是有关徐志摩的身世。

作为徐志摩的亲戚，陈从周曾投入多年致力于编修《徐志摩年谱》，其后来成为徐志摩身后重要的资料。当沈从文获悉陈从周所做的研究时，他积极提供资料，在与陈从周的信中不时谈及徐志摩的事迹："志摩先生过去帮助我极大，也可说是一生关系最密切的良友益师；思成夫妇也是一生最好朋友之一，不幸都已成古人。若还活着，知道我放弃'空头作家'以后，面对全国开了那么一个'大杂货铺'，一定会感到十分有趣。即或几个人总以为我写小说还有点小聪明，可是到明白我简直和个玩魔术的杨某某差不多，一个小小脑子里，把所学的种种，总是以万或十万计的小玩意，压缩到脑中襞折深处，一抓即出。"[1]

1976年9月24日，沈从文在上海期间，通过寄送明信片给陈从周，提及他在王西野处读到的《徐志摩年谱》（陈从周编著）。沈从文说读过后自觉十分受益，若是两人在上海见面的话，他可以提供徐志摩当年在北方的一些情形，以供陈从周参考使用，并可用为作传的材料。

1976年9月28日，沈从文致信陈从周："志摩先生年谱，读后印象极好。特别是前段生活，从尊著中得益极多。至于后一部分

---

[1] 1975年秋沈从文致陈从周的信，载《沈从文全集》第24卷，第343页。

几位作家纪念文章，似乎多属个人印象，由于作者本人对死者接触不深，分量不免较轻，不能满足年谱要求。因随手就兄赠西野先生本附书点滴作为补充。另邮寄上供参考。所提多琐碎小事，入年谱中亦未必恰当……"

沈从文还为陈从周的研究到处搜寻旧书，他说自己有一本影印的《爱眉小札》，上面曾做了一些附注，"有的不懂处为当年胡博士口释，有的系弟亲得之徐先生……"沈从文后来把书寄给陈从周作为参考。

1976年10月7日，沈从文在致陈从周的信中又提及《徐志摩年谱》事宜，他对前一部分大为肯定，而有关徐志摩在北方的种种，他认为似乎是受了材料限制，略感薄弱，有待补充处还有不少。

至于资料的缺乏，沈从文还为陈从周分析了其中原因。沈从文说当年与徐志摩相熟的朋友多是年事已高且有地位的人士，不像上海一些青年作家，他们彼此还是有些忌讳。因此这些人有关徐志摩的追悼文章见诸报刊的就很少。特别是关键性人物，对志摩先生之死即使有深刻悲痛，也绝不会在一般性追悼文章中表示，至于在客厅式聚会中，更是竭力避开此问题不谈。

沈从文认为，事实上在志摩先生死后，收集整理遗文、遗信、日记等等事情时，在较熟悉的二十多个当事人中所引起的种种感情，比南方友好追悼会所表示的内容要丰富得多，也切实具体而重要得多。就这些问题，陈从周所编著的《徐志摩年谱》似乎并没有涉及，为此沈从文在反复阅读年谱后，有针对性地做了补充和引申，以供陈从周参考使用。这些材料包括两个部分：一是关于徐志摩的直接材料，颇为细碎；二是间接材料，多为徐志摩与好友间的琐屑谈话，或是某人对于徐志摩的性格印象，有的可能与年谱写作无关。

沈从文鼓励陈从周，说他作为徐志摩的亲友，已经花了很大精力去研究其生命发展和文学社会活动等，就应该继续下去，即使是随手记录收集的内容，将来这些都将是有价值的。沈从文还用了一个成语"牛溲马勃"作为形象比喻。

沈从文期待到上海时就此事与陈从周做一次长谈,同时他还邀请陈从周去一次北京。他可以带陈从周去拜访徐志摩的生前好友金岳霖和张奚若,因为这二人在英国时就与徐志摩相熟,回国后与徐志摩过往极密,对于徐志摩的"情绪生活"应该说比他(沈从文)所领会的还要深刻具体。

对于零星的资料,沈从文也不放过,他总是想着尽可能多地为陈从周提供有关徐志摩亲友的资料,"记得志摩先生还有个亲戚姓查,似叫查士标、士元两昆仲,是否还活着?"

徐志摩去世那年,陈从周才十四岁,但这并不妨碍他对徐志摩的感情,他自言是"无缘无故的爱",但又是一种"很单纯的思想表现"。陈从周多年致力于对《徐志摩年谱》的编写,最终他完成了《徐志摩年谱》并出版。由此还促进了《徐志摩全集》的出版,并帮助重建了徐志摩陵墓,对此徐志摩的前妻张幼仪对陈从周说:"你比他的儿孙都好。"

在后来补充编写《徐志摩年谱》时,陈从周也很重视对沈从文提供资料的汲取。"而与沈从文谊兼师友,受他的一手提拔,如今八十高龄,每与我谈及往事,辄老泪纵横,我怕触动过多,常常'王顾左右而言他',他为我所编写的《年谱》,在志摩后期的生活中,作了一些补充,过誉了对这书的评价,说在材料与编排上,下了极大的功夫,如果那时不收集整理,现在已无法编写了。"[1]

沈从文为陈从周编写《徐志摩年谱》提供了大量的文字资料和口述资料,尤其是徐志摩遇难后,沈从文及时赶到济南处理后事的一段,非常详细和重要。同时一些细节也值得关注,如"胡也频烈士在上海龙华就义,沈从文与丁玲乔装成夫妇结伴去湖南常德,他(徐志摩)冒了危险送了全部川旅费"。这些事情,除了

---

[1] 陈从周:《记徐志摩》,载《陈从周散文》,上海:同济大学出版社,1999年,第5页。

沈从文，恐怕无人知晓。

《徐志摩年谱》出版后，陈从周对于沈从文的读后意见也是相当关注，"沈从文先生说：'没有你的书，志摩的家世与前半生弄不清了。'讲得非常实际，流露了欣慰的心情。都是对《年谱》作了肯定的评价，因为我没有虚文，全是据资料实录。我有一个增补本，现存北京图书馆，沈从文先生在《年谱》中对志摩临死前几年的情况有一些补充，眉批在《年谱》上，因为年龄大了，记忆的事，有许多略有出入"[1]。可见陈从周虽然重视沈从文提供的资料，但同时也注意甄别，确保无误。

九如巷旧事

在沈从文与陈从周交往过程中，有一个中转站，就是沈从文的岳家苏州九如巷。

1976年，沈从文因为唐山大地震到苏州暂住。当时他居住在岳父旧宅九如巷，与张兆和的五弟张寰和一家人住在一起。居住在此处时，沈从文感到有些内疚，说一家老幼四人突然"袭击"，后来又加上二姐张允和夫妇前来居住，造成了"反客为主"。主人家本有八口人，不得不腾出房屋挤在小小寝室中。为此沈从文曾托陈从周向苏州房管部门反映下张家被借去的房屋归还问题。

对此情况，陈从周也是热情帮忙。陈从周找到了在苏州的学生的爱人，即在苏州房管部门的工作人员，请她帮忙协调解决。沈从文向陈从周反映说，张家住房困难确是事实，况且张家几个姐妹和张家大弟都即将退休，希望将来多回来住住，来往的张家人也都希望能在小时长大的地方有个落脚处。如果此事能够及时解决的话，对沈从文也是一种帮助，这样他就可以在这里安心进

---

[1] 陈从周：《〈徐志摩年谱〉谈往》，载《陈从周散文》，第15页。

行手头上的服饰文化史研究和写作了。

因为陈从周的介入，相关工作人员及时来到九如巷张家调查了解情况，当时沈从文正住在九如巷，他以小说家的眼光观察着这一切，并致信陈从周表示感谢："九如巷张府房子改建事，前承特别介绍于李同志，上月李同志即来和张寰和弟商谈，并十分热情就所知种种进行手续一一奉告。弟适亦在住处，虽经寰和介绍，惟并未料及即系吾兄惠书拜托协助之人，加之所说是苏州话，弟虽作了近半世纪苏州姑爷，至今尚听不懂一句苏州话，只觉得这个客人问事非常细心，而考虑问题又十分周到，还近于'跛者不忘履'，用个四十年前写小说的习惯，对于面前这么一位美丽文静而有教养的女客人，在一种近于画意诗境的对话，不免充满了欣赏兴趣，觉得到苏州半年，还近于第一次见到这么一种外貌还像个大学二年级女学生，头脑细致周到却远比什么'首长'还有办事水平的人物！"[1]

政府部门人员的上门调查，引起了张家上下的关注和感谢，沈从文因为有着语言上的隔阂，没有介入此事，但整个事件却引起他再度从事小说创作的欲望："对人总习惯于从画面艺术效果出发，得到一般人所难于体会的好感，甚至于还能于另外一时，用异常简明准确的百十文字转移到纸面上，让另一时另外一些人还能得到共同欣赏的效果！事实上，赏鉴的能力虽似乎还未完全消，在老有童心的生命中，对于人的特别值得敬爱的长处和稀有特征，以及混合于生命中，反映于言笑里给人的良好印象，虽似乎还保留些些，但用文字重现的能力，却早已消失无奈了。如返回十年二十年，说不定会仅凭这点印象，会写得出一篇满动人的小说的。"[2]沈从文还就此以四十年前在青岛创作《边城》举例，说明这种偶得的灵感反倒能够成就不俗的小说作品。

事情过去数月后，已经回到北京的沈从文仍对此念念不忘。

---

[1] 1977年1月1日沈从文致陈从周的信，载《沈从文全集》第24卷，第8—9页。

[2] 1977年1月1日沈从文致陈从周的信，载《沈从文全集》第24卷，第9页。

当陈从周接连几封信到来之后，他又旧事重提："回复您的信已三四次，总是写来写去，说不到点子上而终止。记得第一次是在苏州见到房管处那位女同志，她来谈张家房子问题，我想不到正是您学生的爱人。不参加他们谈话，听他们谈，只觉得印象极好，似乎动了老毛病，觉得是个短篇中有典型性的可爱可敬主角，她走后，大家对之印象都很好，以为应当即刻写个信向您致谢才合理。我一切照办。可是写了第一页，全是对她的赞美印象，因之搁下了。"[1]

张寰和夫人周孝华女士后来回忆说，张家的房屋问题实在复杂而难言。当时沈二哥（沈从文）知道情况后，就致信陈从周求助，陈从周的一个学生的爱人前来九如巷了解情况，前后来过多次，人是很好的，也很讲道理，但她无法解决问题。后来此事终究不了了之了，但张家还是感谢陈从周，感谢沈二哥。

张寰和之子张以迪先生至今还记得陈从周当初上门来找沈二姑父的情形，他说一开门就看到一名男子举着一个鸟笼子，很漂亮的苏式小鸟笼，里面还有只小鸟呢。举笼子的男子正是陈从周，同济大学的教授，"我和他开玩笑说，一个大教授举着鸟笼子上门来，他也自觉像个大少爷派头的，他说鸟笼是人家送的，因为他很喜欢这种鸟笼子，真是可爱的教授"[2]。

一封长信

当沈从文与陈从周渐渐熟悉之后，沈从文对他的工作颇为关心。1977年1月1日，沈从文致信陈从周，开头就说："得惠书，知曾因公来苏一次。前些日子来闻一熟人说，你可能已赴京参加主席纪念堂建筑工程消息。"沈从文多次在信中对陈从周予以鼓励，

---

[1] 1977年8月沈从文致陈从周的信，载《沈从文全集》第24卷，第122页。
[2] 2017年年初笔者采访张以迪时的记录。

说"能者多劳"。

"从周先生""从周兄""从周吾兄"……从这些称呼的变化中，即可见沈从文与陈从周从相识到熟悉，最终成为挚友的过程。由于两人的名字中都有个"从"字，有时沈从文还在致信称呼时特别把陈从周的"从"字和他的名字写得不一样。

从20世纪80年代初之后，沈从文与陈从周似乎很少通信了，从赵家璧致施蛰存的信中可见一些端倪。1980年8月，施蛰存去北京出差，赵家璧询问是否见了不少老朋友，这其中当然会关注老朋友沈从文。赵家璧首先就提到"从文兄事，我一直深感不安"。赵家璧所说"不安的事"是指他把沈从文给他的信转给了陈从周，而陈从周则把信的内容发表在了香港报纸上。赵家璧说这使得沈从文很受影响，对此赵家璧觉得自己有责任，但同时又觉得委屈，他认为："但陈从周和从文也是老朋友……"在这封信中，赵家璧还向施蛰存打听沈从文的新地址，并询问沈从文是否谈及此事，一再表示自己的失责。而这件事就牵涉徐志摩的后事。

查《沈从文年谱（1902—1988）》和《沈从文全集》内容可以发现，1979年9月21日，沈从文曾回信给赵家璧，在信中对赵家璧来信询问徐志摩的情况作了详细说明。文中主要是回忆了他在徐志摩去世之后急赴济南处理后事的经过，尤其是谈到徐志摩死后身体状况以及具体致命伤处的情况："才知道事实上致命伤即只两处，和后来报纸传说全身焚化情形不合。（也可证卜诗人在近期《诗刊》上说的不可信。他对此根本无知，前因后果更无知。但因这些传说加上别的附会，闻在'文化大革命'中，硖石本地人竟以为是用金头配上殉葬，坟墓因之被掘，确实几年前从陈从周先生处才明白的。）"

沈从文此时提及徐志摩的后事总会有意无意想到陈从周编《徐志摩年谱》的事，赵家璧收信后自然乐于与陈从周一起分享其中涉及徐志摩旧闻的情节。此信涉及徐志摩与陆小曼的婚姻，并涉及胡适对几位女作家以及林徽因、陆小曼评论的情节，如此种种，沈从文后来也认为不宜外传。而沈从文于1977年8月回复陈从周的信中则明确表示："拟回复您询问到叔华所扣日记中涉及某女士的姓名，许是书生气作怪，不便提。"

到了1980年3月21日，沈从文致信赵家璧，说希望收回前次写给赵家璧谈及徐志摩往事的信，"为免得身后小是小非传播，深盼将前信中涉及志摩先生事部分，托由蛰存兄代为收回处理，免得家中老伴为难。盼能得兄理解，同意一加协助，感谢万千"[1]。

值得注意的是，就在这封信之后几天，沈从文即致信施蛰存提及："近闻丁玲在好几种刊物上，大骂我四十年前文章对彼与也频有亵渎处，尚未得详内容，据闻重在澄清。似意外，亦意中。廿年委屈，出于何人？"沈从文对旧人旧事显然是有了顾忌。

有关此事，可以参见陈从周作于1981年8月3日的《记徐志摩》长文，其中有一段提及："志摩的死，沈从文知之甚详。他写给赵家璧的信中（也有同样的记录给过我），有这样的一段话：'记得徐先生在山东遇难，得北京电告时，我正在杨金甫（振声）先生家中，和闻一多、梁实秋、赵太侔诸先生谈天……'"这段数百字的引文主要是转述了沈从文在徐志摩遇难之后紧急从青岛赶赴济南协助处理后事的大致经过，可谓是最直接的现场记录，因此很为陈从周看重。

也就是在这一年的春天，陈从周又去了济南徐志摩遇难地附近，并作诗三首，其中有句："世事沧桑五十年，渐盈白发上华巅。遗文佚史搜堪尽，含笑报君在九泉。"应该说陈从周对徐志摩身后事非常之用心。由此想到，若是仅仅因为徐志摩事而在香港发表了沈从文的信，相信沈从文也并不会计较。

1988年，年逾七十的陈从周还在《〈徐志摩年谱〉谈往》中谈及赵家璧与沈从文对他作《徐志摩年谱》的支持和肯定，说赵家璧作为徐志摩的学生对这本《徐志摩年谱》很是感激，说沈从

[1] 1980年3月21日沈从文致赵家璧的信，载《沈从文全集》第26卷，2009年。

文对他说过"没有你的书,志摩的家世与前半生弄不清了"。又说沈从文对徐志摩临死前几年的内容做了一些补充,还眉批在书上,对他修订《徐志摩年谱》帮助很大。就在此文中,陈从周还提及他最早编《徐志摩年谱》的阻力重重,当时正处于解放时期:"朋友劝我不要干这蠢事了,请赵景深先生作序,他不肯写,徐悲鸿先生要我搞鲁迅,但都扭转不了我这颗'无缘无故的爱'的心,硬着头皮干下去了。"由此可知,陈从周当时是顶着很大压力坚持完成了《徐志摩年谱》,因此后来但凡遇到相关史料当然不肯轻易放过。

对于陈从周发表沈从文信文的情况,袁洪权先生在媒体上有一篇论文[1]则充分透露出了其中的原因,其中提及:"赵家璧建议此时沈从文应该先编辑《沈从文选集》,'希望你快快把《选集》编出来'。因担心沈从文手头可能部分书籍已失去,赵家璧还自告奋勇答应提供部分书籍,'我自己藏有良友版《从文小说习作选》和初版删节本的《记丁玲》。你如需要,我可以借你用。上海图书馆藏有良友版《记丁玲》前后两册的平装本,必要时,我也可以替你设法'(1979年10月9日致沈从文)。但是,正是在收到沈从文9月21日给自己的信,赵家璧犯了一个严重的'错误',他把这封信转给同济大学陈从周教授看过,陈以沈从文信件中涉及徐志摩生平事迹,在香港把这封信予以全文发表。"

这篇文章还提及:据赵家璧女儿赵修慧女士回忆,沈从文去世之后,他的父亲曾拟写怀念沈从文文章,但可惜的是,他那时因生病住院留下残稿,内有"沈从文在中国文坛的遭遇,并不比徐志摩顺利多少"的字样。从这点我们可以看出:赵家璧对沈从文的崇敬,是来自老朋友的感情。

由此延伸阅读陈子善先生在主编陈从周的《徐志摩:年谱与评述》一书时所作序言:"大致可以推断,《徐志摩年谱》断断续

---

[1] 袁洪权:《丁玲曾对沈从文〈记丁玲〉一书非常不满》,载《北京青年报》,2014年10月17日。

续历经十五六载，方始大功告成。然而，结集出书遇到了意想不到的阻力。当然，这阻力并非不可预见。既然徐志摩不是左翼作家，早已被判定为'一步一步走入怀疑悲观颓唐'的'末代的诗人'（引自茅盾《徐志摩论》），那么，在上海已经改朝换代的1949年九、十月间，印行《徐志摩年谱》确实有点不合时宜。但陈从周不顾朋友们'不要干这蠢事了'的劝告，他后来感慨地回忆道：'请赵景深先生作序，他不肯写，徐悲鸿先生要我搞鲁迅，但都扭转不了我这颗"无缘无故的爱"的心，硬着头皮干下去了。当然有些只好不明言了。'陈从周执意印出《徐志摩年谱》。他自认这是一次'感情的冲动'。谢天谢地，幸好有了这次'冲动'，否则这部《徐志摩年谱》命运未卜，到了五十年代以后就极有可能无法与世人见面了。"[1]

　　陈从周数十年如一日为徐志摩年谱的编写和修订前后忙活，可谓是痴心一场，用心之至，即使是发表了沈从文有关徐志摩的书信内容，也是无心之举。相信这件小事不会影响到沈从文与陈从周两人的友谊。

[1] 陈子善序，载陈从周著，陈子善编：《徐志摩：年谱与评述》，上海：上海书店出版社，2008年，第2页。

第九章　张宗和：书信唱酬话衷心

1973 年 北京

1973年在北京的沈从文（沈龙朱/绘）

"我在十年，即近于和绝大多数旧熟人隔绝状态下。长年不离库房和陈列室，即至熟如郑振铎，只因为是'顶头上司'首长，便不往来。馆中同事廿年，还有不少不知姓名。卞诗人等亦少过从，老同行统无关系。正因此，在这次大动荡中，老舍、冰心、巴金等等所受不同等折磨折腾，均不至于上身。一半出于幸运，一半出于被保护，其所以能得此'幸运'或'保护'，不争权，不出名，大有关系。"这是作家沈从文1973年6月10日写给张宗和的信文。从20世纪60年代到70年代，沈从文多次与张宗和书信来往，其中不乏肺腑之言，当然更多的则是他对时局的困惑，以及对文化事业的担忧。

张宗和是谁？沈从文为何在特殊时期多次与他说心里话？

特殊时期，沈从文密集致信张家大弟

张宗和，沈从文夫人张兆和的大弟，为历史学教授、昆曲曲友，早年热衷写诗和创作小说。

合肥张家张冀牖育有四女六子，张宗和身为长子，从小受四个姐姐的影响，诗、书、曲皆通。1932年张宗和考入清华大学历史系，在北平就学期间，他与四姐充和参加了俞平伯组织的昆曲社团谷音社，在昆曲界有"小罗汉"雅称。毕业后投身教育事业，全面抗战时辗转云南、安徽多地任教。抗战结束后放弃优越的家族办学工作环境，主动到边远的贵州任教，他自称要做"一世祖"，后于1977年在贵阳病逝。

在张宗和的日记里，常常会有关于沈从文的一些记录，如1932年8月8日记：

> 沈从文来苏州一趟，他算是得了一点胜利，三姐怕他不是很好看，我倒很愿意他们好。

又有第六只癞蛤蟆，三姐说。四姐告诉我关于沈从文的事。真的，一个人都有些事真是要命，有些感情上的事连自己都不容易解决。

又如1932年9月10日记：

上午三姐在看沈从文的信，看得心动，连我也有得看了，他的信写得像文章一样好。我以为爱是伟大的，无论如何我又以为爱的目的并不是为了结婚、为了养儿子，恋爱只是恋爱，恋爱把一个人的青春装饰得美一点，就是痛苦也是美的。

三姐看了他的信，说他态度很好。是的，我也以为这样很对。他们定婚了没有，我也不知道。我想对于手续和仪式，将来总是要办的。

又如1932年12月31日记：

从青年会坐车到银闸，三姐在家，说沈从文十一点来，我们一同去吃饭。我们坐在火炉边，三姐告诉我几天来沈从文来的经过，看样子很好，一切都很顺利。沈从文快乐，三姐也快乐。

十二点多，沈才来，提了一包东西站在门口不得进来。我开门让他进来，他进来了，三姐打水给他洗脸，揩手，像待情人一样（不，本来他们就是一对情人）。一会我们就去吃饭。

沈从文还带着张宗和去认识一些文学朋友，带着他去青岛与一班文学教授相识聚会。根据张宗和日记记载，1933年6月，他在沈从文的带领下"见过一次大场面"。说的是那天晚上沈从文请客，请的全是青岛大学的大教授，如梁实秋、杨振声、赵太侔、游国恩、陈逵等。"他们这些教授，到了席上，教授的尊严像是全失了，闹酒划拳。那晚很奇怪，像是不很划拳的某人赢了不少回，他老是叫五五五，别人全输在五上。许多教授，如杨先生、赵先生、梁先生，猜起拳来很神气，声音叫得响亮，尾巴也带得好听，一切都表明他们老于此道。谁知他们却输了，他们一输就说某人的拳有毛病。尤其是大胖子赵太×有一次他接连输了六拳，他再也不同他划了。我们连酒带饭一共吃了二十多元，这儿请客真是太费了。"

在张宗和遗留下来的老照片中，有一张四人合影，分别为张充和、张宗和、沈从文、张兆和。四人身着棉衣，在清华大学校园的溜冰场上，各自踩着冰刀立定，身边还有来往的溜冰人。这是张宗和在北平上大学时的场景。

那一时期，沈从文与张兆和已经确定了恋爱关系，并于不久后在北平完婚。张宗和自称他本身就对沈从文的作品感兴趣，因为有了更近一层的关系，使得他在读沈从文的作品的时候，也有了不同的感受。因着对文学的热爱，张宗和常与沈从文有所来往，两人因为志趣相投，相处也很愉快。

纵观张宗和坎坷的大半生，他从未远离过文学和昆曲。张宗和从小时候就养成了写日记的习惯，以培养自己观察和表达的能力。同时，他还主动承担起了家庭杂志《水》的编撰工作。

张宗和在少年时期就与几个姐姐和诗，到了青年时期更是创作热情高涨。因为对文学的激情投入，他还与文友从高中课堂上溜出去偷偷报名参加了东北抗日军（1931年），后来被家人发现，将他追了回来继续读书。

全面抗战时期，遭遇生活的变故，以及父亲、妻子的相继病逝，张宗和一直都用笔排解痛楚。在此期间，张宗和写下了大量的日记、书信、小说、散文等。因为爱好写作，他几乎读过沈从文所有的作品。

新中国成立后不久,沈从文的创作一度受到打击,只见创作未见发表。对于姐夫沈从文的遭遇,张宗和一直在远方关注着。1953年3月3日张宗和在给美国的四姐充和的信中提到:"他(沈从文)曾想不开自杀过,据说主要是为……塞先艾从北京回来说他在郑振铎领导下的文物局(即故宫博物院)工作,拿很少的薪水,丁玲还叫塞劝劝他,叫他打通思想,他在报上也发表过检讨……我想你们应该写信给从文,启发他一下,四姐来的信都是很进步的,你们说他会要相信的,我们要拉他起来……"

张充和与夫君傅汉思在北平时常与沈从文谈论文学艺术,对沈从文的秉性多少是有些了解的,因此张宗和眼见沈从文陷入低谷,无奈求助于身处异国的四姐。

1957年12月29日张宗和致信四姐张充和:"三姐还在《人民文学》编辑部工作,沈从文的选集最近重新出版了,他大约很高兴,寄了一本来给我,他在历史博物馆当研究员,成了宋锦专家。……"

当张宗和因为政治运动陷入精神病痛之中时,沈从文在信中嘱咐他用药的同时还谈及古典文学:"北京今年数月来无雨雪,华北旱象令人忧心。盼望你一切好转,吃眠尔通有好处,不妨每天吃三几片,无其他副作用。这里也有了点春天气息,公园中人如赶街子,无一熟人。从文在人众中走去,有举目无亲感,在这种情形下读旧诗,如曹植、陶潜、杜甫等作,即仿佛有较深一层了解,为过去所未曾有。"[1]由此沈从文还建议张宗和多出外走动走动,可以到北京来住上一个月,如果经济上不够,大家可以帮着筹备一些。

在信中,沈从文常常以身说法,鼓励张宗和继续努力下去,要保持必要的斗志,当谈到很多老朋友都相继病逝时,他提及:

---

[1] 1965年3月20日沈从文致张宗和的信,载《沈从文全集》第21卷,第436页。

我姐夫和大哥也是一天即完事，事实上我也有这么一种可能。可是却估计到，如非意外，还不大像急于报废。因为还有大几十万字的材料待整理，又还有五六十个小专题待写，居多已写出个目次节略，重抄出来，配上图，就满像个样子。从这点"有责任待尽"的意义说来，就得坚决拒绝"报废"的邀请！不得已，要"退休"，倒可以考虑，因为近廿年工作放弃后，至少还可写个五十万字回忆录，把身预其事的近五十年文学运动得失，及个人工作关系，友好接触关系，用一个大学生能接受的方式写出，必远比有成见又无知识的教授写的《中国近代文学史》，有意义，有内容，也有趣味得多！但未必能出版。

　　也还有这么一种可能，即在正式的受邀请情形下，来攻关，写一两本崭新的短篇小说，试试送到国外去看看，肯定用不着什么宣传，在日本或其他不少国家，都会得到好评的……但在本国，则是否能出版，还不可知。[1]

　　鉴于当时很多作家还在乡下接受劳动改造，对于文学的良性发展，沈从文是抱有忧心的。如果不能解放作家们的思想，就无法谈及作品思想的解放。对于当时的重理论、轻叙事的写作氛围，沈从文对张宗和提及："中小学生语文课，多重在能写'论文'，而不鼓励学习'叙事'。甚至于影响到报刊上通讯，也难望写得生动活泼，引人入胜。"对于那一时期比较好的作家，沈从文还是看重汪曾祺："改写《沙家浜》的汪曾祺，你可能还记得住他。在这里已算是一把手。可没有人明白，这只比较得用的手，原是从如何情况下发展出来的！很少人懂得他的笔是由于会叙事而取得进

[1] 1972年6月10日沈从文致张宗和的信，载《沈从文全集》第23卷，第142—143页。

展的。"

在这封信里，沈从文还劝张宗和有时间多看点杂书，或许一时用不到，但对于治学和做人都会有所帮助的。后来，沈从文还专门为张宗和开了书单，询问他是否需要这些紧俏的"内部参考"的工具书，也提到《太平御览》《北堂书钞》《艺文类聚》《渊鉴类函》《格致镜原》《美术丛书》等唐到清的类书可由内部书店购买，对于搞文物用处较多，若有需要，可设法为其找找。为此，沈从文建议张宗和前来京城亲自选书，工具书、译著以及20世纪30年代的作品都可以买到，但前提是要带着学校革委会的介绍信，这样就可以到中国书店的内部供应部去选购了。

沈从文之所以劝说张宗和尽快多购买书，多读书，是希望他能够把因为政治运动荒废的时光找回来，重新补课，重新启动自己的学术研究和文学创作。在此之际，沈从文自己也在为重新购书而忙碌着。

六分钱一斤处理藏书，这事向谁说？

1969年9月12日，沈从文致信张宗和述说个人真实的现状。其中就提到了张宗和的女儿以端来看他时的情况：

> 三姐一走[1]，我的狼狈可想而知。因为除了二姐偶尔来看看，只一表侄媳隔日来打一次针，此外即再无熟人。一出事故，可能会是完事以后许久，才会为同住同事发现。这和你以端说的"从容躺在床上看书"实际上并不相合。因为国家对我已够好了，可是我受心脏病高血压限制，报废还是迟早间事。这廿年学的一切有用东西，

---

[1] 指张兆和即将被下放到湖北咸宁"五七干校"劳动学习。

完全无望把它来点滴贡献给工作了。我那里会从容！在床上实十分难过，无可奈何。[1]

时隔近半个世纪后，张以端对那段往事依旧记忆清晰，尤其是关于沈从文被迫处理藏书的经历，她至今提起来仍会落泪。

以端说，大概是1968年的深秋，她去北京拜访三姑爹沈从文，那时他好像住在东堂子胡同，反正和三姑妈不住在一起。屋子很小，光线很昏暗，一进门就是一个大坑，差点跌了一跤。看到三姑爹时她吓了一跳，三姑爹正躺在床上，她走了过去，三姑爹拉着她的手，说书都没了，不少是作者好友送的书，六分钱一斤卖掉[2]……

她跟三姑爹说让他想开点，还用贵州话（安顺方言）说笑话逗他乐，因为湘西人能够听得懂贵州的方言。当时以端就讲了两个笑话，一个是两个乡下年轻人看人家打乒乓球，就模仿着拿两块木板打鸡蛋，沈从文笑完了还是"教育"以端说，不可以取笑劳动人民。还有一个笑话是说一群年轻人拼命去抢一条"白线线"，意思是说举行百米冲刺。沈从文理解以端的用意，对她表示感谢，且当时就答应喜欢书法的以端写幅字给她。当时写的是沈从文去鄱阳湖采风时作的诗词，沈从文说那种采风是无法写小说的，就写了这首诗。写完后沈从文又问以端喜欢哪个诗人，以端说喜欢李清照。于是沈从文又为她写了两首李清照的词，至今这些书法作品还为以端女士珍藏着。

探访完沈从文后，张以端向父亲汇报探访情况，当然是报喜不报忧，也希望以此减轻父亲的精神负担。但是以端说她永远忘不了，当她告别时，三姑爹和三姑妈跑到胡同口送她的场景，当时还一起拍了合影，那种气氛多少是有些令人伤感的。

---

[1] 1969年9月12日沈从文致张宗和的信，载《沈从文全集》第22卷，第163页。

[2] 根据1972年6月10日沈从文致信张宗和的内容，不少藏书以七分半一公斤处理，后又以约七元半一斤添购。

　　说起书法，以端说，这也是她父亲和沈从文共同的兴趣爱好，但是沈从文1969年9月12日致信张宗和时并不支持他练习书法："你说在写字，据我意见，社会变化大，目前还只能说是起始……写字是毫无意义的消极行为，你怎么经过那么大社会变化，还不明白自己宜如何自处？……决不要把每一个日子轻易放过，更不宜作'逍遥公'。应严格管理自己，主动去作事，活得才有意义！"

　　沈从文希望张宗和加强自己的思想改造，要及时跟上形势，努力学习，向身边人学习，向爱人学习，向孩子们学习，并自称在家中已属于最落后的一员。他希望张宗和能够变消极为积极，这种寄望当然是出于当时的形势，同时更不希望张宗和在严峻的政治形势下陷入被动，甚至出现不测。

　　1969年10月20日，沈从文再次致信张宗和重提旧事："上次一信计可收到。内中劝你不必写字遣送有用岁月，应当采取主动、积极态度，抓学习紧一些，不仅对自己明天工作便利，对孩子们也可得到帮助。他们积极有时还是会犯错误！……我和三姊都宣告无问题。特别是我，若半个世纪中稍存投机依赖心理，这时就不可能如此从容作病号，或者早已报废完事了。"

　　沈从文一再在信中提醒张宗和，务要认真积极学习，内容意义深远，希望他能一改旧的生活态度和工作方式，关注眼前的形势。其实无非还是希望这位忠厚好学的小舅子能够安全度过"运动期"，并希望他能在现实工作中有所收获。

　　到了1976年时，沈从文对于张宗和练习书法的事已经是态度大改，他自称已快三十年没有为什么人写过一张字，不写字是不想"假风雅"，还有个原因，即觉得这一行死去的既有鲁迅，活着的又有郭沫若，"天下定于一"，生死作家都有了一个人，就够了。他再来附庸风雅，似不必要。当香港《书谱》杂志把沈从文的书法与时任文化部部长的茅盾相提并论，并说沈从文"是作家中唯一懂书法的人"时，沈从文只觉得是一种玩笑而已，他对张宗和说："其实写字在历史上从来多是在当时，谁官最大，谁就写得最好。"对于张宗和热爱练习书法，沈从文建议："因此我想到你十多年前，似曾说过想写写字的旧事。过去曾不甚赞同，以为费力难见好，不如从'实用主义'出发，考虑搞点别的什么。现在看来，倒觉得如能始终用个'玩票态度'，写写草字或隶书，或许还是一种有保健作用的方式，一成习惯到'欲罢不能'时，大致就在精神上会起真正休息作用，体力转好亦意中事。"[1]

再往回追溯，沈从文早在20世纪60年代初期对宗和的书法就曾提出过批评。1962年9月26日张宗和致信张充和时提及："最近接从文来信，说要到西南来，可来贵阳几天。我写的小说《武汉》有三万多字，前托人带给三姐，他（沈从文）大约见到了，可是并没有看，也许只随便翻了一下，见我写的字草，就两次来信训我，说我不认真，如何教学生，人家二十几岁已在《历史研究》上发表文章，我快五十了，还没有成就等等。马上使我想起二十五年前我们在北京和靳以听戏时他训我们的情况，他说不用功的才到中学教书，用功的留在大学当助教。后来我在云大教书了，解放后他不教书很想不通，认为卞大相公（卞之琳）都能教书他为什么不能教呢？"

更早一点，在20世纪30年代时，沈从文就对这个小舅子"严加管教"，阻止他去看戏，没收他的戏票钱（借给了求助的学生），督促他好好练字并撰写历史论文等。应该说，对这个妻弟，沈从文是寄予了极大期望的。

"同病相怜"？谈及文事同隐忧

从沈从文给张宗和的信中看，他劝张宗和多做事少习字自有其历史原因，他希望张宗和在政治上免受挫折，因为连他自己能

[1] 1976年10月12日沈从文致张宗和的信，载《沈从文全集》第24卷，第497—498页。
[2] 张宗和自传体小说《烽火》（未完稿）第一篇《武汉》。

否"比较安静的度个晚年"都尚未可知，因而"愿能彼此互勉互励，凡事谨谨慎慎"。后来，沈从文还利用在京从事文物考据工作的机会多次为张宗和购书，1972年7月1日沈从文致信张宗和："你读书比我强得多，一定还可多做几年事，望好好保重！"

根据张宗和小女以祇回忆，父亲与三姑爹还有着一个共同的爱好，就是古物，在北京时常一起"淘宝"。1956年夏天，张宗和去北京开会，替贵州师大历史系买了一批文物，沈从文陪着张宗和在琉璃厂淘到一件唐朝的敦煌写经卷，钱还是张宗和垫的，后来这部经卷成了重要文物，联合国教科文组织特地拨款修建贵州师大图书馆，其中就与这件经卷和另外两部书有关。

1965年，沈从文身体出了问题（心脏供血不足），却还是渴望多做事，看到国家的文化事业尚无进步倾向，尤其是年轻的一代并无奋斗精神，沈从文非常忧心。他致信张宗和："看看一些年近四十的人，学什么还泛泛浮浮，作个上千字说明也把握不住问题要点，对文化史或国家博物馆整个问题也了不关心，对自己业务提不高也毫无焦急惶恐感，和这些'接班人'在一起，真不知从何说起！这些人似乎心中尚浑浑噩噩未成熟，根本说不上什么远志和雄心，及对工作上远大抱负。……社会条件好，学生读书能力却日差，实在是一个问题，因为照此下去，说是学辩证法、唯物论及毛的思想，来搞历史，教历史，也将不免流入形式主义而落空！"[1]

一直到1969年，年近古稀的沈从文都受着不同程度的病痛折磨，他在9月12日致张宗和的信中提及："因为我年近六十九岁，血压总在二百左右，稍升即二百廿，低压一百廿，已临近极限。长日心痛，心脏硬化、胀大、劳损，行动有时已感困难，稍不小心，报废将是一二十分钟事。"

但沈从文一直争分夺秒地参与工作，可谓是"见缝插针"，执

---

[1] 1965年3月20日沈从文致张宗和的信，载《沈从文全集》第21卷，第436—437页。

着于他的"花花朵朵、坛坛罐罐"以及中国古代服饰史的研究。在信中他不时地对张宗和介绍他的文物研究进度，述说其中的困惑，张宗和在贵州师范大学教授历史，似乎更能了解这一事业的重要性。

只是非常时期，张宗和也被冠以"反动学术权威"打倒了，抄家、批斗，连同家人下乡劳动。张宗和瘦到连亲友都不认识他了。但是他把所有的痛苦都埋在心里，只是默默写几句诗，如"三十年来是书生，一旦坠落在风尘"。其长女以靖说："可怜他（张宗和）憋了一肚子气，一直睡不着觉，最后精神分裂。"

就是在病痛时期，张宗和也没中断练习书法、传承昆曲，以及整理历史资料，从而培养出了一批曲友，并留下一批文史笔记。只是他对学生们的综合素质和写作水平实在"不敢恭维"，有段时间他改学生们的"八股文"改到头痛欲裂，只得转交好友戴明贤代劳。

针对当时文化界的不良风气以及写作教学存在的问题，沈从文也很忧心，为此他曾致信张宗和："科学院的文、史、考古还分三摊子各不过问，因此绝大部分文物，史语所不会利用，文学所也依旧乐意停顿到原有方式上，引书注书，更不会利用文物。三个方面不结合，这一千万件东西，或许就只是个惊人数字，别无意义，是最大的浪费！"

就这一问题，沈从文还于1973年11月致信中国社科院的领导何其芳："建议科学院的文、史、考古三所，不宜再用老办法搞一摊，或许得试从一个更现实些也更新的办法，合力同功，抽调一二十个少壮党员，来向故宫历博进行一种新的综合学习一年。有了个基础后，再向全国各大文物区，如陕、洛、郑、湖南、南京及大文物美术博物馆，如申博、东北博，走个一年，再去敦煌学半年。"沈从文还毛遂自荐说愿意随同这些学员一道，给他们做个"说明员"，希望自己的研究工作能够有所接力。只是这样的建议在当时又有谁会重视呢？沈从文也只能与志趣相投的张宗和说说，就当时学生写作教学存在的问题，他提及："……有些大人也难懂的文章，上教材后还得背诵。最大的不上算，还将是照这么教下去，作为文学后备军将越加难产。吃亏的是国家。因为小将们要使得笔下活动，同时头脑也活动，主要是应当让他多看杂书，学叙事，会写信，作为用笔起码底子。我们小时曾被迫写《汉高祖斩丁公论》或《士必先器识而后文章》。当时秀才教员肯定也写不好。现在要他们写论文，情形相近，没有一个教员明白效果和影响将是什么。他们只求不犯错误，就全是'文抄公'，毫无独立思考能力和机会！因为不少大中教员，本人就不会写得出像样的叙事文，只知抄袭理论，新旧基础都不过硬！若本人作文还不大及格，下放十年也不会忽然心窍一通，即写得出好文章，或教得出好学生的！"[1]

到了1972年，沈从文还在继续与宗和谈论学生作文问题："得信，知你事已重作判断，恢复正常，可贺。……教写作，有个基本矛盾存在，不易解决。照近十年来中小学教学方法，总是拟提纲，定主题，大学搞习作抓得会更紧。……据我个人经验，写和教的经验，真要学生在写作上取得进展，一面是看杂书，大量的看，一面是不受什么写作格式框框拘束，从写信作起，相互为用，一二年间必可取得显明进展。"[2]

沈从文显然懂得"思想解放"对于写作者的重要性，因此他还提及："作家思想不得到真正解放，有分量有内容作品不可能产生的。就学校说，则练写作基本功方法若不大改大变，肯定二三年后学生写个信也不免公式化。不可能出现奇迹的！事实上不少在大学里教习作卅年的大教授，就写不出像样叙述文章，本人习作还不及格，怎么懂得因材施教？"

此时，张宗和的"历史问题"得以解决，沈从文为之欣慰。但连续多年的精神和体力的折磨，已经让张宗和身心俱疲，因此

---

[1] 1972年7月1日沈从文致张宗和的信，载《沈从文全集》第23卷，第192—193页。
[2] 1972年10月5日沈从文致张宗和的信，载《沈从文全集》第23卷，第263页。

到了1974年时，他的情况又出现了反复。沈从文为此致信：

> 见你给三姊信，知道体力又有些欠佳，甚念念。盼望你能在情绪上基本能有好转，凡事看得开一些，且充满自信的活下去，体力或许能随同而转好。

> 照我的经验，在血压高达二百五十，低压也过百五十时，即住在医院里，还是一个不在乎，只念念不忘廿多年的所学，对国家还有责任待尽未尽，绝不能即此报废。在手边无一本书的情形下，仅凭记忆，草了廿个文物小册小专题手册，每一个用图到一二百，还能把出处一一写出！"学习为人民服务"，最先恐得先学会"忘我"，在极不利的环境下，也能克服困难，创造奇迹，在业务上和思想上才可望取得真正的进展！同时属于个人得失的情绪不至于抬头，一切便大大不同，精神面貌或且将永远显得十分年青！甚至于在一切困难或寂寞情况下，永远保持一种童心和幻念，也可说近于"返老还童"！我和三姊似乎就是这样过了廿五年的。[1]

查沈从文最后一次致信张宗和乃是1976年10月12日，此信开头即谈，他与夫人张兆和赶到苏州避难唐山地震，遗憾的是在此居住多日的张宗和夫妇已经回到贵州，双方未能谋面，引为遗憾。次年即1977年5月，张宗和在贵阳病逝。

在张宗和病逝后，张兆和、张充和曾多次致信巴金，希望大弟宗和的文学自述能够得到出版，因为自述中记录着宗和与巴金一起相处和逃难的情节。

令人欣慰的是，经过张以𬭚的系统整理，《秋灯忆语》一书终于2013年由人民文学出版社出版。而张宗和的昆曲事业，除了在

---

[1] 1974年夏沈从文致张宗和的信，载《沈从文全集》第24卷，第172页。

西南边陲默默培养出了一批曲友，还留下了一批颇具有历史和艺术价值的戏曲手稿，目前已经捐赠给了中国昆曲博物馆以供专家研究。张宗和的昆曲艺术曾得到西南联大诸多教授和学生的追捧，沈从文的学生汪曾祺在亲耳聆听后也曾撰文大加赞赏。

第十章　杨明义：江南之旅，友谊之旅

一九七二年自湖北回到
北京。主东堂子胡同房门
前。 根未据永玉照片绘 2008.7.10

1972年沈从文自湖北回到北京，在东堂子
胡同房门前（沈龙朱据黄永玉照片绘）

1976年8月，受唐山大地震影响，沈从文开始了他的人生中第三次"突然而来的大事"（第一次为小学毕业后十五岁那年，忽被告知明早离家；第二次是全面抗战爆发后，晚上八点学校开会，十点通知，第二天早上七点离开北平），他与家人一起往南方暂居，当时随行者有夫人张兆和及孙女沈红、沈帆等。虽然南方天气正炎热，但沈从文与家人再三权衡还是决定南下，他们一行于8月4日到达苏州，当时计划短居月余即回北平，没想到一待就是半年之久。这半年时间里，沈从文开始真正了解江南文化，并走进了江南的山水和古物中，继续充实他的中国古代服饰和其他文物研究，他的身心也得以有了短暂的休养。对于当时曾经接触过沈从文的人来说，则是一种难忘的教益，他们中有的后来成长为文物研究学者、作家、书画家等，四十年倏忽过去，再忆起往事更觉沧桑，难忘的是沈从文对江南文化的"一见如故"和深深眷恋。太湖东山、昆山锦溪、吴中角直、苏州园林等地都留下了沈从文的足迹，在书信里，在他的研究著作中，这些江南地名也都隐约出现，那是一段非常岁月里的慰藉，也是一段不可忽视的文化之旅。

九如巷，永远的欣慰之地

苏州，从20世纪30年代初期便写在了沈从文的履历中，那是他的爱之地，福之地，也是他曾经的勇敢和忐忑之地。因着特殊的情愫，他在困顿时，疲累时，总有意往江南去，每次去，也总有着新的收获。

早在1974年，沈从文就因为眼疾与夫人回到苏州小住，真正做到了"不看书不写字"，当时他致信好友徐盈、彭子冈说到处看山石、看园子，满眼翠绿，十分清静。吃的湖鲜鱼虾，"有的超过了一生所吃数量"，身体也健康很多。只是蚊子有些欺生，而当地人则很文明礼貌，"公共道德的水平，似比北京的就高得多"。

苏州九如巷，张兆和的娘家所在，那是见证沈从文爱情的圣地，多少年走过来，沈从文每次到苏州，大部分时间会住在这里。这里住着"小五哥"张寰和一家，他会摄影，了解本地文化，早年随着沈二哥东奔西跑逃难，他的文学爱好多少也受了沈二哥的影响。他们一家，给予了沈从文一个贴心的休养场所，使得身处困顿的沈从文在江南有个歇息之地。

1976年8月中旬，沈从文从苏州致信巴金，说8月4日老幼四人到达苏州，暂住九如巷三号张寰和家中。北京住房受地震影响，文件图书乱成一堆，估计9月中旬北方地震告一段落即谋北归矣。到苏州后得知好友左恭去世，为当年故去熟人第十五位。左恭曾在胡也频、丁玲被捕后暗中协助多方营救。"良友之故，诚可伤也。"此时，沈从文更是感到时间紧迫，"我近一年来身体似乎大有好转。只是迷到工作里"。他本来希望除了业已成形的"中国古代服饰资料"，再来八个专题一同送交给周恩来总理，作为个人的下一步四年计划。这八个专题包括"球类竞技的进展""马技和百戏的进展""扇子的进展""狮子在中国""金银加工工艺的进展"等，很多都是文物研究中的"空白点"。但此时，早年关心过沈从文文物研究的领导人周恩来、康生都已经去世，"我的工作不免和过去搞创作一样，可能又近于落了空"。但沈从文并未气馁，他致信巴金说，即使已无人支持这个带试探性的努力，"我也还是将争这有限四五年最后生命来进行下去"，即使公家不给支持，他自己给两个助手出薪也还可以进行下去，直到完全失去工作能力为止。因此，沈从文的南下，有着别样的悲壮的奋斗意义。"所以还想利用南来的机会，好好就申博，苏、杭、南京等文物机构，进行一回有目的'学习二三月'计划。"

九如巷位于苏州古城中心点一处稍僻静之地，张家大部分私立学校和住宅地块已经被政府占用，只留下了一排小房子和狭窄院落，沈从文说即使是受地震影响下塌，也不会使人受伤。只是小院里有些炎热，蚊子也很多。就在此时，张家原有房屋又面临拆迁，即张兆和小时候曾住过的主要房屋，政府要拆建新楼，为此张寰和让11岁的沈红把二层原有建筑画下来。没想到沈红画得很是认真、传神。沈从文还在这幅铅笔画下题跋："涂涂抹抹，改了又画，共四个下午才完成。两次是在太阳下。正门上窗格有遗漏处，门前还有些应用器物未及添上。再拱门转角处有一株齐檐桂花树未及画，二窗之间还有株大无花果树未及画。……"

　　沈从文在苏州多次致信亲友提及此事，他致信沈红父母沈虎雏、张之佩夫妇："去上海时，带了她（沈红）在苏州作的一张铅笔写生画，画的是行将拆去的妈妈等小时住过的那个楼房和右边月拱门。楼房上下有十面窗子，窗门开关不一，正中又有个假洋式门，卷草装饰和方楞柱子，半圆石阶，连同瓦上种种，都画得十分精细而准确。"[1] 为此，沈从文连同沈红在此为他画的一幅睡相图一起带到上海给美术家李宗津看，得到了很大的鼓励，说让她"随心所由"画下去，并要加入点幻想，进展会很快。沈从文还有意让沈红跟着助手王亚蓉学画，并建议她报考新设立的美术专科。只是后来并没有实施。当沈红被转移到苏州附近的昆山陈墓（当时改名陈茂）镇外婆家时，沈从文还致信鼓励她，多画些人物速写，就地取材，画一些镇上的面貌。

　　在苏州九如巷一切适宜，沈红在此也与张家孩子打成一片，只是沈从文"心里不安"，因为主人的周到招待。10月12日他致信给张家大弟宗和："在小五哥处作不速之客，一住即不觉二月，不免把小五哥一家闹得人仰马翻。特别是孝华五嫂，每天不亮即得上菜市，为购副食品而战斗。（排队挤扯剧烈程度真如'战斗'。我和三姐还只去看过一次，也弄得个头昏眼花！）继续下去，恐终有一天为此而身体弄垮！因此每天上饭桌时，心中总不免感到异常不安！"

　　同日，沈从文还致信长子龙朱："我们这两个月吃的尽够好

―――――――――
[1] 1976年10月6日沈从文复沈虎雏、张之佩的信，载《沈从文全集》第24卷，第488页。

了，可全是五舅妈每天早二三点即去战斗的结果。即此为止，也使得五舅妈够累了。若延长过冬，势必非把她真正拖垮不止。"张寰和家本就人口不少，再加上还有其他亲戚在此借住，计划经济，口粮本就吃紧，如何协调一大家子十几人吃饭确为难事。为此沈从文想到过如北方地震仍有威胁，就迁出九如巷寻他处暂住，但吃饭是问题，看书查资料也是问题，后来他还想过独自回京，坚持工作。两个多月后，沈从文还是搬出了九如巷，借住在张家一位世交家中，只是午、晚饭还在九如巷食用，为节省时间，遇雨天沈从文就把晚饭提前带回去。到了次年（1977年）2月4日，沈从文实在等不及了，致信龙朱："这次来苏大大失策，既把小舅舅一家四人为我们吃的忙个不息。（荤菜只三人定量，上桌却有大小十一人，不够的全靠各方面支援，以至于由远在太仓农村的大妹妹处大分量供应，和别的熟人供应。）而留下来却什么也无可为力。……我住下来只是着急，等于生命白废。"

两个月后的4月4日，回到北京的沈从文致信汪曾祺还提及苏州买菜肉不易，"可是买豆腐也总得上午二点前即去排队。而且内行太多，排队傻等还不一定可以得到。即此一端，亦可对别的事能融会贯通，得到理解"。可见沈从文暂居江南，并未远离社会，而且还在悄悄以文学的眼睛观察着社会。作为当事者，张寰和夫人周孝华至今仍记得当初抢买巧买菜肉的情景，她说：一是要去得早，排上队；二是要学会和营业员打交道，要冒充是他们的亲人，有时还要给点小恩小惠，没办法，当时就是想着让家人吃上饭，尤其是大作家沈二哥。

1977年6月18日，沈从文专门致信张寰和、周孝华，一再表达不安："谢谢你们一家大小，在大半年搅扰中，使我留下一种特别深刻亲切难忘印象。只是不免同时也留下一种永远歉意。……你们料想不到，我其所以要力争回京，就因为深深明白为了我们二人的日常生活，不仅把你们一家的安静完全打破，还使你们烦累不堪。这都不是写个什么信能用'道谢'即可表示的！我一想起你们半夜就去为我们安排上桌的日常蔬菜，每回上饭桌，都感到深深歉意，可又从不敢向三姐提及！"

沈从文对这次南行感到深深不安并"十分痛苦"，可见他对别人给予照顾的敏感和感恩之心。在张家人心里，更多的是记着沈二哥在江南的适宜，尤其是在水乡畅游和寻古时的快乐。

陈墓行，他要了一套水乡服饰

2016年秋，周孝华特意赶赴昆山锦溪镇，寻找沈从文当年居住过的老房子。四十年前，沈从文从苏州乘船来到这处静谧的水乡小镇，让疲累的心思得以休闲下来。他的匆匆之行，并未引起太多的关注，倒是无形中影响了当地一位作家的成长。

锦溪又名陈墓，因传说宋孝宗南渡时陈妃在此去世并葬水下得名，"破四旧"时更名"陈茂"，后又改回锦溪。小镇上最早有几户名门，其中有一户张家位于天水桥附近，开有米行粮店，并赞助创办了地方学校。张家走出去一位知识女性张之佩，即沈从文次子沈虎雏的夫人。当时沈虎雏夫妇在四川工作，为了解决沈红上学问题，就把她送到锦溪来就读小学。

1976年11月下旬，张兆和从苏州先几天到了锦溪，七天后，沈从文乘船抵达。12月21日，沈从文致信沈虎雏、张之佩："我随后去住了五天，承姥姥一家的热情厚意招待，把新屋最好的一间房给我们和红红同住，又为我们日夜忙吃忙喝，让我们吃得鸡猪鱼虾蟹一一尝尽，还像过去抚台大人出巡一般，带了一大袋糯米，几大斤干青鱼，和什么什么，才和红红一道回转苏州。"张家距离航船码头不远，中间隔了一道桥，房屋处于河道三岔口处，视野开阔。沈从文对于锦溪镇貌颇有好感，他每天坐在门前看风景，"镇上景色人事给我印象都极好，我每天早晚都去镇上热闹处看看上市种种，还必在门前或观音桥看来去船只许久"。张家人还陪着沈从文到镇上熟人家串门走动，镇上人家以特产熏青豆地方茶热情招待。沈从文还特地去致谢了沈红所在学校的老师们。

湘西同样是水乡，但沈从文在锦溪体会到了别样的意蕴，1976年12月下旬，他致信作家张香还："江南水村大大不同于沅水支流五溪沿河城市，因为前者平衍而后者险急。但相去万里，时隔半世纪，有一点在弟印象中仍十分相同，即农民型小孩、妇女之素朴善良可爱处，竟如同一模印成。亲戚家适在小镇上三岔河道岸边，每天都有上百成千小木船从四近农村运菜蔬或粮食来镇上。却把人肥、化肥及日用百货载回去。船上老幼极少人唱歌，摇橹的也不打呼号，这一点和湘西大不相同。所有坐船上的人，几几乎都耸肩袖手的沉默不语，从小镇上几十条拱桥平桥下穿过，可是总的印象，总像是在轻轻唱歌！特别是所有老农妇和小孩冻得通红的脸上，明亮亮的眼神中，都可看出他们生长在这真正鱼米水乡中，生命的自足性和完整性。"

在锦溪镇上，沈从文用心感受着人与自然环境的情感和默契，在此他还遇到了一件小事，即张家忽然来了一个自称数学天才的男青年，曾戴右派帽子下乡劳动，说自己发明了三个数据，比华罗庚还要高明，不久即可一举成名云云。当然大家都会觉得这个人神经有问题并推出门外去，沈从文当时在屋里睡觉，但凭着对当地吴语的猜测便知该男青年对张家小女有意思。当大家都对"天才"报以戏谑之时，沈从文却是另外一种感想，他忽然想到了自己的经历：当他在做小兵时有意自己去寻觅一个目标时，相熟人中不少都说他有点"神经病"，到了北京后也是逃不掉"神经有毛病"的印象，以后每转到一个新段落中，同事同行中总有如此印象，到了解放后转入博物馆工作，又因为太痴迷在库房被人称为"文疯"。因此，他开始同情那个"天才"，只是自己从不承认自己是天才，认为完全是努力的结果，可惜他不懂数学，否则就可以与之对谈，甚至可以给予其必要的帮助。

倏忽四十年过去，周孝华站在昔日的废旧码头，看古镇风景和地名都发生了变化，再漫步走到沈从文曾居住过的老房子，屋内早已经不是张家人。新屋主倒还热心介绍参观，房子结构已发生了变化，在逼仄的小院子里竟然发现了虎耳草，那是沈从文笔下常出现的一种湘西花草，此刻它正静静待在天井似的空间里，默默守望着一方静谧的天空。不远的天水桥，即沈从文所称的观音桥，依然轻柔地架在小河之上，只是船只稀少，几乎半天也看不到一艘。

陪同参观的是一位地方作家，沈火全，笔名致云。沈火全开口便说，在当代作家中，他最佩服、最喜欢的就是沈从文，而他的笔名也和沈从文有点关系。早在20世纪80年代后期他就写过一篇《沈从文在陈墓》，得陆文夫指点并刊发在《苏州杂志》。文章以张家小女的名义写成，"致云"即来源于此。沈从文到锦溪时，沈火全尚未成年，他与沈红同校，后从事过交通、旅游行业，并担任过村支书，现在锦溪文体站工作，发表过大量的小说、散文，作品具有浓郁而淳朴的水乡气息。

沈火全笔下记录了一件特别的小事，即沈从文在小镇上偶然看到草船上妇女的绣花头饰和镶边布裙，很感兴趣，那是寻常的水乡服饰，但要知道那时候沈从文正专注于中国古代服饰的研究。后来沈从文还是通过孙女提出来想要一套那样的服饰，一定要旧的。张家人就到镇边千家甸村向一位熟悉的农妇要了一套带给沈从文，"但那套衣服的装饰，已是简化了不少，不知沈先生满意否"。

实际上沈从文早就对江南水乡服饰有了兴趣，他曾在此致信王予、王亚蓉，说当地女子穿着古朴："个子瘦小却十分精神，穿着还像二百年前式样，也许还早些，可到宋明，袖子小，头搭花帕子，衣加花边，神气来兮。喜穿单色衣，不穿花衣。老式蓝印花布，还可在较小市镇上用自织家机布加工。……廿年前来苏州时，还曾在旧衣铺见一笼粗麻布帐子，用六七寸大串枝莲花头布满全帐，又华丽又朴素，十分动人。……其实这类印花布放在新的纺织博物馆陈列，也还能压倒所有现代派印花绸子，给人以壮丽华美印象的。这里许多新印花绸，简直是超未来派！"[1]

捡拾历史碎片，辨识江南唐宋彩塑

1976年11月，身在苏州的沈从文曾先后三次到达水乡小镇角直，那里是沈从文好友叶圣陶的故里，但此时沈从文更专注于镇上的重要文物保圣寺"十八罗汉"，他在未带资料情况下，进行了系统的分析和研究，并将报告上交当地文管部门。

保圣寺作为江南著名的千年古刹，据说始建于梁天监二年（503），寺内古物众多，其中以"塑壁罗汉"为最，据说为唐代圣手杨惠之所摹。民初以来，陆续有顾颉刚、蔡元培、马叙伦等人呼吁保护。1925年，日本东京大学美术史教授大村西崖看到了顾颉刚的文章后，于1926年专门前来实地考察，回国后著书《吴郡奇迹·塑壁残影》，书中详细记载了大殿内塑像、塑壁以及木结构建筑本身，判断大殿木结构及塑壁、罗汉均为北宋遗物，为保圣寺留下了丰富的文字和影像资料，后来者多依据此本研究。沈从文到此时，该组塑像已被列为全国首批重点文物保护单位，只是对此的研究尚未更深入地进行。

周孝华记得，当初陪着沈从文到角直后，他一直都在琢磨那些年代久远的罗汉塑像，当地文物管理人员也很热心向其请教，回来后沈从文还去信表达看法。1976年11月中旬，沈从文致信角直文物管理人员王新："这次南来，有幸和亲友到角直参观名塑，印象极好。……承询诸事，因南来不带图书，尽就记忆所及，略谈一二……"

实际上沈从文的"略谈一二"长达数千言，尤其对于彩塑罗

---

[1] 1976年10月22日沈从文致王㐨、王亚蓉的信，载《沈从文全集》第24卷，第519—520页。

汉像，沈从文从多角度提出了几点疑问。首先是彩塑数目，根据报告说是十八罗汉，沈从文以为，罗汉或应真，直到唐末五代还只是十六位，"十八罗汉"名称出于宋人。所以如果是十八罗汉，证明或晚于唐；十六罗汉，唐代可能性多。再就是彩塑背景水纹，沈从文与陈从周会面时曾谈及此，均认为非唐代之物，沈从文说曾在北宋人的绘画中看到过类似的水纹，如李公麟的《九歌图》。从历史事实看，此塑若是出自与吴道子齐名的杨惠之之手，应该会在稍后的会昌灭法毁佛中不存，而后来的相关记载中却没有提及。再有旁证，保圣寺之地址，所引资料多为南宋人笔记，并记载实为晚唐诗人陆龟蒙家宅前院一部分。在正殿杨塑左侧石刻载有白莲花寺官方所划定地产范围及庙产房间数，末有"熙宁四年"（1071），可知北宋时还用唐代"白莲花寺"旧名。

沈从文还根据保圣寺内一些零碎遗物阐述意见。如在正殿前右侧的一段唐代六柱形经幢残石，有中晚唐大中年月，并有几行文字，可能会解开该寺的兴废历史。他还大胆推测，经幢应为唐开元时建立，因会昌法难而打毁，到大中时，恢复佛教信仰，经幢更换新的后重新保存，可以从材质上与其他同类经幢进行对比研究。在正殿前方右壁还有一个大碑，文字受侵蚀，但应该拓下研究，尤其是前面书丹篆额人姓名和末后立碑年月，此碑即或成于宋明，或有关于彩塑的年代问题透露。

综合各种现有证据和史料，沈从文当时推测，此彩塑近五代时，彩塑背景水纹也近于五代北宋时画风。如以陆龟蒙史料推断，彩塑基本上可定为五代，"或且为五代时事，彩塑是五代作风，将更无可疑矣"。当时沈从文还给出了两个研究附录，以供当地文物管理人员参考研究，希望得出更具体的结论。

或许是因着对江南彩塑的兴趣，1979年夏沈从文再下江南时，特地去了太湖之畔看了据说是南宋时的紫金庵彩塑罗汉。当时接待他的文物工作者张志新后来成为吴县文物管委会主任，他至今仍印象深刻，说当时他正好忙完苏州七子山五代墓的发掘，在办公室清理文物时，见到了沈从文："矮矮个子，胖墩墩的，身穿灰的卡便装，高而宽的额头上，头发几乎已经全白了。他戴着深色边'秀郎架'眼镜，脸部始终堆满微笑。"在等车的时候，张志新向他请教了七子山墓葬的主人和年代情况，沈从文侃侃而谈："墓葬中出土的俑，体现了唐宋之间的风格，有的肥硕，具有唐代仕女俑的特点，而有的又比较清瘦，双手拇指交叉作揖状，这在宋代比较盛行，《太平广记》中有记载，这叫'扠手示敬'……"张志新说："听他的一席话后，使我坚信了七子山古墓为五代钱氏家族墓的初断。"

车到紫金庵后，接待人员介绍："紫金庵殿内两壁的十六尊罗汉和后壁的观音像，相传为南宋民间雕塑名手雷潮夫妇的作品……"沈从文听后一言不发。十六尊罗汉像全部介绍完后，他们邀请沈从文去接待室饮茶休息，他却要求独自留下再仔细看看。整整两小时，沈从文不时远观近看，并绘画、记录，专心致志地研究着这些深藏山中的彩塑。当时苏南地区正讨论着紫金庵罗汉的年代问题，面对张志新的适时问询，沈从文说，"紫金庵罗汉的装銮艺术，保留了苏南民间彩塑的独特风格"，"明清苏南彩塑在民间习惯上有上、中、下五彩之分。上五彩也就是沥粉泥金，花纹以沥粉堆线勾勒轮廓，并在线上用泥金或真金箔补金线，然后剔地填彩，紫金庵罗汉采用的是上五彩的做法……""我国佛教雕塑，在宋代便盛行沥粉泥金上五彩的做法。风格趋向写实，手法工整，精细。这种传统一直延续到明清。紫金庵罗汉装銮有这种特点，但明显有后代重绘的迹象。……"在与张志新的探讨中，沈从文认为："紫金庵罗汉虽然经过清代重绘，但在风格上与原作仍有承继的痕迹。服饰多用'宋锦'纹样，采用八卦、六角、扇面、方胜、海棠等几何形，填上多样的变形纹饰，其中包括工笔的人物画，写意的山水，变形的牡丹等，突破了袈裟单纯的形式，布局丰满，达到了远看色彩近看花的装饰效果。但是这里的彩绘不如宋代的精细、统一和调和，显得有些杂乱，这可能是明清画工由于师承和前代彩绘遗迹等多方面因素造成的。其中还有不少装饰纹样，如千佛衣、耕读、八仙和富有东山地方特色的花果，折枝花卉，都是比较有特色的……"很多年后，张志新为此整理了一篇回忆文章进行发表，对于沈从文的博学、谦虚和学术敏感深为钦服。

在甪直，周孝华还记得一个细节，沈从文常常俯身捡拾一些碎瓷片，他对陪同的亲友不时说这是哪个时代的、哪个窑的，就连在回来的路上还捡拾了不少，当然其中也有现代的东西。他在每块瓷片的背面都用蝇头小楷密密麻麻写下了瓷片的年代、风格，他说："这里到处可以发现好东西，你只要花些工夫下去，一定能学到不少知识的。"沈从文当时致信王新时将中国陶瓷分为三个阶段研究：一是史前，即彩陶、龙山和黑陶，南方多为硬质陶；二是青釉陶，由商周到南北朝，在甪直陈列柜中即有这一时期北方多见的闪光釉小罐小杯出现，若再多见些，可证明江南也有生产；三是唐宋以后绿釉瓷和青花瓷的收集。"这三部分陶瓷，完整的重要，即零星碎片，也能启发新知，解决问题，同样重要。"沈从文为此于1976年10月22日致信王序、王亚蓉时提及在甪直看到零散材料，很有启发，如在一些公社看到的商周釉陶出土，"青黄釉薄薄的一层，而且战国釉陶（釉色较黄），在苏博也多而特别精致，它的普遍性，使人进一步相信釉陶原出于南方的估计，多得了些物证。因为硬质陶出于南方，是无问题的"。而此时南方很多文物工作者尚未发现这一点。

梅影桂香，故人清风

在苏州期间的金秋时节，张寰和一家带着沈从文到处游览，尤其是具有江南特色的胜地，如太湖一带的风光。1976年10月5日，沈从文致信长子龙朱："我们曾趁好天气到以梅花著名全国的光复

（福）镇的邓尉玩了一天，在乾隆南巡到过的半山新修亭子上看看山下梅园和太湖一角，环境还畅朗。随后转往太湖侧一个村子'窑上'看有名的桂花，约五六里路一面临湖，一面傍山，几几乎全是在盛开中的桂花树（此外还是杨梅、梅、枇杷、橘子等，一年四季都是花果）。到处有人在摘桂花。"

光福镇窑上桂花自古有名，明清时期留下不少诗词，到了民国时，于右任到此还有"老桂花开天下香，看花走遍太湖旁"诗句。窑上村家家种桂，栽满了整个西碛山头，花开时香溢十里，形、色、香为全国之最。新中国成立十周年时，四盆窑上桂花摆上了天安门城楼，更使得窑上桂花有了特别的意义。"苏州或别处桂花开时都稀零零的。这里却满山满树全部盛开，山多作成整齐台阶形，从横路走过，人得从两旁压枝下垂花下钻过，完全和梦境一般。"

只是每年到了收获季节时摘花根本来不及。沈从文一行自带饭菜在一花农家吃饭并帮他们拊花时，趁机与之闲聊，也得知人手缺乏，因为要在三天之内把花采下来，但结果是只能采得十之二三，其余的便铺上大塑料单任由花谢落下，更多的则化为香土。在村里沈从文一行受到了花农的款待，他们回赠的粮票也被拒收，只得由随行的摄影师为他们拍照留念，张寰和还为沈从文拍了很多照片。

村民淳朴，村貌自然，满眼的果树，花香四溢，沈从文致信次子虎雏形容此行："多年来就在阶梯形的山坡上栽培了桂花、梅花、枇杷、橘子，真是满山满谷……过了一个最有趣的上午。也是一生少遇的秋天，一切和做梦差不多。"在同期致张香还时也提及窑上桂花胜景："为一生仅见最理想之花果乡。"在随后致信张宗和时，沈从文提到梁实秋在海外谣传他在"文革"中去世，他反驳说："事实上呢，我在这廿多年中，活得比许多旧同行老同事都有劲头，都活得还健康，甚至于还可说更自由。"

这一时期沈从文还曾就近去上海探望了巴金，谈及好友中的朱光潜、冯至、贺麟、罗念生、李健吾等人，走路大多需要拐杖，叶圣陶、茅盾出来也要人扶着，卞之琳更是白发苍苍愈显衰老了。而沈从文则自认为生命青春保持得久一些，不但在工作上成了"标兵"，走路也是半跑状态，赶电车身手敏捷，"一切就得力于用强劳动加速新陈代谢，在某些外表方面，甚至比永玉也还精悍许多！"沈从文的自信满满，或许与大运动之下还能侥幸存在这样安闲的小环境有些关系，使得其认为在未报废以前可以活得更健康扎实，"更能在一切不意而来的挫折具抵抗性，对于未老先衰的心理上的疾病，又具免疫力，则十分显明！"

这一年，沈从文已经七十六岁了。

1976年11月8日，张寰和与家人带着沈二哥去登天平山看红枫叶，沈从文虽过了古稀之年，仍攀登自如，他次日即致信张香还："秋末时自然景物最动人处，似数范墓近水木明瑟萧疏之至，附近数十株高耸云天之老枫树，叶片明黄赤紫，在斜阳返照里给人印象神奇如在梦幻中！"沈从文在同日给沈虎雏的信中同样赞叹这次登山之行："在山中范文正祠堂前，还看了二小时枫叶，枫树多是四五百年前物，十分壮观，似乎是一生所仅见的一次。"

在苏州期间，除了令人欣然的自然景观，慕名上门拜访的同道中人也会让沈从文感到欣慰。苏州的著名书法家、书法理论家葛鸿桢，当时还只是个业余的书画爱好者，被从工厂借调在文化馆负责书法、美术工作。1976年经人介绍慕名前往九如巷拜访了沈从文并向他请教书法之道，后来还获得了沈从文写于抗战时期的珍贵书法作品，为此葛鸿桢专门写过一篇《历尽劫数义迹在，重书惠泽道中人——一幅弥足珍贵的沈从文书作》记录此事。后来葛鸿桢曾专门研究沈从文的书法特点，在他发表的《沈从文：风流章草出新裁》论文中，他从各个方面阐述了"沈从文本不以书家立身，但自幼酷爱书法和文博，一生临池不辍，尤工章草，并取得了应有的书法地位"。

而苏州著名画家杨明义则自从与沈从文、张兆和在1976年冬季见面后，就一直保持着联系，并最终成为难得的忘年交。

其实杨明义很早就拜读过沈从文的作品，对沈心生崇拜之情，并且还认识沈从文的表侄黄永玉。有一年（1958年）沈从文来到杨明义所在的工艺美专讲课，但当时杨明义外出写生，没能见到，杨明义一直把此事当成人生一大憾事。唐山大地震后，沈从文南下"避震"，来到苏州九如巷小住，杨明义听到这个消息后，立刻怀着仰慕和忐忑的心情登门去拜访。

多年以后，当杨明义谈及与沈从文初次见面时的情形，这位画家仍然激动不已，甚至有点手舞足蹈，兴奋之情溢于言表。

杨明义说，那是一个特别冷的寒冬，沈先生笑嘻嘻的，一见到杨明义就喊他快进屋，说外面冷。杨明义穿过一个小天井，看到一扇落地长窗，沈从文就坐在一张破藤椅上。"我上去握着他的手，感觉他的手软得不得了，像女人的手！我说喜欢读他的作品，他双手在面前用力摇晃着，连说'我的书不好的'。他用泡着茶叶的茶杯暖手，对我说'我叫你明义啊'，然后拉开一个写字台的抽屉。我的天哪，一抽屉的碎瓷片，各种各样的。拿起来一看，每块瓷片上都有沈老用蝇头小楷写的说明，年代、风格之类的，密密麻麻的，要用放大镜才能看清楚。他说，这是虎丘的，那是某某古镇的，这是清代，那是明代的。他又说，苏州真是好地方，到处都是宝藏。那时他正在做中国古代文物史的研究，这些都是他从砖瓦废墟里捡出来的。后来他说'我给你写点字吧'，就送给我书法，非常漂亮的章草。"

如今杨明义的"近日楼"中还珍藏着多张沈从文写给他的书法，"那时天很冷嘛，他就落款说习字暖手"。

有段时间，沈从文与夫人张兆和搬到了苏州道前街一个楼上，杨明义就和妻子一起去看望他们。去的时候，杨明义夫妇用大口暖瓶装好刚出笼的苏州小包子，在路上不敢停留，生怕包子凉了。当沈从文捧着冒着热气的小笼包子时，他很是感动，要知道在那个时期，除了苏州的亲友，很少有人去看他们。在聊天的时候，他们自然谈到了书画。沈从文看了杨明义于黄山排云亭中作的一幅写生《云雾山中》，就问杨明义是否临摹过宋画，因为杨画中能看出宋画的严谨。杨明义暗暗佩服，因为早期他就是临摹北宋画家的作品。后来谈到书法，沈从文直言，"费新我的书法不算是好的"。杨明义问谁的书法好，沈从文说故宫唐兰的好。

再后来沈从文又受邀去杨明义居所马医科巷15号楼上做客，一进门就看到了费新我给杨明义写的对联，连连说："费新我这张字写得特别好，真是写得太好了！"杨明义觉得老爷子真是可爱得很。后来沈从文又看到墙上挂的黄永玉的《飞鹭红莲图》，说画得不错，但可惜的是飞鹭的脚没有画对，方向不对……杨明义觉得老爷子真是真人真言，非常直爽。两人又谈了故宫所藏画作的特点，并对历史绘画的真伪问题做了探讨，这让杨明义受益匪浅。杨明义回忆说，"那时候我们就坐在小楼上，晒着冬日的阳光，吃点苏州的橘子，感觉心里特别温暖"。他指着家里收藏的各种杂器古董，说："这些都是受了沈老的影响，我什么都喜欢，看到喜欢的就买下来研究研究。"

后来沈从文回到北京还专门致信杨明义，感谢他在苏州时的款待，并邀请杨去北京游玩，到时他会陪着参观故宫和历史博物馆，为杨明义做讲解员。杨明义笑着说："那么大的作家为我做讲解员，我怎么担得起呢！"在信中，沈从文还送给杨明义一幅书法作品，这些事情都让杨明义无比感动。再后来，两人又在《骆驼祥子》电影首映式上相遇，电影散场时沈从文发现了杨明义，一再邀请杨去家里做客。那是杨明义最后一次见到沈从文。

沈从文去世后，杨明义仍然与张兆和保持联系，张兆和还曾亲自给杨明义下厨炒菜。有一年，张兆和随中国作协代表团访问苏州，负责接待的是王稼句先生。当时杨明义对王稼句说："把张（兆和）先生'借'我一小时可好？"王稼句也没问他干什么，就答应了。杨明义用三轮车把张兆和载到了自家的"近日楼"做客，好好地与这位和蔼的老人聊了聊家常。

在接受笔者采访时，杨明义激动地拿出一堆碎纸，说这是沈从文早期给他的一封信，可惜都碎了。后来杨明义托人将书信碎片托裱在一起，经过仔细辨认，是沈从文于七十七岁时写给杨明义的一首诗，诗名为《明月皎夜光》，是《古诗十九首》之一，作者佚名。原诗为："明月皎夜光，促织鸣东壁。玉衡指孟冬，众星何历历。白露沾野草，时节忽复易。秋蝉鸣树间，玄鸟逝安适。昔我同门友，高举振六翮。不念携手好，弃我如遗迹。南箕北有斗，牵牛不负轭。良无盘石固，虚名复何益？"只是沈从文在信中将"促织"写成了"蟋蟀"。

沈从文七十七岁那年应是1979年，经历了大运动之后的沈从文显然是心有感慨。他经历了太多的人世坎坷和人情冷暖，但他还是对人性抱着一些希望。他此时的心情或许就像那位在月夜倾听着促织鸣叫的无名诗人一样。他心里有无限的感慨，渴望向友人倾诉，在写信的那一刻，他无疑是把杨明义引为忘年知己的。

时隔四十年，重读此信，杨明义不禁感慨万千，叹时光匆匆，叹世事沧桑。但是他觉得自己与沈从文的友谊永远不变。

第十一章　阎玉敏：重塑李白，重塑人生

1980年在北京的沈从文（沈龙朱/绘）

在安徽省马鞍山市采石矶上的太白楼景区内，有一尊李白的卧像，据说其取意自"举杯邀明月，对影成三人"。据介绍说，这尊像是由大雕刻家阎玉敏主刀的，由三个人共同指导其完成。这三个人都很了不起：第一位郭沫若，当代文豪，它的神态就是由其塑造的；第二位刘开渠，人民英雄纪念碑浮雕的创作者；第三位就是沈从文，他对古代服饰有很多研究，雕像上李白穿的衣服就是由他定的。三大巨匠共同完成了这尊雕像，所以这尊像被称为李白的标准像。

沈从文仅仅是为雕像衣服做了定位吗？当年太白楼整修时，沈从文曾经参与了哪些系统的设计，给出了哪些详细的建议？沈从文在个人生活尚得不到保障的情况下，却一再回复安徽方面的求助，多次致信畅谈修复太白楼的规划建议，并为此写出了《主观设想的第一室陈列》《第二室陈列（且假定作混合处理办法）》《第二楼第三室陈列》《第三楼陈列》《李诗中所见相关形象材料》《历代绘画和李诗有关材料》《附陈材料》等7篇文章，吴世勇编《沈从文年谱（1902—1988）》称："这是沈从文用自己的知识为社会各方面服务过程中，保存得比较完整的一组材料。"身处特殊年代，沈从文怀着怎样的心情接受了这一委托项目，他又是怎么看待自己的设计理念的呢？不妨试着从关于沈从文的史料和阎玉敏的讲述中找寻相关答案。

年过古稀，渴望做事

1973年秋，沈从文给同事陈大章写了一封长信，其中叙述了他在工作和生活上的困惑，主要是希望能够解决他在文物研究工作中遇到的实际困难，如接手人的找寻、助理的配备、文献的提供、住处的安排等等。之前他曾致信相关领导，却都没有得到回应。当时陈大章为知名画家，据说经沈从文和郑振铎的推荐，调进中国历史博物馆美术部工作，后来涉及太白楼设计时沈从文还与陈大章有过合作。从信中看，两人相识已二十年，沈从文对陈大章非常信任，"我今年已七十二岁，目下血压下降，精力虽还好，应作待作的还不少，能工作的日子，却有一定限制"。

当时沈从文仅对丝织物的研究就拟出了三年计划，希望能有三四个专业人员接手进行下去，由此弥补博物馆的研究空白，并解决陈列中的种种问题。他还提出了一大新颖的文物研究观点："凡事不孤立，而在不断发展中，又和其他事物存在联系，或相互制约，或彼此促进。"

同时，沈从文还根据馆藏物品及实际情况拟出了十四个研究项目，希望能与有志于此的同事一道完成，以便为以后的研究做一些基础的铺垫。这些项目包括金银器工艺、漆工艺、玻璃工艺、家具发展史、马匹的使用及装具进展、前期山水画、乐舞的演出形象、历代杂技演出形象、历代故事画、历代名人像、古代著名亭台楼观及名胜地方等等。在这些题目中即可见沈从文对李白形象的探索研究，如"古代人物故事画"中，他就提出了李白醉酒、李白形象的问题。

对于以上种种研究项目，沈从文表示自己完全可以一个人进行，只是时间和精力有限，为了以后的传承和学习，希望能有陈列、保管、美工等组的年轻人参与进来。同时沈从文还希望曾得到周恩来同意并支持的项目"中国古代服饰资料"研究能够继续下去，他认为可以抽调一两名美术专业的助理合力以分门别类和划分时代，完成十二本。这项工作若能完成，将可大大助力历史博物馆的陈列工作，并可惠及国内兄弟馆和研究机构。沈从文认为其"搞的工作，一搁已八九年，原有的工具书已全部散失，原抄辑的大量文献资料和收集的形象资料，也已大部分散失。幸亏这个脑子还得用。但是记忆力即或再好，随同年岁上升，依然不免日益衰退"。因此沈从文还是希望能与年轻人一道进行，自己作为"垫脚石"服务其中。

在这封信中，沈从文还提到个人生活问题："这一次从乡下回来，快两年了我的粮食供应还不回来，住处始终得不到合理安排，最近家中老二从四川回来，加了几个人，东堂子一间房子里，有两个人摊地铺过夜，我爱人住羊宜宾，大孩子在那边，也必须睡在一张小小写字桌上，我请求馆中让我在原研究室住住，不回答；请求在美工室睡睡板凳，也不许可；再请求写个介绍信给附近旅馆住一月，好便于为馆中改陈提意见，也不加理会。"

根据《沈从文年谱（1902—1988）》内容，1972年2月4日，病中的沈从文在致信周恩来总理后获准从湖北丹江五七干校离开回京治疗，这一天他回到了北京重新开始了他的文物研究工作，后历史博物馆决定继续留用他为研究员。但是直到1973年夏，"沈从文在馆里没有固定名分，供应关系还在丹江"。此时沈从文人住在东堂子胡同宿舍，吃午饭则回到夫人张兆和与两个孙女同住的小羊宜宾胡同，吃完午饭又要带回另外两顿，"两边跑"多有不便。因此沈从文提出了种种住处申请，均没有回音。而面对着不断出土的文物，以及从业人员并没有上进之心的现状，沈从文非常焦虑："日子尽混得去，良心对得起国家，对得起党的期望和信托吗？"

也就是在此时段，沈从文接到了有关整修太白楼和塑太白像的请教事宜，请教人叫周星斌，是一位戏剧作家，当时任职于安徽省马鞍山市市委宣传部，正负责太白楼恢复整修事宜。

文图并茂出主意，力荐人才袒胸怀

《沈从文全集》中收入的沈从文作《太白楼陈列设计》方案，洋洋数万字，可谓面面俱到，不厌其详。《沈从文全集》编者（包括沈从文次子沈虎雏先生）解释说："1973年10月，安徽省马鞍山市为恢复整修太白楼，筹建李白纪念馆及李白塑像，派周星斌、阎玉敏来京向中国历史博物馆及有关单位联系，寻求帮助。作者和本馆的陈大章、李之檀及有关部门曾给予多方配合。"

正是在这次见面之后，1973年10月4日，沈从文致信周星斌，详谈了他对于整修太白楼的整体设想以及对太白像的建议，同时还推荐了不少相关专家，皆是业内好手，可见沈从文对这项工作的重视和诚心。

根据史料载，马鞍山太白楼始建于唐元和年间，后陆续于明清修建，直到清康熙重建，易名为"太白楼"。咸丰年间，毁于战火。光绪年间曾重建。新中国成立后，太白楼修葺几经周折，到了20世纪70年代后期，马鞍山市又对太白楼、太白祠进行大修，想必沈从文参与的即是此次。

首先在文学范围的史料方面，沈从文推荐了唐诗研究学者詹锳，说他制作的一表相当好，并可以陈列一二十种李白诗文集，同时做一个李白一生经游各地的图作为附陈。

有关太白楼建筑方面，沈从文致信周星斌力荐了文物局的专家罗哲文，说他"懂得问题多，全国重点建筑调查都参加过。因为他是目前负这方面工作责任的专家之一。在宋元明图画上，究竟有多少滕王阁、黄鹤楼、岳阳楼……他知道的就必比我多若干倍。此外有关李白曾经游历过的地方，如河北、河南、山东，以及江浙各地名胜，还有些什么画图可采用，他懂的也必然比我多百十倍"[1]。沈从文建议她去拜访罗哲文先生，同时还可以去新华社摄影部查查峨眉山、岷山、严子陵钓台、庐山等彩色图片。沈从文也愿意贡献自己多年积累的史料，"我将尽我手边所有（附五十二种草目），借给你们使用，或相赠，也不妨事"。

在沈从文提供给对方的一份草目中，附提了数种彩色乐舞小图片，是其十年前为音研所供陈列时提供，并约人为复色绘出的。原放大多在二尺半左右。沈从文认为将来太白纪念馆陈列图像，

---

[1] 1973年10月4日沈从文致周星斌的信，载《沈从文全集》第23卷，第390—391页。

或许有十多件需要照这么加工复色的。若派人来京进行这工作，他还可在知识范围内，就便为提建议，加工时对于如何复色效果会好些，出点主意，供画家参考。因为涉及衣服上色和花纹问题，恐一般美工同志不易处理。沈从文所提音研所即杨荫浏等人在北京所创中央音乐学院音乐研究所，沈从文与杨荫浏为旧友，曾为之解决图片资料问题。在美工方面，沈从文向对方推荐了北京美院和博物馆美工组几位人选，其中有范曾、边宝华、李砚云、常沙娜、马二云、王家树、郭慕云等。沈从文对这些人才所在单位和个人所长非常熟悉，有的还一直共事。沈从文还建议对方可以就近先从安徽当地调人，如当时下放在安徽的美术家韩美林、王济美、黄永厚等。"且等安徽方面，把陈列计划决定以后，可就需要，以及陈列面积估计，要用多少附陈资料，有多少画得放大摹绘，多少文物必摹绘，如在日本的几种唐乐器，一时不能仿作，即只有摹绘或照相上色。"沈从文还提出，如果图像翻照后需要放大，可以去找合肥画报的黄永厚。黄永厚作为著名画家，当时在合肥高校任教。

沈从文还针对太白纪念馆的建筑问题提出了自己的观点，提供了相关珍贵参考资料。"我目前主观设想，这个小小陈列，是不大费事，即可望把它作得很像个样子，给人印象一新的。所提草目中，有关宋元人画建筑楼阁，分量较多，陈列处地位有限，不一定全用到。但是，这些建筑布局，多各有好处，特点分明，或许对于另外一事，要扩大太白纪念馆时，却相当得用。也有些建筑，式样，或许还是编建筑史的同志也疏忽了的。至若清代南方庭园布置，记得十年前，同济大学陈从周教授，曾作了些调查研究，《文物》刊载过，还是很有用处。又我手边还有一小部分清初北京内蒙古王府（名"达王府"[1]，在后门）苏式建筑内部设计小相，不仅比目前苏州庭园内部精美，也比故宫内乾隆时苏式小花园好

[1] 应为那王府，在北京市宝钞胡同甲19号，2017年年底笔者曾去寻访过，不对外开放。

得多。有需要时，也可以借给你们翻照出来，当作参考材料备用。扩建时或得用。（这个建筑全部是用楠木作成，不加油漆装饰，十分美观。抗战前，我曾住过三四月，后来被日敌拆毁，目下只剩下这几张照相是唯一证据！）"[1]

对于沈从文之前的热情支持和资料提供，对方给予了真诚的感谢。但是沈从文却并不接受谢意，"这件工作，我如能参加点末议，提提材料，对我也是一种学习机会，可以当成一种试点工作看待。因为这份工作经验，将来或许还可转用到为杜甫、苏轼、屈原、陶渊明、李清照、司马迁等等专题性陈列，得到工作便利。所以应当感谢的是我。是安徽方面党领导对我的好意，不必要你们对我说任何感谢"[2]。沈从文还说如果有需要，他可以去安徽协助两三个月，做出来大致还像个样子。沈从文说自己已经七十二岁了，身上所掌握的还苦于没有一个接手人，感觉到处都在需要类似的知识，但却又觉得使用不上，因此对于这次使用机会，他反倒更应该表示感谢。

信心满满拟蓝图，立体构筑大陈列

1973年10月24日，沈从文再次致信周星斌，把自己一周时间赶出来的28页陈列草图一一介绍，其中内容分门别类，极尽详细，可见沈从文所耗费的精力，但他却是一如既往的谦虚："谢谢厚意，给我一次学习机会，把个初步草拟的陈列蓝图写出。"当时尚处于"文革"时期，沈从文的不少书都被没收或散失了，导致资料缺乏。就是在这样的情况下，沈从文说他"近于闭门造车""瞎子摸象"画出了草图，并自嘲"不易及格是必然"，但"足供作为线索参考"。

[1] 1973年10月4日沈从文致周星斌的信，载《沈从文全集》第23卷，第393页。
[2] 1973年10月4日沈从文致周星斌的信，载《沈从文全集》第23卷，第392页。

从这份洋洋大观的陈列方案看，沈从文虽然未到实地察看，却能够发挥其小说家的超强虚构能力，隔空构筑起一座立体无比的名人纪念馆。"主观设想的第一室陈列"提到："一、下层部分，中部作李白塑像，房间若不太大，立像高度或在二米以内考虑，免占空间太多，且不协调。二、左右两侧，布置平柜各四个，照比例考虑，每一平柜长度，不必大小一致……"对于这一陈列室的具体分布内容，沈从文也有详尽的表述，如：柜一，各种不同的李白传记，或只陈一李阳冰作的，二正史载的，三宋人所书小传；柜二，传世李白各种不同的墨迹；柜三，后人作李白的画塑及李白生活图画；柜四，古代有名书法家或文人墨迹或写的李白诗歌；柜五，李白集子各种不同版本的目录及刻印的源流表；柜六、柜七、柜八，李白集重要版本举例，把固有的加上外调的分作四平柜陈列。

　　在陈列方案中，沈从文还就具体史料强调细节，如柜三（李白生活史）中，他建议用元代银匠朱碧山所作银槎杯，"实物恐不容易从故宫调陈，即照原物照个相，并另外把槎杯内的五言诗铭刻拓出，字过小不便观众，不妨把它放大到五分左右，附陈于杯旁"。对于一些相关版本和画作具体在什么地方，沈从文也是如数家珍，如李白集的主要版本，他建议循着詹锳所作的图表去北京图书馆、北京大学、科学院文学所、南京大学、南京博物院、武汉大学、安徽大学等地寻找藏本补充陈列。同时，沈从文还希望这一部分尽可能以原作呈现，如他提到的宋元明人作的《滕王阁图》，"内中似乎以元人的一幅最好，建筑多，以天籁阁藏画印的最简单。明代人绘的真迹是中等大立轴，记得是北京市文物组收藏的。时代虽晚些，画的也不如宋元的精美。但是若能商'调'或'借'出陈列，自然也很好。因为总得有些原画，全是照片不大成。李白诗中写黄鹤楼处较多，说滕王阁不多，但住江西久。要用"。沈从文致信周星斌指出，明人绘《滕王阁图》在北京市文物组，1960年他曾经看过，印象很深，"照收藏习惯，专家大都对这种图画不重视，有用的，将来也可以协商调过安徽，因为他们若展览，也不会展出"。由此可见沈从文对安徽展馆的倾心。

"第一室这么处理，给人印象大致还不太坏，是重点。"而相对于第二室陈列，沈从文则建议"方法上将变动了些，搞得活泼一些"。这一陈列室沈从文定位为"且假定作混合处理办法"。其中分为"自然景物部分"和"历史人物为李诗常提到的"。自然景物部分有三十件，沈从文建议"正中部分，或作一李白与杜甫共同在长安生活，如酒楼宴饮或别的什么的画幅，作为主题。其他则围绕主题，作不同安排"。希望能够表现出"自然景物的壮丽，历史传说上重要人物倾仰和时代风气，现实生活的种种接触。以上三种共同形成他对神仙游侠理想的追求，反映到诗歌中的内容和形式"。

而在李白曾提到的历史人物中，沈从文则着重图像表现，其中有石刻，有壁画，有缂丝，有绘画，有镜画，有照片，等等，这些史料位于何处，其内容真伪，沈从文也都给予了一一解读。如《管仲相桓公图》，武梁石刻，沂南汉墓石刻，"照拓本黑白不明，用拓片，将剔花部分重墨填得干干净净好得多，必须加加工，才适用"。又如"郭子仪，相传李帮助过他，他后又救过李，事情不大可信，但曾著于史传，似可以用"。在这份方案附信中，沈从文对安徽的雕塑家阎玉敏提出，第二陈列室按照他的预计，至少有一百二十张图，而其中牵涉李白的诗大致在四十首或更多，那么诗与图如何结合表现？沈从文建议以图为主，但是也要看诗的内容和分量。沈从文主动提出，他另外选出李白的四十首诗作为参考。他后来还为此集的四十首李白诗都特别附加了与之相关的绘画作品，并指出所在方位，其中有一册天籁阁藏宋人画册，其中有《九歌图》《黄鹤楼图》等。沈从文说图册在北京琉璃厂星云堂帖铺，由于此地商品是专卖外宾的，一卖掉就不易找回了，他提醒安徽方面可去购买，连同一份明拓怀素《千字文》一起买下来，买时就说是安徽的某某，由他介绍去的。沈从文早年曾长期在琉璃厂购买古物，与很多买家较为熟悉。

沈从文在《第二楼第三室陈列》中则更是强调了李白诗与历代画作和书法的协调展出，"目中上为李诗，下为画迹。陈列时则看需要，部分李诗上墙，部分或在平柜和小画并陈"。沈从文在虚拟布置中可谓对李白诗意心领神会，如李白的《庐山谣》，他建议用石涛的画《庐山图》并书法，"这个立幅似得放大到三尺左右。另外再把上端写的放大到每字约五分以上，置旁边，诗末有'遥见仙人彩云里，手把芙蓉朝玉京'，用故宫名画宋代篇中赵伯驹的一小立幅，仙真乘龙，在云中飞行，手把白莲花一枝，那个图放二尺大附陈，最切题。画即似乎据李诗而作"。

对于李白诗《把酒问月》和《月下独酌》，沈从文则建议以行草书写展示，同时用宋人《把酒对月图》立轴，放大上墙展示，下用平柜子放两三把不同的唐代镜子，题材为"嫦娥奔月"。如此设计，真是形象而绝妙。

李白诗所提及的安徽风景沈从文也很熟悉，他就提出要用《独坐敬亭山》："众鸟高飞尽，孤云独去闲。相看两不厌，只有敬亭山。"敬亭山在今天的宣城北部，距离太白楼也不算太远。沈从文建议用明代肖云的《敬亭山图》，虽然是小景，但效果不会差。

李白的诗有上千首，沈从文说可以结合图像、书法展出的还有很多，不妨定期更换布展，或者分门别类印出画册，"先一一在《安徽画报》发表，再印成单本或明信片单张，或十张一组，作纪念品出售，也很好"。针对第三楼的陈列布置，沈从文建议二楼布置要疏朗些，三楼则更要少一些展品，以免妨碍观众观看风景，也免得人多过于拥挤。

鉴于第三楼的陈列受面积局限并有承重问题，沈从文在方案中仅列出了六项内容，具体到李白的衣服式样和颜色，以及所用器皿的造型、形状等等。一是用仇英彩绘李白《春夜宴桃李园图》，贴于屏风之上，并请书法好手以行书写出全诗附上。当然，将此画临摹到屏风时也有注意事项："必用重彩青绿，才会有效果，因为还有如下各方面得稍稍改动，如三男子衣绿，绿色得加强。李白衣朱或紫，靴子外露部分得加黑，才符合'乌皮六缝靴'制度。酒杯改成金色……"沈从文还画出了酒杯的具体形状，强调说可以照实物画，这些附设用具都得具体才好。

对于图中的其他事项，沈从文也给出了具体修改的方案，如画面上两个女子衣着颜色需要修改，图中男子的腰带，小婢女的衣服颜色，还有桌面摆设的用具颜色和式样，以及灯盏、酒盏都需要描金花。"因为设计这么一些问题，此放大相或就近托本馆李砚芸同志协助代绘，我可望就便随时和她商量配色，画成后，会比本图好看得多，也不必返工。"

在这一展厅，沈从文还提出要展出李白晚年在安徽当涂写的诗，或陈列一个诗集，或展出一部分，用楷书写出来，"更好的是能照唐人写经卷子方法，用加有乌丝栏的仿造硬黄写经纸写出，作成卷子式展出那一部分"。

最后沈从文还提醒说，三楼如果三面全是窗子，重在让参观者看看风景，展品不必太多，如果要酌情增加的话则可以考虑用安徽艺术家所作的李白生活诗歌题材的作品。

沈从文另外还附加构拟了几个陈列材料，如《李诗中所见相关形象材料》，其中有不少涉及的古代乐器和用具都不在国内，如唐代的琵琶、五弦、阮、尺八等都在日本，沈从文就指出向达先生访日时曾仿作了一套在历史博物馆，届时似可以再仿作一份，再根据相关图册放大图像展出。又有藏在日本的唐代琉璃杯，传说正是李白诗中所说的琉璃钟，喝西凉红色葡萄酒用的，国内正好新近有实物出土，可以仿制或照相展示。在李白诗的意境和历史背景分析中，沈从文还提出了几个颇为新颖的议题，如李白一些七言诗夸张浪漫，"有不少也和唐代的变文叙述形容极其近似，影响明显……说李白接受通俗文学影响，过去人必以为近于贬李，照目前说法，则实赞李。且为新的提法，物证俱在，不是胡说瞎猜"。还有李白信奉道教，"李白好道，表面上为求道寻真理，炼药长生，事实上除了可以谋作政治出路，还能满足另外浪漫情绪，诗中提起的即不多，而事实上即婚姻问题也由之解决"。

对于陈列实物的种类，沈从文也给予了把关，如李白诗中提到的赌博用具"长行""樗蒲""围棋""双陆"，沈从文说前二者少实物史料，后二者则属于赌博用途，不提倡展出。

在给周星斌的信中，沈从文还提及，如果安徽方面对他的陈列有兴趣，并有需要的话，他希望能到当涂实地来一趟，"到开春，我再来和各位学习一二月，大致将可望看到这个展出正式开放的"。

理解与支持，希望与实现

从沈从文前后致亲人和朋友的信中可见，他对于李白纪念馆的陈列事宜是非常用心的，而他的详细方案也并非是朝夕之间"突击"的，是平时日积月累的结果。在此方案写出之前，他在致好友兼同事陈大章的信中就提到，他所研究的领域包括"历代故事画"，其中就有"太白醉卧"。还有历代名人像，古代著名亭台楼观和名胜，如滕王阁、黄鹤楼、曲江、大明宫等与太白有关的地方。

在方案出来后，沈从文还兴致勃勃地致信西南联大时的小友、河北师范学院教授萧成资，说自己血压、心脏问题都似乎有所好转，脑子越用越灵活，"近日正试在为安徽方面'李白纪念馆'搞个形象的陈列设计，用不到一星期，凡是和李白一生有关的本人种种画像，和其诗中涉及重要事件、重要地方的各种图像，凡记忆到的一一为罗列出来，大体蓝图就已完成。估计用不到半年时间布置出来，对于今后国内外研究李白的专家都值得看看，看到这个陈列后，肯定都将得到或多或少不同有用的启发和教益。因为有上百种新材料取自各方面，过去研究李白的专家大体都少接触的。其实这种工作，对我说来，还不过是学习中的副产品而已”[1]。

后在同期致著名作家凌叔华的信中，沈从文也提到了他虽然是七十二岁的人，但工作兴致竟如四十年前，他还提到其对唐代古物的研究，并拜托凌叔华在英国为他寻购与唐画有关的《女史箴图》的彩色画片。

在1973年11月初致次子虎雏夫妇的家信中，沈从文还希望带着张兆和去一趟当涂，实地看看长江风景，“我在一礼拜中为安徽当涂李白纪念馆作了四个楼，近八百米陈列设计。结果把手中所有一点图录全抱去了。再过些日子，大致即可由那边决定如何办法。我们初步设想，是调永厚来办办事务，因为要借调馆中和美院教师协助，人熟好办得多。一切由馆中为布置陈列。到明春，如能搞好，春天转暖，我或和妈妈过当涂去看看，听说在长江，风景最好”。

但是在致友人杨琪的信中，沈从文则道出了构拟这一大方案背后的辛酸：资料缺乏，没有助手，无法照相、临摹，还要面对一个人的孤独——他与家人分居两地。他戏称自己是堂吉诃德与风车作战，“或许为‘死亡’意思所迫促，日夜废寝忘餐来赶，致令同院住的几个十分相熟的大妈，总担心我会忽然死去，每早必轻轻扣扣门，待我回答才放心的现实情形下，还用一个星期左右时间，为当涂李白纪念馆约一千平方米陈列，搞出了个设计草目。……”沈从文说，做这个方案像是过了一回例外小考试，只等着安徽方面审查后派人来京解决布置，开春后他还有望去当涂实地试为做三五天说明员，“一切通过后，还才算考试及格！这几天总布置下的战役，近于打完了，身心似乎有点解体样子”[2]。从中可见沈从文为之付出的艰辛。

对于李白纪念馆，沈从文不只是个人倾心，他还寻求亲友们

[1] 1973年10月20日沈从文致萧成资的信，载《沈从文全集》第23卷，第399页。
[2] 1973年11月上旬沈从文致杨琪的信，载《沈从文全集》第23卷，第418—419页。

的帮助，如当时在安徽下放的好友巫宁坤，这是他在西南联大任教时外语系的学生，解放初由美国学成归国，在燕京大学执教，此时"反右"流徙于安徽乡下。沈从文致信巫宁坤说，为李白纪念馆所做方案尚没有审核和施工，届时将可能到当涂来看看，如果需要讲解词的英文翻译，或者李白诗的翻译，当必会推荐他试试看。同时沈从文还提及可以先问问合肥安徽大学的熟人，看看是否需要教师，希望巫宁坤早日回归校园。近一个月后，李白纪念馆方案审核有了眉目，沈从文还致信巫宁坤说，方案大致还在当涂革委会研究中，过了年后，或可望落实。1973年11月27日，沈从文回信周星斌，说到"李白雕塑像和太白楼展出提纲"，觉得很好，只是对于资料有些担心，"有的新画，恐不易搞好，还是用旧图结合，比较省事，且见分量。望能实事求是的加以考虑，免得返工"。从此处可知，沈从文所拟的陈列方案终于获得了通过，只是在陈列画作时对方提出加入一些新画展品，沈从文抱着对历史负责的态度，坚持以古代图像为主。此时，沈从文的同事陈大章已经先期去了当涂，提出了一个安全问题，为此沈从文也在回信中提及，"大章同志说可用空间过少，又无人照管，环境比较偏僻。因之陈列上还得考虑安全。玉不宜陈列过多即此意"。

在此信后几天，沈从文在致信次子虎雏夫妇时提及一件小事，即虎雏的女儿红红，尚在少时便能作画，把沈家亲戚雕塑家刘焕章的李白像画出来了，活灵活现的，还让沈从文贴在墙上。由此可知，沈从文在为太白纪念馆作陈列设计稿时影响到了家人，他对李白文化的热衷和投入可见一斑，家人对此的理解和支持也是不言而喻的。

记得有关马鞍山李白纪念馆李白卧像的导游词是这样介绍的，说此时的李白是落魄的李白，"已经没人和他一起喝酒了，这个时候只有他自己，还有酒杯中自己的影子和他的好朋友——月亮，所以李白的很多诗都是描写月亮的。我们来想象一下，举杯邀明月，杯子应该是高高举起来的，可是大家到了那儿我们会发现，其实杯子是在李白怀里的，这是为什么呢？这和当时创作李白像的年代有关……"

沈从文作太白楼陈列史料时正处在"文革"时期，在此期间他和亲友都曾遭到影响和打击，甚至有些朋友还没有得到平反，面对一波又一波的运动，他心急如焚，他正是抱着这种沉重和迫切之心投入对中国古代物质文化的研究之中。在此之际，他更是渴望实现对文化恢复和建设的参与心愿，由此他的倾心也影响了一批人，如雕塑家阎玉敏，她说，当时郭沫若也曾投入对李白文化的研究，郭沫若对此批示："李白像不要按过去的，应有历史考证，重新再创造。"但是具体怎么操作，还是要依靠沈从文先生的指点。最终阎玉敏四易其稿，塑造出了一尊举头邀月的诗仙雕像，整尊塑像线条流畅，突出表现了李白的才情横溢和潇洒不羁，成为太白楼一处亮丽的景观。可惜的是，对太白楼倾注了诸多心血的沈从文似乎并没有去过当涂，只是在1974年夏上了一趟黄山。后来有人收集名人书写黄山的手迹，就发现了沈从文"黄山"二字的墨宝，只是从文长子沈龙朱先生看了之后觉得像是集字。

我曾在拍卖场上见过沈从文写于1983年的两首李白诗，一首是七言绝句《江上吟》："木兰之枻沙棠舟，玉箫金管坐两头。美酒樽中置千斛，载妓随波任去留。仙人有待乘黄鹤，海客无心随白鸥。屈平辞赋悬日月，楚王台榭空山丘。兴酣落笔摇五岳，诗成笑傲凌沧洲。功名富贵若长在，汉水亦应西北流。"一首是《峨眉山月歌》："峨眉山月半轮秋，影入平羌江水流。夜发清溪向三峡，思君不见下渝州。"明末学者唐汝询说《江上吟》的主题是："此因世途迫隘而肆志以行乐也。"即李白身处羁旅，面对压抑的现实，却不予理会，仍旧追求他的自由，坚持着理想世界的初心，诗中依然可见其坦荡荡的潇洒之态。而后一首则是诗人晚年于异地对家乡的眷恋，诗文意境恬静而平和，倒与沈从文笔下的湘西旧景颇为相近，年逾八旬的沈从文于病中写下了这样的句子，想必一定是感慨万千的，李白与他，注定有一段令人感怀的隔代之缘。当获知太白楼的纪念场馆陈列部分采纳了他的方案，沈从文一定是欣慰的，只是到访太白楼的游客中，有多少人会知道沈从文为之倾注的心血？

好激动，容易流泪

约访雕塑家阎玉敏女士得益于合肥同道友人的相助，否则要找到耄耋之年的老人不太容易。而且老人所在的安徽省博物馆（现更名为安徽博物院）已经搬迁，物是人非，谁还记得谁呢？

阎玉敏女士八十五岁了，我试着把手机号码拨过去。对方应答了，说她就是阎玉敏，之前我一直以为会是晚辈或助理接听。阎玉敏一听说了解沈从文的事，马上就打开了话匣子。她说，沈先生对她帮助很大，为她塑造李白像提议修改胡子、确定衣纹等。因电话中难以畅言，我们就约定了时间地点见面。

2017年初夏，我乘坐高铁来到合肥，经过合肥三孝口书店时才发现，阎玉敏所在的原安徽省博物馆就在附近。要知道，这里距离沈从文夫人张兆和女士的出生地并不远，合肥张家公馆就在莲花寺附近。我为阎玉敏带去了我的新书《一生充和》，张充和就是在莲花寺生活了16年才回到苏州。

安徽博物院原有建筑为苏联式样，镶着红边，大白墙，主楼三层带一层平顶券门阁楼，两边的辅楼则是二层，东西向一排，是那个年代的简洁和肃然。顶头的书法题名人是诗人将军陈毅，据说当时备选的有几个，最后定了这个。进门后保安问也不问，偌大的院子里有点人去楼空的感觉，几棵挺拔的松树屹立在固有的地方，似乎这里此后将是它们的地盘。两三个工人正在整修大楼主体，旁边的牌子上写着"全国重点文物"字样。主楼西南还有一个独栋的辅楼，也是这样棱角分明的苏联式建筑，只不过上面写着一个斗大的"德"字和"安徽好人馆"字样。好人需要"认证"？这可能不是社会问题，而是哲学问题。

在院子里几经迂回，打听了一番后才找到一个侧开的大铁门的小门出去。走进巷道，看到几个文物单位，又见到一个封闭式的铁门的小门敞开着，旁边墙上写着"非遗中心"，我凭感觉走了进去。原来这正是博物馆主体建筑的背后，顺着一条小路往东走，在北侧是一个大大的高台，绿草如茵，有白杨、杉树、松树、泡桐等树种参差不齐地向上伸展；中间一个一层平房，像是展示中心似的，大门紧闭着，门口卧着一只小黑狗，看见我也不抬头，一只黄灿灿的猫则突然向草丛里逃窜而去。透过隐约的树林，可以看到一排五六十年代的红砖老房子，之前听阎玉敏说过，她的工作室就在这样的老房子里。我走上高台，在最东头一片竹林下的木亭里歇息，旁边还有两块小石头，颇有园林意蕴。顺手打电话给阎玉敏，她说工作室门口有两盆莲花。放眼一寻便看到一扇大大的木门前摆有几盆莲花，莲叶碧绿，在阳光下泛着绿光。初夏的风吹过来，使人清醒，周围高楼的明亮玻璃与这里的质朴和黯淡形成了鲜明的对比。大门外工地的喧闹到了这里突然被消了音，闹中取静，这里的一切，都像是被人遗忘了。

远远地听到响动，像是拐杖拄地的声音，在这个幽谧的空间里回荡着，我顺着声响寻过去，果然是一位老人弯腰拄杖而来。阳光把她的影子拉得很长，杨花纷纷，像是晴日的小雪，老人戴着窄边布帽，远远地冲我挥手，我知道，就是阎玉敏女士了。

到了门口，阎玉敏指给我看她种的莲花，说品种还不错，叶子不大，花很漂亮，说是从皖南泾县带回来的。阎玉敏挂了拐杖，拿出钥匙开门，门很宽很高，她费了一番力气才把它固定好，出现在眼前的工作室大厅就像是一个敦煌的石窟。透过屋顶上陈年玻璃的光亮像是为室内所有雕塑都覆上了一层历史的沧桑之色。罗汉像、敦煌仕女、李白、李清照、庄子、老子、管子等等，都在屋内安静地待着，就好像他们在这里静静地待了几个世纪。这是一位艺术家的毕生积累，也是她生命亲历的产物。

之前曾做过一点了解，阎玉敏出生于上海，解放初期，她考取了中央美院华东分院工艺美术雕塑系，先后师从著名雕刻家郑可教授、雕塑大师刘开渠。她的毕业作品浮雕《渔歌》曾得到院长吴作人公开称赞。但很快她的艺术之路便遭到了政治运动的冲击，男友刘去病被划成了右派，阎玉敏不愿和男友划清界限，由此受到处分，并被惩罚性地分到了安徽。在那里，她因塑造《花鼓灯舞》名噪一时。或许是艺术给了她充分的鼓励，她毅然赶赴杭州与男友结婚，由此带来的是人们的震惊和钦佩。但是，后来她还是在重压之下与丈夫离婚，那时安徽博物院名为"红太阳展览馆"，离婚手续是组织上派人办理的。她重新获得了创作的机会，但同时也要一个人承受孤独。从她工作室里一个个李清照的作品中，你可以体会到创作者身上的惆怅情绪。如今，老人已经走过了八十五个春秋，她的作品遍布中原、敦煌、天府之国以及其他一些著名景区。现在她仍然在塑造着心中的易安居士。

　　阎玉敏的命运转折发生在"文革"后期，她说，70年代初期，她曾在界首陶瓷厂待过，当时想着为厂里创造点效益，就塑造了李白小像，准备和马鞍山的太白楼合作销售。没想到对方一看到这个李白的卧像就起了大兴趣，原来这尊像与被扔掉的一尊李白像很相似。1964年5月4日，时任文化部门领导的郭沫若来到太白楼，看到了一尊李白抱酒坛的塑像，侧身半卧着，举杯在手，便欣然赋诗一首："我来采石矶，徐登太白楼。吾蜀李青莲，举杯犹在手。遥对江心洲，似思大曲酒。赠君三百首，成诗三万首。红旗遍地红，光辉弥宇宙。"

　　这首诗有一张1973年的抄件，就在阎玉敏工作室，抄写人是周星斌，当时是马鞍山市宣传部门领导，也是后来与阎玉敏进京的人之一。通过抄件可知，郭沫若这首诗在当地引起了很大的反响，这首诗已经被裱了起来，广大游客强烈要求讲解，但工作人员也不知道讲解得正确与否，就希望当面向郭沫若汇报讲解和体会。也就是在这之前的1971年，郭沫若希望马鞍山方面重塑李白像，并且有个批示："李白像不想按过去的复制，应有历史考证，重新再创造。"而之前郭沫若所看到的那尊李白卧像已经被当作"四旧"扔进了长江里。

阎玉敏塑造的李白像正好与太白楼原来的像相合，这个光荣的"政治任务"自然就落在了阎玉敏身上。阎玉敏说，其实之前他们也去找过别人，先去了南京艺术学院，但人家说你们安徽当地就有人嘛，就提到了她阎玉敏。就这样，阎玉敏与周星斌等人带着介绍信去了中国历史博物馆，因为塑像最终要由北京的专家指导和定稿。

也就是在那一时期，阎玉敏认识了在中国历史博物馆工作的沈从文。阎玉敏说，当时她有个同学李之檀就在历史博物馆美工组工作，李之檀介绍了她和沈从文认识。阎玉敏说，沈从文是大作家，谁都知道的，可惜的是她当时并没有读过沈先生的书，只能说自己读书太少。当然，这也是历史原因造成的。

在北京阎玉敏就住在中国历史博物馆的二楼，平时就在临时成立的工作室里做她的李白塑像。她最早做了四尊李白像的小样，《行吟图》《抽刀断水》《举杯邀明月》等，最终经刘开渠等人决定，选定了一站一卧两尊。对于沈从文的指点，阎玉敏说，首先就是李白的胡子。开始她塑造的胡子是平的，沈从文一看，说胡子不对，应该是翘翘的。阎玉敏说当时不大相信，因为按照当时的习俗看，流氓阿飞才会把胡子弄得翘翘的，沈从文就带着她看一些早期的画像。有一次武则天之子章怀太子的墓发掘后，样品送到中国历史博物馆来，沈从文就喊她说，赶紧走，不要带任何东西。沈从文指着出土的壁画给她看，让她注意下唐代文官的胡子，都是翘翘的，阎玉敏当时就心服口服了，接下来就进行了认真的修改。阎玉敏说，她永远都忘不了沈从文那么大年龄还爬梯子为她修改雕塑的情景，觉得他真是尽心尽力，毫无保留。

沈从文一再对她强调说，李白是一个富有激情的爱国诗人，也是一个极其浪漫的诗人，同时更是一个生活着的唐代文官。最初他看到阎玉敏的塑像时说，你做的不像是李白，倒像是现在的一个工人。于是阎玉敏便花大力气去做修改。

沈从文总是对她说，阎同志，你先停下来，多读读李白的诗，多体会李白的诗意，多了解一下诗人的气度。

有时候，沈从文讲着讲着就拿出来纸和笔，随手画出了唐代文官的软巾帽、衣服圆领、腰带式样等等，最后讲完了就把画稿撕下来送给阎玉敏。

为了李白像的衣服纹饰，沈从文也是多次给她找资料，针对衣服上的具体纹样、花式，以及腰带的宽窄、式样等等都做了具体指导。当时沈从文还制作了一件宽袖圆领的长袍，用吹风机吹起来，给她带来了很大的灵感。

其间还有一个比较有趣的细节。在阎玉敏出示的老照片中，有两个年轻男子扮作李白，阎玉敏说这是范曾和姚有多，当时他们主动要给她做模特，就穿上衣服摆了几个姿势。

阎玉敏说，为李白塑像之时正处于"文革"时期，不少受请作为顾问的专家还处于未恢复身份之中，因此对于这项工作他们都是兢兢业业，毫无怨言。阎玉敏在受组织派遣前去北京制作李白像还受到了一定压力，因为各方领导意见不一，当时就有另外一方领导打电话给她说：都什么时候了，你还给李白塑像？李白是反动派，快回来参加"批林批孔"。阎玉敏说，当时她就想，哪怕是回去坐牢，也得把李白像做出来。但是在具体指导中，阎玉敏的艺术创作还是受到了一定的影响。看她早期的李白像《举杯邀明月》，酒杯是举出去的、推向明月的邀约，但实际的成品却是把酒杯搂在了怀里。这一修改不禁令人生疑：为什么呢？阎玉敏说，"你想想啊，那是什么时候，怎么能鼓励人喝酒，还喝醉呢？"于是我们今天看到的李白"举杯邀明月"就变成"搂杯望明月"了。

但是沈从文对阎玉敏的要求还是一丝不苟，希望她能够还原出一个真实的李白。那一时期在给周星斌的信中，他多次提到希望安徽方面能开介绍信，由他带着阎玉敏去北京各个场馆看看实物和藏品，可惜未能如愿。但是沈从文几乎每周六都会带着阎玉敏在历史博物馆看藏品，看历朝历代的有关李白像的古画，曾在沈从文陈列方案中多次提及的宋梁楷的《行吟图》给了阎玉敏很大的灵感。每次沈从文来上班时，都会穿过房间径直来到阎玉敏的雕塑工作室，上下看看，再继续交流意见。

要把几厘米的雕塑小样放大到两米以上的大雕塑，并且要惟妙惟肖，谈何容易？

业余时间，阎玉敏几乎都是在工作室待着。有一次，她的四妹妹在门口喊她出去吃饭，说是刘半农、刘天华的后人请客，一定要去。阎玉敏推辞不掉，只得答应。阎玉敏跟着妹妹在中山公园门口等公交车时，突然看到前面有一位演员似的男子，好像是在等他的心上人，那种凝望远方的眼神，一下子吸引住了阎玉敏。她说当时她都看傻了，结果妹妹上了车见她还在下面就喊她，她却说不去了，弄得妹妹都哭了。她奔回工作室，掀开塑料布就开始干活，当时就按照那个眼神塑了李白像，从上午一直忙到晚上，连饭都没吃，就喝了点开水。第二天阎玉敏的老师刘士铭来了之后，看了一下，用刀在李白的嘴角处动了两下，说这下好了，也就是说眼睛不用动了。后来沈从文来了，看了之后点头微笑，阎玉敏心里就坦然了。

最终，出现在太白楼的两尊李白像都得到了社会各界的承认，李白的气宇轩昂，诗仙的潇洒不羁，还有诗人的浪漫和才华，都得到了应有的体现。此后，阎玉敏还为李白墓雕了一尊李白挎剑像。

在与沈从文相处的那段时间，阎玉敏感觉这位老人不太爱说话，平时在馆中也不大爱走动，做完了事就回去，好像也不在博物馆食堂吃饭。当时不知道他的个人关系还没过来，也不知道他曾打报告给馆里希望解决住房问题。而且阎玉敏所住的二楼据说以前就是沈从文在下放前住过的，那个地方面朝着长安街，

"五一"劳动节时都要搬出去的，因为担心庆典的安全问题。

有一次，阎玉敏去了沈从文的住处，屋子狭窄又昏暗，她看到沈从文正在为孙辈调奶粉，沈夫人则显得很沧桑的样子，不大说话。当时她并不知道沈从文是合肥女婿，更不知道沈夫人是合肥四姊妹之一，只是觉得沈从文待人真诚，对人的指教毫无保留，就是有点好激动，有时候说着说着会流眼泪。

现在一提起沈从文先生，阎玉敏也会激动得流泪，说没想到先生都去世二十九年了。问起之后的交往，阎玉敏说只记得1974年沈从文给她来过一封信，说他上了一趟黄山，还问她有没有借他的书，他等着写个东西，希望还给他。后来就这样渐渐失去了联系。但在阎玉敏脑中，总会闪回那个上架子看李白像的沈从文。阎玉敏说她准备为沈从文塑一个雕像，就是记不得他具体的样子了，到时候只能凭着自己的感觉去做。

阎玉敏女士后继有人，女儿也是著名美术家，画画，也做雕塑，与母亲合作过雕塑作品，还获了奖。据说在女儿三个月大时，阎玉敏就奔向了淮海战役纪念碑雕塑制作"战场"，她把女儿寄养在别处，只身奔向苏北凤凰山。她塑过李白、白居易、佛像、五百罗汉、敦煌仕女、水月观音等等，但还是最喜欢再造李清照。多多少少，她们有着相同的愁绪、相同的艺术追求和家国情怀。

让阎玉敏深感惋惜的是，当初没有与沈从文合影留念。没有也罢，那一段历史已经凝固在了时间里。正如眼前这个即将与之告别的略显幽暗的工作室，就如同琥珀一样，存在于这天地之间，每每回想起来，总是温暖的色调。

附：沈从文致阎玉敏的信[1]

阎同志：

不见数月，在安徽运动不知是否还在进行，还是已经转入抓生产。我是六月中旬由南方回来的。去苏州和家里人住了四十多天。后来又同十多亲友爬上黄山，前后过了八天。在雨雾中上山，传（转）到住处即又放晴，印象极好。体力也还对付得过去，不感疲劳。证明身心还受得住高山气候考验。惟视力似已较差，回来后才知道眼底出血并未吸收，并发现有轻微白内障，因此左眼视力衰退，实意中事！近正争时间赶抄"服装资料说明"约廿四万字，若无意外故障，年终或可上交。还拟添三五百附图，在说明中，说服力或较强。你上次借用的材料，存馆中的已看过。还有些你带去合肥部分，盼望你能协助一下，为暂时寄还，便于清点清点。以后若还有用，仍可借去使用。你同学张同志闻已因病不能到馆工作。刘焕章则去邯郸作了些黑釉瓷动物，一尺以上大的，大致还不错。近几个月又去大砦搞陈列馆用一个群相，已完事。可能还将作个露天用较大型的。黄永玉等已无事，只是李可染、吴作人等画，不供分销月份牌使用。又闻新北京饭店也不用。若照日本文艺界出面情形而言，过不多久，但又会出面，也未可知。

并候佳好，曾同志处并致意。

沈从文　九月廿四

阎同志：

带来些《故宫周刊》，部分加有签条说及和李白诗文及游踪有关的可用资料，可以看看，或指给周同志等看看，大致若调黄永厚同志来协助工作，这些相先照成四寸大底片，决定要用时再照

---

[1] 2017年夏，阎玉敏找出了珍藏的沈从文写给她的信件，初步证实为1973年所写，《沈从文全集》未收入，现全文录出。

需要放大即成。这只是其中一部分，另外的礼拜三当为捎来。至于在别的画册的，为东北博画册、申博画册（二种）、故宫画册（三种）、日印唐宋名画册等等，当于看过后选出再奉告。又附来一有关李白的小册子，内有我上次说的李白诗集版本表及经行地图，似乎都还有用。这书若买不到，可以照一个相就来放大画出。这书是借来的，照相后即望还我。若内部能买得到，我必为设买来。

并候各位佳好。

沈从文　十月八日

附录　从文友朋小录

1981年在长沙的沈从文（沈龙朱/绘）

最近我意外地找到1944年12月14日写给沈从文的信，里面有这样的话："前两个月我和家宝常见面，我们谈起你，觉得在朋友中待人最好、最热心帮忙人的只有你，至少你是第一个。"这是真话。

——巴金《怀念从文》

沈先生是个感情丰富的人，非常容易动情，非常容易感动（一个艺术家若不比常人更为善感，是不成的）。他对生活，对人，对祖国的山河草木都充满感情，对什么都爱着，用一颗蔼然仁者的心爱着。

——汪曾祺《沈从文的寂寞》

1982年5月，沈从文回到湘西凤凰，在短居期间，有三个陌生人从贵州铜仁赶来相见，对沈从文下跪谢恩，自称在"文革"中因冤案上访北京，盘缠耗尽无法回家，曾得沈从文解囊相助，因此特作感谢。

——吴世勇编《沈从文年谱（1902—1988）》

从文晚年仍关心和寄希望于文艺青年，是可想而知的。因为他从20年代开始自己被徐志摩、郁达夫等推上文学道路以后，从30年代初就开始一贯热心扶植文艺青年，不论在份内（例如在教室内）在份外（例如在编辑室外），一样认真。在他直接间接严格要求的扶植下茁壮成长了不少有成就的作家。

——卞之琳《还是且讲一点他》

我们结交六十年，往事甚多，很难一一回忆。我很佩服从文的一个良好的习惯，就是不惮烦地修改自己的作品；1957年1月，他都还在校正他的《边城》。他很谦虚地说过他只造希腊小庙，不能建造崇楼杰阁（大意），我觉得他在天津大公报主编《文艺副刊》那两年，培养出了一批作家，今天大都成名，这个贡献也是不可磨灭的。为了纪念老友，我决定把他赠送我的著作，写给我的条幅和最后与我合影的像片保存下来；我还要用他在《喜新晴》中的诗句"不怀迟暮叹，还喜长庚明"来勉励自己。

——寒先艾《回忆老友沈从文》

联语云："沅芷湘兰，一代风骚传说部／滇云浦雨，平生交谊仰文华。"上联说从文的作品是现代的楚风、楚辞，不过不表现为辞赋，而表现为小说。下联说我和从文的交谊，虽然有五六十年之久，但经常会面的机会，只有在上海的三四年和在昆明的三年。彼此离居的时候，也不常有书信来往。因此，我和从文的交情，形迹是可谓疏远的，但由于彼此相知较深，在出处之间，以及一些社会关系，有共同之处，在一个时代的文人之间，也有理由可以彼此都认为至友。

——施蛰存《滇云浦雨话从文》

沈先生曾经若有所感地写过这样的话："不要为回忆把自己弄成衰弱东西，一切空洞美好的回忆都是有毒的。"我已是年老体衰之人，碌碌一生，无所作为，有时世事纷繁、瞬息万变，也被捉弄得十分倦怠。虽是尘缘即了，若还有什么值得留恋的，却还是大量的友情！那些真正美好的回忆永远存放在我心中的纪念簿上，永不褪色，永远闪光！

——杨苡《沈从文：昏黄微明的灯》

补记：抗战胜利后，沈从文先生在我的留言册上写下了两句话：待人要宽，律己要严。

——2017年春杨苡告诉笔者

国内的文学界，虽然已有渐渐解冻的迹象，但是文学的政策，仍然随时可松可紧。沈从文在中国近代文学史上的地位，国内仍未确定。在从文老师逝世周年的前夕，每一瞻顾，那种"孤舟蓑笠翁，独钓寒江雪"的孤寂景象和高旷风范，就仍然会出现在我心目之中。

——马逢华《敬悼沈从文教授》

时间是最好的见证，他那"涓涓细流"的声音，"柔弱中有强韧"，是千军万马也无法扼杀的。可是人总是要死的，沈从文永远沉默了，那些"人还在，心不死"的秦龙传人也可以休矣，他为之"怀了不可言说的温爱"的农民、手工艺人与兵士是最好的见证：这个百劫成灰的凤凰之城的儿子已经从灰中再生了，成为声震寰宇的"万古云霄一羽毛"！

——巫宁坤《再生的凤凰》

他是爱国者，爱护本性善良的乡下人，老百姓，反对任何暴力，不管来自何方。还有些友人，拿沈老和契诃夫、莫泊桑、纪德等分序排比，或称他"中国的福克纳"。沈老生前怕跟人排队争短长，不管队伍来自中国或外国，提到了便头大。我个人的看法，沈老自有特殊的建树，随便拿顶帽子让他戴，他绝不会同意，也没有必要。

——林蒲《投岩麝退香》

有一次，大家不知怎么扯到了自杀的问题，我说："我不会自杀。如果我有自杀的勇气，我就要杀人了。"沈从文先生看了我一眼，仍然微笑着，说了短短一句："人不应该杀人。"我一辈子都记住了他这句话。

——严文井《谁也抹煞不了他的存在》

他是目前北京的一位最知名的作家和教授。他不像是个写了
那么多有关士兵故事的人,他的仪表、谈吐、举止非常温文尔雅,
但一点也不带有女人气习。他对中国艺术、中国建筑深感兴趣,
欢喜谈论,欢喜给人看一些图片。介绍我给他的是一位年轻朋友
金隄,沈从文有一位文静的太太和两个小男孩……

——傅汉思《我和沈从文初次相识》

一九四七年,我听从文师的劝告,转学到北大中文系。不久
先生便把一家报纸的文学副刊交给我编辑,每出一期,可以拿到
一笔编辑费,这样可以解决我的部分经济问题,当时我已成为沈
先生家的常客。

——吴小如《我所认识的沈从文》

她(卓以玉)也下厨宴请过不少内地访美的人士,沈从文张
兆和夫妇、曹禺、英若诚等都吃过她做的饭菜。特别是沈从文夫
妇,20世纪80年代初在美做访问研学期间,每次吃以玉给他们做
的饭菜时,都大呼过瘾,评价说这可是“西体中用”在美食界的
最好实践——西方的风范,中国的味道。

——李民牛《天天天蓝——当代才女卓以玉》

沈从文来联大任教之前,5月7日在昆华农校东楼二层小教室
参加过高原文艺社举办的座谈会。他说一口湘西土话,声音很低,
仿佛自言自语。我只记得他的大意是说:文学青年要把人生当小
说看,又要把小说当人生看。不要觉得别人平庸,其实,自己就
该平庸一点。伟大的人并不脱离人生,而是贴近人生的。

——许渊冲《逝水年华》

他(沈从文)给我的印象,是一个慈祥、开朗、乐观的老人。
文化部干校的老弱病残到丹江以前,原来说是因为丹江的生活条

件好一些，可是到丹江以后，才知道丹江的生活条件比咸宁还要艰苦一些。沈从文患严重的心脏病，血压高达250/150，经常发作心绞痛，张兆和虽然已经六十多岁了，还是成天扛着铁锹在地里劳动，不能很好照顾他，但他毫无怨言，总是乐呵呵的，对人十分热情，遇有学习讨论会，他总是兴致勃勃地去参加。

——徐秋水《一个不寻常的人——记沈从文》

《边城》山色碧罗裙，小翠歌声处处闻。我论文章尊五四，至今心折沈从文。

对客挥毫小小斋，风流章草出新裁。可怜一管七分笔，写出兰亭醉本来。

——荒芜《关于沈从文先生——纸壁斋说诗》

我同沈先生接触不过几年时间，且是在他的晚年。沈先生留在我的记忆里的，虽然也有人们通常所说的谦和的笑，以及柔和的声调，但是，最清晰的倒是他的风趣、活泼，还有孩童一般的任性。这也许是老人的共性，但在他的身上，对于我却那么富有情趣。

——李辉《平和，或者不安分——沈从文印象素描》

1980年冬天，沈从文夫妇居然有机会到美国来访问。……吃完饭，沈从文放幻灯片给我们看，他研究历代服饰，极负盛名，已成一书。老人的学识之渊博，记忆之清晰，令人吃惊。他愈讲愈兴奋，额上的汗也出来了，声音也嘶哑了。看到这位30年代名小说家讲解千百年前中国妇女的头饰、衣结认真到忘我的境界，突然感到一阵莫名的惆怅与惋惜。

——白先勇《天天天蓝——追忆与许芥昱、卓以玉几次欢聚的情景》

郁达夫，这个名字在《创造周报》上出现，不久以后，成为一切年青人最熟习的名字了。人人都觉得郁达夫是个值得同情的人，是个朋友，因为人人皆可从他的作品中发现自己的模样。郁达夫在他作品中，提出的是当前一个重要问题。"名誉、金钱、女人取联盟样子，攻击我这零落孤独的人……"这一句话把年青人心说软了。

——沈从文《论中国创作小说》

廿年来我有机会得到许多不相识者的信，有好些永远无从见面，有好些又由此成为极相熟的朋友。我认为这是一生极快乐的事。有时候自然也不免痛苦，那就是这个写信的朋友生活相去太远，经验不同，取予不同，末了我虽然还能用一个写小说的态度欣赏他，到发现我不能完全如他理想时，却因之十分失望，这失望损害了他原来的好意，也损害了我对于一个人永远抱有的善意。

——1946年年末沈从文给一个不相识的朋友

有个未识面的作家，家中因丧事情形困难，凡乐意从友谊上给这个有希望的青年解除一点困难，又有余力作这件事的，我可以为这作家卖二十张条幅字，作为对这种善事的客谢。这种字暂定最少为十万元一张。你们若觉得我这个办法还合理，有人赞助，以后我还想为几个死去了的作家家属卖半年字。

——1947年9月20日，沈从文《益世报·文学周刊》

我上星期邮汇了一万元人民币到县里，托由县委书记和县长代收，并另函说明，这笔款是我捐赠给本县文昌阁小学使用。款汇到时，希望能邀校中一二年长负责同志，斟酌情况，将此款全部用于扩建一所教室及一宿舍，略尽我一点心意。我离开家乡多年，实在毫无什么贡献，生平又并不积钱，寄来的钱数有限，事情极小不足道，希望不要在任何报刊上宣传，反而增加我的不安和其他麻烦，十分感谢。

——1982年12月6日沈从文致文昌阁小学校长

从念生先生处得知你们的生活情况，现由邮局各寄你们二百元，希望对你们两家略略有些帮助，同时也是我对死去的故交的一点心意。此事甚小，望勿为外人道。

——1983年8月28日沈从文致朱小东

廿年前后，在某处得见尊画，即深感钦迟。不意同处大城多年，各以事役，竟难得一晤面！上次和永玉同过后海拜访，得见大量佳作，大饱眼福。真是笔下有神，惊人心目，留下一极愉快印象。动人处，似只宜用来和第一流音乐相比拟。如肖邦之第一第三协奏曲中秀与壮并处，给人以清新活泼，充满充沛热情和永远青春生命感。

——1976年年初沈从文致吴冠中

佩弦（朱自清）先生人如其文，可爱可敬处即在凡事平易而近人情，拙诚中有妩媚，外随和而内耿介，这种人格或性格的混合，在作人方面比文章还重要。经传中称的圣贤，应当是个什么样子，话很难说。但历史中所称许的纯粹君子，佩弦先生为人实已十分相近。

——沈从文《不毁灭的背影》

凡读过《青的花》的女孩子，会以为章靳以先生既是个温存而善怀的人，必然脆弱衰老，一天默默的低头坐在书桌边，一切人生趣味都淡淡的。事实上这人却是个挺漂亮的小胖子。皮肤红，眼睛光，肩背圆，最容易给人好感的。

——沈从文《文学作家中的胖子》

翔鹤住中老胡同，经济条件似较一般朋友好些，房中好几个书架，中外文书籍都比较多，新旧书分别搁放，清理得十分整齐。……我和翔鹤同另外一些朋友就活在二十年代前期，这么一个范围窄狭生活中，各凭自己不同机会、不同客观条件和主观愿望，接受所能得到的一份教育，也影响到后来各自不同的发展，有些近于离奇不经的偶然性，有些又若有个规律，可以于事后贯串起来成一条线索，明白一部分却近于必然性。

——沈从文《忆翔鹤》

参考文献

沈从文 :《沈从文全集》，太原 : 北岳文艺出版社，2009年。

吴世勇编 :《沈从文年谱（1902—1988）》，天津 : 天津人民出版社，
　　2006年。

刘红庆 :《沈从文家事》，北京 : 新星出版社，2012年。

王亚蓉编 :《沈从文晚年口述》，西安 : 陕西师范大学出版社，
　　2003年。

巴金、黄丞玉等 :《长河不尽流——怀念沈从文先生》，长沙 : 湖
　　南文艺出版社，1989年。

林宰平 :《林宰平先生帖考及书画集》，上海 : 上海教育出版社，
　　1999年。

季培刚 :《杨振声年谱》，北京 : 学苑出版社，2015年。

季培刚编著 :《杨振声编年事辑初稿》，济南 : 黄河出版社，2007年。

李霖灿 :《西湖雪山故人情——艺坛师友录》，杭州 : 浙江大学出
　　版社，2011年。

林徽因 :《林徽因全集》，北京 : 新世界出版社，2012年。

陈从周著，陈子善编 :《徐志摩 : 年谱与评述》，上海 : 上海书店出
　　版社，2008年。

汪曾祺 :《我的老师沈从文》，郑州 : 大象出版社，2009年。

后记

　　2014年，我第一次到沈龙朱先生家闲聊，当时说起想做一本"沈从文的朋友们"的书，龙朱先生微笑着说"可以啊"，当即说到几位人选，龙朱先生报出来的第一个名字就是林宰平先生。

　　2017年，我再到沈龙朱先生家，征得先生的同意使用他创作的一系列画作。此时，我陆陆续续已经写出了十几位"沈从文的朋友"，当然，在写作中我更想突出一个双向视角，即"沈从文的朋友"和"朋友沈从文"。要知道，所有的友谊都是双向的。

　　2018年，沈从文先生逝世三十周年，对于一位读者来说，时间真是过得飞快，同时也会觉得欣慰，因为沈从文先生的作品还依然那样"年轻"。记得他曾经说过："我和我的读者，都共同将近老去了……"然而透过时间的过滤和沉淀，有些记忆却更加清晰了。譬如沈从文先生与朋友们的友情，他给予他们的，他们给予他的，这种人间至尊至贵的感情，还必将随着人类的前行而长久存在，这也是我一直想尝试做这样一本书的初衷所在。只是，力所不逮，心有戚戚。谬误所在，恭请指正，在此先表示感谢。

　　当然，此书要感谢的人太多了，阎玉敏女士、杨苡女士、徐城北先生、周孝华女士、沈龙朱先生、沈虎雏先生、张以䊸女士、张以端女士、张昌华先生、杨早先生、绿茶先生、章玉政先生、于继勇先生、孙小宁女士等等。友情至上，不再一一言谢。

王道

丁酉年冬至后于金鸡湖畔